Wunderbare
BABYJAHRE

Wunderbare
BABYJAHRE

Das Beste für Ihr Kind

Dr. Martin W. Platt

Impressum

ISBN 978-3-517-08393-3

© 2008 by Südwest Verlag, einem Unternehmen der
Verlagsgruppe Random House GmbH, 81637 München.

© der englischen Originalausgabe:
© 2006 Carroll & Brown Limited.
Übertragen aus der englischen Originalausgabe, die
erstmals bei Carroll & Brown Limited, 20 Lonsdale Road,
Queen's Park, London NW6 6RD erschienen ist

Umschlaggestaltung un Konzeption:
R.M.E. Eschlbeck / Kreuzer / Botzenhardt
Titelbild: Getty Images / RF / Sarah Monte
Übersetzung: SAW Communications, Redaktionsbüro
Dr. Sabine A. Werner, Mainz: Christa Trautner-Suder
Redaktion: SAW Communications, Redaktionsbüro
Dr. Sabine A. Werner, Mainz

Satz: SAW Communications,
Redaktionsbüro Dr. Sabine A. Werner, Mainz,
mit INKA satz & grafik, Rudersberg

Druck: Neografia, Martin
Printed in Slovakia

Inhalt

Einleitung

Herzlichen Glückwunsch! Vermutlich haben Sie sich dieses Buch gekauft oder haben es geschenkt bekommen, weil Sie in Ihrer Familie ein Baby begrüßen konnten oder in Kürze erwarten. Vor seiner Geburt hat sich Ihr Baby neun Monate lang in der Gebärmutter entwickelt und kam als Säugling mit einer begrenzten Anzahl reflexartiger Verhaltensweisen und dem großen Verlangen und Potenzial zur Welt, in allen Bereichen Fertigkeiten zu erlernen. Nun ist es Ihr „Job" als Eltern, die Fähigkeiten Ihres Babys zu fördern und es dabei zu unterstützen, all seine Möglichkeiten auszuschöpfen.

Um Ihrem Kind dabei helfen zu können, die nötigen entwicklungsgemäßen Fertigkeiten zu erwerben, sollten Sie wissen, wann welche Fertigkeiten zu erwarten sind und was Sie tun können, um die sich abzeichnenden Fähigkeiten zu fördern. Das Buch „Die wunderbaren Babyjahre" will Eltern über beides informieren. Es beschäftigt sich mit den normalen Lernprozessen der Bewegung, der Feinmotorik, den mentalen, sozialen und sensorischen Fertigkeiten sowie mit der Darm- und Blasenkontrolle. Die Persönlichkeit und die Emotionen des Babys werden ebenso berücksichtigt wie das Einsetzen seiner Vernunft und seiner Denkfähigkeit. Anhand einer Vielfalt vergnüglicher Aktivitäten wird gezeigt, auf welche einfache und fröhliche Art sich die einzelnen Entwicklungsschritte fördern lassen und wie Sie als Eltern für eine Umgebung sorgen können, in der Ihr Kind körperlich, geistig und emotional aufblühen kann.

Das Neugeborene – immer wieder ein Wunder

Früher dachte man, Säuglinge kämen als unbeschriebenes Blatt auf die Welt, mit einem Geist, der frei von jeglichem Gedanken, jeglicher Erfahrung und Fähigkeit sei. Neben weiteren wissenschaftlichen Disziplinen haben die Ultraschalldiagnostik

Erste Bilder
Es fällt schwer, den Gesichtsausdruck dieses 31 Wochen alten Fetus nicht als Lächeln zu interpretieren, auch wenn die Wissenschaftler sagen werden, dass es sich um eine Reflexbewegung handelt. In der zweiten Schwangerschaftswoche bewegt sich dieser Fetus nicht nur an der Gebärmutterwand, sondern er kann den Daumen in den Mund stecken, um daran zu saugen.

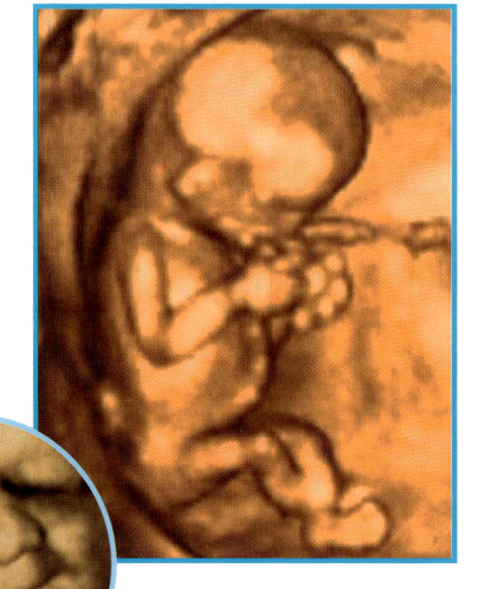

und die Fetologie (die Studie von Feten) aber gezeigt, dass dies nicht der Fall ist. Inzwischen können wir sehen, dass Babys den Daumen in den Mund stecken, um daran zu saugen, dass sie nach der Nabelschnur greifen und sie festhalten, auf der Uteruswand „spazieren gehen" und zu vielen Gesichtsausdrücken fähig sind, dass sie beispielsweise gähnen. Dies zeigt, dass Feten mit Berührungsempfindungen experimentieren. Versuche beweisen zudem, dass sie Musik und andere Geräusche wahrnehmen und darauf reagieren. Heute gehen die Ärzte davon aus, dass zwischen einem Fetus in der 35. Schwangerschaftswoche und einem Neugeborenen keine großen Unterschiede bestehen.

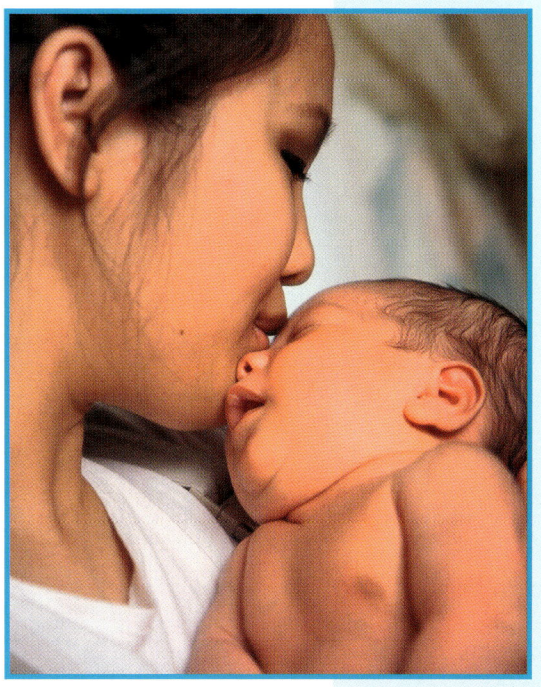

Sensorische Fertigkeiten
Es ist zwar nicht möglich, im Uterus die Seh- oder Hörfähigkeit des Fetus zu messen, bei einem Neugeborenen lassen sich solche Untersuchungen aber vornehmen und diese haben bewiesen, dass alle Sinnesorgane beim Neugeborenen vollständig ausgebildet sind. Babys haben nicht nur einen hoch entwickelten Berührungssinn, sondern können auch sehen und hören, zwischen verschiedenen Geschmacksrichtungen unterscheiden und ausgeprägte Duftvorlieben aufweisen.

Reflexe
Neugeborene weisen zudem bestimmte reflexartige Verhaltensweisen auf (automatische körperliche Reaktionen, die von einem bestimmten Stimulus unwillkürlich ausgelöst werden), die überlebenswichtig sind. Viele dieser Reflexe, wie das Blinzeln, bleiben auch im Erwachsenenalter erhalten. Der wichtigste ist der Rootingreflex (das sogenannte Brustsuchen). Dieser veranlasst ein Baby dazu, bei jeglicher Berührung der Wange automatisch den Kopf zur Seite zu drehen, wobei die nachfolgenden Lippen- und Zungenbewegungen ihm dabei helfen, die Brustwarze in den Mund zu nehmen. Das anschließende Saugen und Schlucken sind ebenso Reflexe wie das Würgen, das eintritt, wenn das Baby zu viel Flüssigkeit auf einmal aufnimmt.

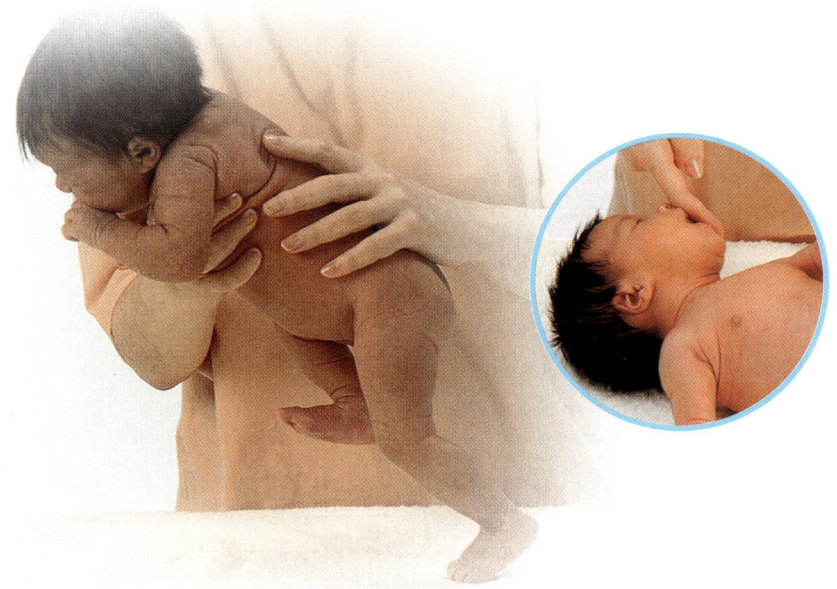

Rootingreflex (Brustsuchen) und Laufreflex
Streicht man über die Wange oder um den Mund eines Babys, dreht es seinen Kopf in die Richtung dieses Berührungsreizes und beginnt, an dem Finger zu saugen. Halten Sie Ihr Baby in einer stehenden Position über einer ebenen Fläche, hebt es abwechselnd einen Fuß.

Weitere Reflexe wie der Greifreflex (wenn Sie einen Finger in die Handfläche eines Babys legen, schließt es seine Finger) mögen in unserer früheren Entwicklungsgeschichte wichtig gewesen sein, haben heute aber ihren Sinn verloren. Der Greifreflex kann ein Kind sogar daran hindern, manuelle Fertigkeiten zu entwickeln. Einige Reflexe, wie der Mororeflex (wenn der Kopf plötzlich ein kleines Stück zurückfällt, streckt der Säugling die Arme aus und streckt seinen Körper) oder der Laufreflex (siehe oben), sind für Diagnosezwecke nützlich – ihr Vorhandensein oder Fehlen kann mögliche Störungen aufdecken.

Sonstige Verhaltensweisen

Ihr Neugeborenes kann sich nicht nur durch Weinen äußern, sondern beispielsweise häufig Schluckauf haben, was daran liegt, dass die Atemmuskulatur noch keinen regelmäßigen Rhythmus entwickelt hat. Es kann auch häufig niesen, was eher durch Lichtempfindlichkeit als durch Atemprobleme ausgelöst wird. Eventuell häufiges Schniefen wird auch seltener durch eine Erkältung als durch eine enge Nasenpassage verursacht.

In der Regel wird Ihr Baby die meiste Zeit schlafen, manche Babys sind aber auch längere Zeit wach. Weinen ist ein weiteres häufiges Verhalten. Sie werden lernen, das Weinen als die primäre Kommunikationsmöglichkeit Ihres Neugeborenen zu verstehen, die Vielerlei bedeuten kann: Ihr Baby hat Hunger, ihm ist warm oder kalt, es ist müde, fühlt sich einsam oder hat Angst.

Die wunderbaren Jahre

Der Titel dieses Buches spiegelt die Tatsache wider, dass Ihr Kind sich in seinen ersten sechs Lebensjahren von einem Säugling, der nur zu primitivem Reflexverhalten in der Lage ist, zu einem Individuum entwickelt, das eine große Bandbreite körperlicher Aktivitäten beherrscht, das geschickt ist, sich intelligent unterhalten kann und als schulreif gilt. In diesen Jahren werden Sie immer wieder erstaunt und begeistert sein, was und wie schnell Ihr Baby lernt.

Um Ihnen verständlich zu machen, wie Ihr Kind lernt, eine Vielfalt von Fertigkeiten zu meistern, gibt es zu den verschiedenen Entwicklungsschritten gesonderte Kapitel – Bewegung, Feinmotorik, sensorische, mentale, soziale und emotionale Fertigkeiten sowie Darm- und Blasenkontrolle. Ist ein Faktor wie das Spielen für mehrere Bereiche wichtig – in diesem Fall für die Entwicklung der Feinmotorik und des Sozialverhaltens –, wird es in beiden Kapiteln behandelt, jeweils unter Berücksichtigung der vorrangigen Aspekte.

Jedes reich illustrierte Kapitel beginnt mit einer Übersicht über den ungefähren Zeitrahmen der jeweiligen Entwicklungsschritte und vertieft anschließend die wichtigsten Aspekte jeder Fertigkeit. Im Kapitel über die feinmotorischen Fertigkeiten werden Sie beispielsweise entdecken, wie die manuellen Fertigkeiten Ihres Babys damit beginnen, dass es die Hand nach einem Gegenstand ausstreckt, ihn ergreift und festhält, später etwas aufhebt und wieder loslässt, bis es schließlich reif genug ist, zu malen, zu schneiden und sich sogar selbst anzuziehen. In jedem Kapitel finden Sie in der Rubrik „So können Eltern mitmachen" Aktivitäten, bei denen Ihr Baby die jeweiligen Fertigkeiten üben kann, während verschiedene Kästchen – „Zeit für einen Check-Up", „Starthilfe für Ihr Baby" und „Bescheid wissen" – wichtige Informationen über Verhaltensweisen und Faktoren nennen, die diese Entwicklung fördern oder behindern.

Einige Sonderkästchen in den einzelnen Kapiteln geben Ihnen Tipps, wie Sie die künstlerische, sportliche und soziale Entwicklung Ihres Kindes fördern und seine Sicherheit gewährleisten können.

Zwei weitere Kapitel – „Was Sie bei einer verzögerten Entwicklung Ihres Kindes tun können" und „Faktoren, von denen die Entwicklung beeinträchtigt wird" – enthalten wichtige Informationen über Verhaltensweisen und Umstände, die den normalen Verlauf der Entwicklung beeinträchtigen können. Schließlich gibt es viele nützliche Informationen, wie die Gewichts- und Größentabellen, einen Impfkalender, Informationen über das Zahnen sowie Checklisten zur kindlichen Sicherheit und Entwicklung.

Die Kinderärzte, die an diesem Buch mitgewirkt haben, engagieren sich für das Wohl aller Kinder. Wir hoffen, dass die Lektüre dieses Buches Ihnen das große Entwicklungspotenzials Ihres Babys bewusst machen wird, sodass Sie Ihr Baby mit viel Verständnis darin unterstützen können, seine Möglichkeiten auszuschöpfen.

1

Bewegung

Die Entwicklungsstufen verstehen

Motorische Fertigkeiten erfordern die koordinierte Bewegung eines Muskels oder einer Muskelgruppe. Grobmotorische Bewegungen sind die großen Bewegungen der Gliedmaßen und des Körpers, wie sie beim Krabbeln, Rennen und Springen zu beobachten sind. Anfangs jedoch werden sie weniger zur Bewegung benötigt als dazu, den Körper des Babys zu stützen, sodass es den Kopf selbst halten und ohne Hilfe sitzen kann.

Die Grobmotorik hängt von der Kraft der großen Muskeln ab, die Hals und Nacken, Rücken, Arme, Schultern und Beine stützen und bewegen. Parallel zur Kräftigung der Muskulatur muss das Gehirn reifen, um diesen Muskeln die entsprechenden Botschaften schicken zu können. Die Feinmotorik ist ebenfalls auf die Muskeltätigkeit und die Botschaften des Gehirns angewiesen, sie ermöglicht feinere Bewegungen, wie zum Beispiel das Aufheben eines kleinen Gegenstands duch Festhalten zwischen Zeigefinger und Daumen.

In der frühen Kindheit sind die Teile des Gehirns, die für die Bewegungssteuerung und Bewegungskoordination verantwortlich sind, noch unreif. Sie entwickeln sich allmählich vom Kopf in Richtung Füße, beginnend bei dem für Bewegungen von Kopf und Hals zuständigen Bereich, gefolgt von dem Bereich, der die Bewegungen der Arme und des Rumpfes steuert, und schließlich dem Teil, der die Beinbewegungen kontrolliert. Die Meilensteine illustrieren diese Entwicklungssequenz: Die Kontrolle des Kopfes erfolgt, bevor das Baby sitzen kann, und sitzen wiederum kann es früher als laufen.

Was geschieht in dieser Phase?

Für eine neue Fertigkeit, die erlernt werden soll, werden Nervenbahnen angelegt und die entsprechenden Muskeln gekräftigt, sodass sie auf die Nervenimpulse reagieren und die verlangte Bewegung ausführen können. Motorische Fertigkeiten sind sehr komplex: Zusätzlich zu den Nervenbahnen und der Muskelkraft erfordern sie die Koordination der beteiligten Muskeln und das Halten des Gleichgewichts. All dies wird durch Übung entwickelt und gestärkt. Sowohl die Grobmotorik als auch die Feinmotorik entwickeln sich im Laufe der gesamten Kindheit. Viele Aktivitäten erfordern die gleichzeitige Aktivität beider motorischer Systeme.

Die Entwicklungsschritte und ihre Reihenfolge

Wie auch die anderen Entwicklungsschritte folgen die Stadien der Bewegungsentwicklung normalerweise einem definierten Schema, wobei ein erreichter Meilenstein einen Baustein bildet, auf den die nächste Stufe aufbaut. Die ersten Meilensteine der Bewegung befähigen das Baby noch nicht, sich von einem Ort zum anderen zu bewegen, sondern bilden die Grundlage für die nächsten, komplexeren Bewegungen wie das seitliche Drehen und später das Laufen. Das Erlernen einer guten Kopfkontrolle, der erste wichtige Meilenstein der Bewegung, wird für alle weiteren Bewegungen benötigt. Wie auch die weiteren Entwicklungsstufen wird das selbstständige Kopfhalten durch ständig wiederholtes Üben erreicht, kann aber durch die richtige Umgebung und passende Aktivitäten unterstützt werden.

So helfen Sie Ihrem Kind, Fortschritte zu machen

Sie können sehr viel tun, um die Grobmotorik Ihres Kindes zu fördern, und werden seine Freude teilen, wenn es sich erstmals selbst dreht und zu krabbeln, zu laufen und später zu rennen beginnt.

Schauen Sie sich die Bewegungen Ihres Babys an, und finden Sie Aktivitäten, bei denen diese Bewegungen vorkommen. Wandeln Sie die Aktivitäten häufig ab, da die Aufmerksamkeitsspanne bei Babys und Kleinkindern kurz ist.

Drängen Sie Ihr Kind nie zum Lernen, sondern sorgen Sie für eine Umgebung, die seiner Entwicklung Nahrung gibt. Geben Sie Ihrem Kind eine Orientierung, es wird Ihnen bald zeigen, was es bewältigen kann und was noch warten muss. Sorgen Sie für eine interessante Umgebung mit Herausforderungen, die Ihr Kind dazu ermuntern, aktiv zu sein und seine Fertigkeiten immer wieder auszuprobieren. Loben Sie Ihr Kind immer für seine Bemühungen, unabhängig davon, ob es damit Erfolg hatte oder nicht.

Rat einholen

Der Zeitpunkt, an dem ein Kind eine bestimmte Lernstufe erreicht, ist unterschiedlich. Insbesondere Frühgeborene entwickeln sich anders als voll ausgetragene Babys. In einigen Fällen kann eine Entwicklungsverzögerung ein Hinweis auf eine spezifische Störung sein. Falls Sie sich Sorgen machen, sollten Sie sich bei Ihrem Kinderarzt Rat holen. Dieser wird Ihnen gerne einen Termin geben, das Kind untersuchen und sicherstellen, dass bei Ihrem kleinen Liebling alles in Ordnung ist.

ÜBERSICHT ÜBER DIE ENTWICKLUNGSSCHRITTE

Im Folgenden wird das Alter angegeben, in dem Ihr Kind – mit individuellen Abweichungen – die wesentlichen Meilensteine erreichen wird.

3 Monate:	Das Baby kann zum Sitzen hochgezogen werden, sein Kopf richtet sich dabei ohne oder nur mit geringer Verzögerung auf.
4 Monate:	Das Baby dreht sich aus der Bauchlage auf den Rücken.
4–5 Monate:	Das Baby kann seinen Kopf selbst halten.
6 Monate:	Das Baby kann sich aus der Rückenlage auf den Bauch drehen. Es kann mit Stütze sitzen.
6–8 Monate:	Das Baby kann kurz frei sitzen.
8 Monate:	Das Baby dreht sich wiederholt aus der Bauch- in die Rückenlage und umgekehrt.
9–11 Monate:	Das Baby kann einige Sekunden stehen, bevor es fällt. Es lernt krabbeln.
11 Monate:	Das Baby setzt sich aus dem Stand. Es beginnt, um Möbelstücke herumzugehen und mit Hilfe zu laufen.
11–12 Monate:	Es beginnt, ohne Hilfe zu stehen.
11–18 Monate:	Es läuft selbstständig.
12–15 Monate:	Es beginnt, eine Treppe hinaufzukrabbeln.
14 Monate:	Es lernt eventuell, rückwärts zu gehen.
18 Monate:	Es klettert auf einen Stuhl und setzt sich. Es läuft sicherer.
2 Jahre:	Das Baby läuft gut. Es kann auf und von Sitzmöbeln klettern. Es kann rennen und alleine Treppen hinauf- und hinuntergehen, dabei benutzt es jeweils denselben Fuß für eine Stufe und zieht den anderen nach.
3–4 Jahre:	Es kann alleine Treppen steigen, abwechselnd mit beiden Füßen.
4–5 Jahre:	Es kann vielleicht schon hüpfen.

Das Kopfhalten

Zu den wichtigsten Meilensteinen im ersten Lebensjahr gehört das Erlernen des Kopfhaltens, das für viele weitere Schlüsselbewegungen erforderlich ist, die Ihr Kind bewältigen wird, angefangen beim freien Sitzen bis zu seinen ersten Schritten. Die Kopfkontrolle wird allmählich erlernt, wenn sie dann sicher funktioniert, eröffnet sie Ihrem Baby eine völlig neue Welt.

Für eine sichere Kopfkontrolle muss die Nackenmuskulatur gekräftigt werden, die den Kopf stützt und seine Drehbewegungen zulässt. Babys müssen nicht nur lernen, wie sie ihren Kopf beim Stillsitzen halten, sondern müssen ihre Kopfhaltung auch häufig als Reaktion auf Ereignisse in ihrer Umgebung verändern und ihn auch gerade halten können, wenn sie bewegt werden, beispielsweise wenn das Auto, in dem sie sitzen, um eine Kurve fährt. Auch diese Fertigkeit erlernt Ihr Baby wie alle anderen Entwicklungsstufen durch Übung.

So fängt es an

Ein Neugeborenes hat noch schwache Muskeln, und seine Bewegungen sind unkontrolliert. Das bedeutet, dass der Kopf des Babys bei allen Bewegungen sorgfältig gestützt werden muss. Abgesehen von der noch schwachen Muskulatur haben Babys auch einen verhältnismäßig großen Kopf (etwa ein Viertel der Körperlänge), der sich schwer halten lässt. Wird ein Neugeborenes vorsichtig nach oben zum Sitzen gezogen, fällt sein Kopf nach hinten. Halten Sie ein junges Baby aufrecht, wird es seinen Kopf kurzzeitig aufrecht halten, bevor dieser nach vorne an Ihre Schulter oder hinten in ihre Hand fällt. Legt man ein junges Baby auf den Bauch, dreht

Kopflage
In den ersten Lebensmonaten ist die Nackenmuskulatur noch schwach, und der Kopf des Babys hängt nach hinten, wenn man es zum Sitzen hochzieht. Stützen Sie daher immer den Kopf Ihres Kindes.

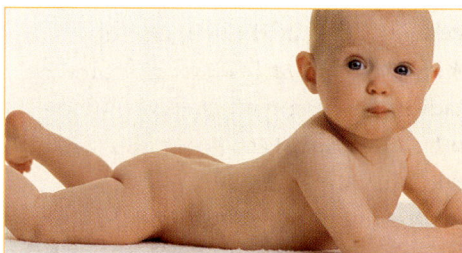

STARTHILFE FÜR IHR BABY
BAUCHLAGE

Babys, die häufig auf den Bauch gelegt werden (Bauchlage), können ihren Kopf oft früher selbst halten als Babys, die meist auf dem Rücken liegen. Es wird dringend empfohlen, Babys zum Schlafen immer auf den Rücken zu legen, da sich sonst das Risiko für den Plötzlichen Kindstod erhöht. Ist Ihr Baby jedoch wach und verbringt viel Zeit in der Bauchlage, hat es aus dieser Position heraus die Möglichkeit, das Heben des Kopfes zu erlernen. Diese Bewegung kräftigt die Muskeln des Nackens und des oberen Rückens. In Bauchlage drehen Babys ihren Kopf von sich aus zur Seite und versuchen bald, den Kopf zu heben, wahrscheinlich weil sie sich dafür interessieren, was um sie herum abläuft. Es ist daher sehr wichtig, dass Sie Ihrem wachen Baby unter Aufsicht Gelegenheit zur Bauchlage geben, um die Entwicklung des Kopfhaltens zu fördern.

es seinen Kopf zur einen oder anderen Seite. Dies ist eine natürliche Reaktion, die dafür sorgt, dass es weiteratmen kann.

So lernt das Kind, den Kopf zu halten

Wie bei allen Entwicklungsschritten erreicht auch bei der Kopfkontrolle jedes Baby die verschiedenen Stadien zu einer individuell unterschiedlichen Zeit. Daher kann die folgende Aufstellung also nur als Richtwert dienen.

✴ *Mit etwa 1 Monat:* Der Kopf des Babys fällt nach hinten, wenn man es zum Sitzen hochzieht. In Bauchlage kann es versuchen, den Kopf eine Sekunde zu heben.

✴ *Mit etwa 2 Monaten:* Wird das Baby aufrecht gehalten, wobei man beide Hände um seinen Brustkorb legt, kann es seinen Kopf einige Sekunden halten. In Bauchlage kann es den Kopf einige Sekunden um 45 Grad heben.

✴ *Mit etwa 3 Monaten:* Nun hängt der Kopf des Babys nicht mehr so weit nach hinten, wenn es zum Sitzen hochgezogen wird. Sitzt es gut abgestützt, kann es den Kopf vielleicht schon ein paar Sekunden halten.

✴ *Mit etwa 4 Monaten:* Das Baby hebt Kopf und Schultern und stützt sich dabei auf seine Hände und Arme. Hält man es in einer Sitzposition, kann es den Kopf bereits besser halten, dieser ist aber noch wacklig. In Rückenlage kann es den Kopf eventuell kurz anheben.

✴ *Mit etwa 5 Monaten:* Wird das Baby im Sitzen gehalten, kann es seinen Kopf nun gerade halten und von einer Seite zur anderen drehen. In Bauchlage hebt es Kopf und Brust, sodass es nach vorne schauen kann.

✴ *Mit etwa 6 Monaten:* Die Nackenmuskulatur ist nun kräftig, und das Baby kann in Rückenlage den Kopf heben und seine Füße anschauen. Es wird nun anfangen, seinen Kopf zu heben und umher zu schauen.

SO KÖNNEN ELTERN MITMACHEN

Kinder lernen vieles spielerisch. Einfache Aktivitäten animieren Ihr Baby dazu, herumzuschauen und Freude an seiner Umwelt zu entwickeln.

Spiegelspaß (ab 1 Monat)

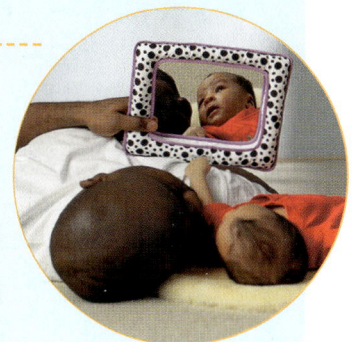

Bereits sehr früh schaut sich ein Baby gerne selbst an, auch wenn es erst im Alter von einigen Monaten merkt, wen es da anschaut! Mit etwa drei Monaten lächelt es sein Spiegelbild an. Muss es den Kopf drehen, um in den Spiegel schauen zu können, kräftigt sich die Nackenmuskulatur und fördert die Kopfkontrolle. Nehmen Sie einen unzerbrechlichen Spiegel und schauen Sie gemeinsam mit Ihrem Baby hinein.

Auf den Bauch (ab 1 Monat)

Wenn Sie Ihr waches Baby auf den Bauch legen, fördert dies seine Versuche, den Kopf zu heben. Sprechen Sie über seinem Kopf. Nach ein paar Wochen legen Sie ein buntes Spielzeug vor Ihr Baby, um seine Aufmerksamkeit zu fesseln.

Auf und nieder (ab etwa 5 Monate)

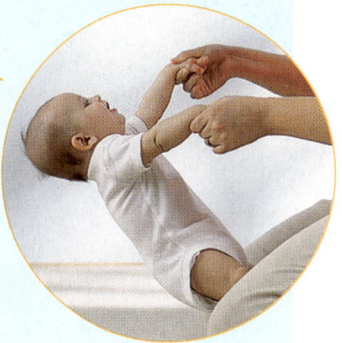

Sobald das Baby seinen Kopf halten kann, spielt es mit Begeisterung Hüpfspiele. Setzen Sie sich Ihrem Baby gegenüber, nehmen Sie es an den Händen, und lassen Sie es vorsichtig auf- und abhüpfen.

Das Drehen

Kann Ihr Baby sich drehen, hat es einen großen Fortschritt gemacht und erlebt erstmals seine Mobilität. Anfangs hat Ihr Baby einfach an der Bewegung Freude – nachdem es viele Wochen in derselben Position gelegen hat. Später erlernt es die Fertigkeit der zielgerichteten Bewegung – etwa um zu einem Spielzeug außerhalb seiner Reichweite oder zu Ihnen zu gelangen.

In der Regel beginnen Babys damit, sich vom Bauch auf den Rücken zu drehen, da dies leichter ist. Der Zeitpunkt vieler Entwicklungsstufen lässt sich durch äußere Faktoren beeinflussen, für das Drehen auf den Rücken gilt dies in besonderem Maß. Wie bald oder spät Ihr Baby sich zu drehen beginnt, hängt sehr stark davon ab, wie oft es auf dem Bauch liegt. Babys sollen zwar in Rückenlage schlafen, wenn sie wach sind, sollten sie aber möglichst viel auf dem Bauch liegen. Dies fördert nicht nur die Kräftigung der Nacken- und Rückenmuskulatur, sondern gibt ihnen auch die Gelegenheit, das Umdrehen auf den Rücken zu üben. In Bauchlage haben Babys die Gelegenheit, mehr von ihrer Umgebung zu sehen, und da sie von Natur aus neugierig sind, versuchen sie so bald wie möglich, häufig in diese Stellung zu kommen.

So beginnt Ihr Baby, sich zu drehen

Mit etwa drei Monaten fängt Ihr Baby in Bauchlage an, den Kopf erst im Winkel von etwa 45 Grad und dann höher zu heben. Innerhalb der folgenden Wochen lernt es, in Bauchlage Kopf und Brust vom Boden abzuheben, wobei es sich auf den Armen abstützt und den Rücken durchbiegt. So bekommt es einen guten Rundblick. Diese kleinen Liegestützen sind wichtig, um die Muskulatur zu kräftigen, die zum Drehen benötigt wird.

Recht häufig plumpst ein Baby unbeabsichtigt vom Bauch auf den Rücken, wenn es die Brust vom Boden hebt und sein Schwerpunkt sich dabei unwillkürlich verschiebt. Benutzt das Baby seine Arme als Hebel und verlagert das Gewicht etwas zu weit, verliert es das Gleich-

Drehmoment
Dieses acht Monate alte Baby kann sich bereits geschickt drehen, um seine Umgebung aus unterschiedlichen Blickwinkeln zu betrachten.

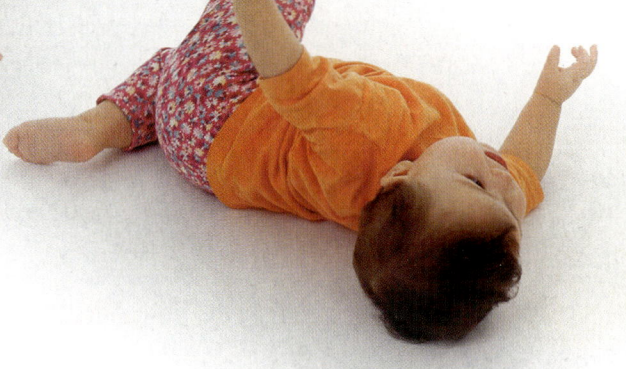

gewicht und landet auf dem Rücken. Hat es diese neue Fähigkeit erst einmal entdeckt, wird es bald versuchen, den Vorgang zu wiederholen.

Das Drehen vom Rücken auf den Bauch setzt hingegen eine Absicht voraus. Ihr Baby muss aktiv entdecken, durch welche Bewegungen es seinen Schwerpunkt verlagern kann, um in die gewünschte Richtung zu kippen. Dies kann viel Übung erfordern und ist recht anstrengend. Ihr Baby muss seinen Körper hin und her schaukeln, drehen, nach hinten biegen und ein Bein über das andere legen, um in die Bauchlage zu kommen.

Manche Babys verbringen voller Freude Wochen damit, vor- und zurückzuschaukeln, ohne sich vollständig zu drehen. Andere drehen sich in eine, aber nicht in die andere Richtung, und wieder andere lassen diese Stufe ganz aus und warten, bis sie eine andere Bewegungsmöglichkeit entdeckt haben, wie das Krabbeln oder das Rutschen auf dem Rücken. Die Gründe hierfür sind nicht bekannt, es ist aber kein Problem, solange Ihr Baby sich dafür interessiert, von einem Ort zum anderen zu gelangen.

Die Muskeln, die sich für das Drehen entwickelt haben, sind auch für die folgenden Meilensteine wichtig. Eine gute Kopfkontrolle und eine kräftige Nacken- und Rückenmuskulatur werden benötigt, um frei sitzen, krabbeln und später laufen zu lernen.

STARTHILFE FÜR IHR BABY
BAUCHLAGE UNTER AUFSICHT

Denken Sie daran, Ihr Baby auf den Bauch zu legen, wenn es wach und munter ist. So wird es dazu animiert, Kopf und Brust zu heben. Um es noch weiter zu fördern, setzen Sie sich vor Ihr Baby und halten ihm ein buntes Spielzeug hin. Halten Sie es zuerst direkt vor Ihr Kind und später etwas höher, damit es nach oben schaut. Kann Ihr Baby seinen Kopf schon höher heben und auch die Brust vom Boden abheben, halten Sie das Spielzeug wieder höher und bewegen es von einer Seite zur anderen, damit Ihr Baby seinen Kopf bewegen muss, um es zu sehen. So lernt es, Gegenständen mit dem Blick zu folgen, und entwickelt gleichzeitig seine Bewegungsfähigkeit.

! IMMER EINE HAND
IN DER NÄHE

Babys beginnen mit etwa drei Monaten, sich zu drehen, manchmal aber auch schon früher. Daher ist es wichtig, dass Sie Ihr Baby nie auf einer hohen Fläche alleine liegen lassen, sondern immer mit einer Hand bei ihm sind. Babys empfinden keine Höhenangst und sind sich der Gefahr nicht bewusst, dass sie von einer hohen Fläche herunterfallen könnten.

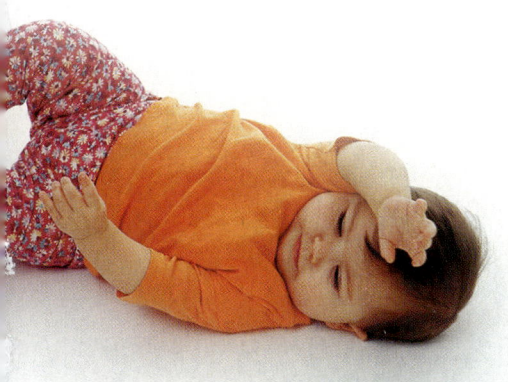

Die verschiedenen Stadien des Drehens

Die Fertigkeit des Drehens wird normalerweise kurz bevor oder etwa zur selben Zeit erworben, in der das Baby anfängt, mit geradem Rücken zu sitzen (bisher saß es mit rundem Rücken). Wie bei allen Entwicklungsschritten variiert der Zeitrahmen auch hier individuell. Als Richtwerte können gelten:

✳ *Mit etwa 3 Monaten:* In diesem Alter beginnen viele Babys sich zu drehen, indem sie sich vom Rücken auf eine Seite und wieder zurück in Rückenlage bewegen. Dies versuchen sie so lange, bis sie die gesamte Drehung schließlich geschafft haben.

✳ *Mit etwa 4 Monaten:* Nun wird Ihr Baby vielleicht anfangen, sich vom Bauch auf den Rücken zu drehen. Es gibt aber auch Babys, die sich zuerst vom Rücken auf den Bauch drehen.

✳ *Mit etwa 6 Monaten:* Ihr Baby wird jetzt lernen, sich vom Rücken auf den Bauch zu drehen. Das ist bedeutend schwieriger als das Drehen vom Bauch auf den Rücken. Die Nacken- und Armmuskulatur muss recht kräftig sein, damit es gelingt.

✳ *Mit etwa 8 Monaten:* Einige Babys fangen nun an, sich zur Fortbewegung immer weiter zu drehen und haben dabei eine Menge Spaß. Dieses Herumkugeln bildet die Grundlage für viele weitere Aktivitäten.

SO KÖNNEN ELTERN MITMACHEN

Vorbereitung auf das Drehen (ab etwa 2½ Monate)

Etwa in diesem Alter fangen viele Babys an, ihre erste Drehung vorzubereiten. Legen Sie sich neben Ihr Baby und versuchen Sie es dazu zu bringen, sich zu ihnen umzudrehen. Später (ab dem Alter von drei Monaten) können Sie auch ein buntes Spielzeug neben das Baby legen, aber außerhalb seiner Reichweite, damit es versucht, sich zu drehen, um danach zu greifen. Unterstützen Sie Ihr Baby bei seinen Bemühungen, indem Sie es anlächeln, Beifall klatschen und es loben.

Einmal Rolle rundherum (ab etwa 6 Monate)

Sobald Ihr Baby sich vom Rücken auf den Bauch drehen kann, wird es Zeit für mehr Spiele auf dem Boden. Bringen Sie es dazu, sich immer wieder zu drehen. Kann Ihr Baby sich auf beide Arme stützen, wird es auch anfangen, sich nur noch auf einen Arm zu stützen und mit der anderen Hand nach Spielsachen zu greifen, die vor ihm liegen. Das Ausstrecken eines Arms in dieser Haltung ist die erste Vorstufe zum Krabbeln.

Das Sitzen

Kann Ihr Baby sitzen, so erhält es nicht nur einen völlig neuen Blickwinkel, sondern kann sich auch mit einer Reihe neuer und aufregender Spielsachen beschäftigen. Die meisten Babys können mit acht Monaten frei sitzen. Das Erreichen dieser Fertigkeit zeigt die Entwicklung im motorischen Teil des Gehirns an und bildet die Grundlage für künftige Bewegungen.

Die Entwicklung der Bewegung oder Motorik beginnt mit dem Kopfhalten, das durch eine Kräftigung der Muskulatur in Hals und Nacken und im oberen Rücken erreicht wird und sich dann nach unten im Körper fortsetzt. Wenn die Muskeln im unteren Rücken kräftiger geworden sind und das Baby das Gleichgewicht halten kann, kann es besser angelehnt und schließlich frei sitzen. Innerhalb weniger Wochen entwickelt sich nun die Beinmuskulatur, und der Gleichgewichtssinn bessert sich, sodass Ihr Baby krabbeln, stehen und später laufen lernt.

So lernt Ihr Baby das Sitzen

Babys richten sich sehr gerne auf und können bereits mit sechs Wochen gestützt in einem Babystuhl sitzen. Setzt man Babys jedoch zu lange in den Kindersitz oder in den Kinderwagen, entgehen ihnen wertvolle Gelegenheiten, die Muskeln zu kräftigen, die sie brauchen, um frei sitzen und ihr Gleichgewichtsgefühl verbessern zu können. Geben Sie Ihrem Baby reichlich Gelegenheit, unter Ihrem wachsamen Auge und gut abgestützt zu sitzen.

In den folgenden Wochen werden Sie feststellen, dass sich der Rücken Ihres Babys im Sitzen streckt. Es lernt, sich beim Sitzen selbst mit einer oder beiden Händen auf dem Boden abzustützen, und mit etwa acht Monaten beherrscht es das Sitzen. Bevor es so weit ist, wird es aber oft umkippen, denn das Halten des Gleichgewichts im Sitzen gehört zu den schwierigsten Dingen, die es erlernen muss. Sie werden beobachten, dass Ihr Baby häufig einige Sekunden wackelt, bevor es das Gleichgewicht findet, und dass es seine Beine verschiebt, um sich selbst zu stabilisieren.

Hat es die Fähigkeit des freien Sitzens erworben, wird es lernen, auf Gegenstände vor sich zu deuten und nach ihnen zu greifen und seinen Kopf und seinen Körper zu drehen, um etwas anzuschauen. Es hat nun ein sehr viel größeres Blickfeld.

Das Greifen nach vorne ist eine Vorstufe des Krabbelns; bald wird Ihr Baby lernen, dass es seinen Körper auf allen Vieren abstützen kann. Dann dauert es nicht mehr lange, bis es sich in Bewegung setzt. Nun wird es Zeit, die Wohnung

Gute Aussicht

Beim Autofahren müssen Babys gegen die Fahrtrichtung in einer zugelassenen Kinderschale vorschriftsmäßig auf der Rückbank gesichert werden. Stellen Sie den Kindersitz niemals vor einen Airbag. Befindet sich Ihr Kind nicht im Auto-Kindersitz, sondern in der Babytrage, sollten Sie es möglichst zu Ihnen schauen lassen, damit es eine interessantere Aussicht auf seine Umgebung bekommt.

unter dem Gesichtspunkt der Kindersicherheit zu überprüfen (siehe Seite 28).

Der durchschnittliche Zeitrahmen der Entwicklungsschritte, die zum Sitzen führen:

* *Mit etwa 3 Monaten:* Die meisten Babys können nun in eine Sitzposition hochgezogen werden. Dabei fällt der Kopf gar nicht mehr oder nur noch wenig nach hinten. Hält man das Baby in einer Sitzhaltung, ist sein oberer Rücken nun gerade, während früher der gesamte Rücken gekrümmt war. Der untere Rücken bleibt aber noch einige Wochen gekrümmt. Die Kopfkontrolle beginnt zu funktionieren, der Kopf kann jetzt kurzzeitig gehalten werden.

* *Mit etwa 4 Monaten:* Ihr Baby kann nun möglicherweise sitzen, solange Sie es an den Armen halten. Der Rücken wird immer gerader.

* *Mit etwa 6 Monaten:* In diesem Alter können sich viele Babys selbst aufsetzen, wenn man Sie an den Händen hält. Sitzt das Baby dann gestützt, kann es seinen Kopf halten und seinen Rücken gerade strecken. Es wird auch den Kopf drehen, um zu verfolgen, was sich in seiner Um-

STARTHILFE FÜR IHR BABY
GUT ABGESTÜTZT SITZEN

Geben Sie Ihrem Baby Gelegenheit, ab dem Alter von etwa zwei Monaten gut abgestützt zu sitzen. Sie können es in einen Babystuhl setzen, der Hals und Rücken den nötigen Halt gibt. Sie können es alternativ auch mit Kissen abstützen, dabei muss aber darauf geachtet werden, dass Hals und Rücken in einer geraden Linie gestützt werden. Ihr Baby wird Freude an einem Mobile haben, das in seinem Blickfeld hängt. Zusätzlich können Sie seine Aufmerksamkeit mit Klatschen und Singen fesseln. Sorgen Sie dafür, dass Ihr Baby ständig beaufsichtigt wird.

Sitzen im Gleichgewicht
Ein Baby muss seinen Schwerpunkt finden, um seinen Körper aufrecht zu halten. Durch Ausstrecken der Beine wird die Grundfläche vergrößert und das Umkippen verhindert.

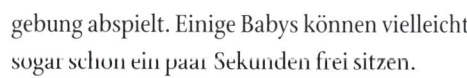

gebung abspielt. Einige Babys können vielleicht sogar schon ein paar Sekunden frei sitzen.

* *Mit etwa 6–8 Monaten:* In dieser Zeit lernen viele Babys, längere Zeit frei zu sitzen. Sie können aber vorerst nur ruhig sitzen. Es wird noch einige Wochen dauern, bis sie nach etwas greifen und dabei ihr Gleichgewicht halten können.

* *Mit etwa 9 Monaten:* Wahrscheinlich kann Ihr Baby nun länger auf dem Boden sitzen und sich beschäftigen, es kann aber auch nach ungefähr zehn Minuten des Sitzens müde werden. Es beugt sich nach vorne, um nach Gegenständen zu greifen, muss die Seitbeuge aber noch lernen.

✳ *Mit etwa 11 Monaten:* Nun fangen die Babys an, sich mit Hilfe aus dem Stand zu setzen – in diesem Stadium halten sie sich hierzu meist an Möbelstücken fest.

✳ *Mit 12 Monaten:* Ihr Baby sitzt nun gerne längere Zeit, vorausgesetzt es hat genügend Dinge um sich, mit denen es sich beschäftigen kann. Nun lernen es die meisten Babys auch, sich aus dem Liegen aufzusetzen.

✳ *Mit 15 Monaten:* Ihr Baby dürfte sich nun aus dem Sitzen hinlegen können.

✳ *Mit 15 – 18 Monaten:* Die Babys können auf den Stuhl eines Erwachsenen klettern und sich dort hinsetzen.

Essenszeit

Die Fachleute sind sich darüber einig, dass Stillen im ersten Lebensjahr die optimale Ernährung darstellt. Wenn Ihr Baby sich dafür zu interessieren scheint, was die anderen essen, wenn es Essbares mit der Zunge nach hinten in den Mund schiebt und eine Zeit lang gut abgestützt sitzen kann, dürfte es für die allmähliche Einführung fester Speisen bereit sein. In einem Hochstühlchen lassen Sie das Baby an den Familienmahlzeiten teilnehmen, von dort hat es einen guten Überblick. Zudem hat es Gelegenheit, gut gestützt auf dem dazugehörigen Tischchen mit kleinen Spielsachen zu spielen.

> **BITTE ANSCHNALLEN**
> Auch wenn die meisten Babys mit etwa acht Monaten recht sicher auf dem Boden sitzen, muss bedacht werden, dass sie noch immer leicht umkippen. Daher sollten sie nur auf Stühlen sitzen, auf denen sie angeschnallt werden können. Auch im Buggy und im Kindersitz des Autos soll Ihr Baby immer angeschnallt werden. Beaufsichtigen Sie Ihr Baby immer.

SO KÖNNEN ELTERN MITMACHEN

Aktivitäten, die die Muskulatur des Nackens und des oberen Rückens kräftigen, bereiten Ihr Baby ebenfalls aufs Sitzen vor. Kann Ihr Baby erst einmal mit Stütze und später frei sitzen, werden Sie jede Menge Spaß zusammen haben.

Sitzspiel
(ab etwa 6 Monate)

Sie können Ihr Baby auf den Boden setzen und rundherum Kissen legen, damit es weich fallen würde. Geben Sie ihm ungefährliche, interessante Gegenstände zum Spielen. Lassen Sie Ihr Baby niemals alleine sitzen, auch nicht, wenn es gut abgestützt ist. Es könnte mit dem Gesicht auf ein Kissen fallen und selbst nicht wieder hochkommen. Sie können sich auch im Schneidersitz hinsetzen und Ihr Baby mit seinem Gesäß an Ihren Beinen abstützen.

Beisammen sitzen
(ab etwa 9 Monate)

Es wird Ihrem Baby gefallen, längere Zeit zusammen mit Ihnen auf dem Boden zu sitzen und zu spielen, zu singen oder zu klatschen.

In der großen Badewanne (ab etwa 6 Monate)

Wenn Ihr Baby frei oder mit einer kleinen Stütze sitzen kann, darf es in die Badewanne. Daran wird es großen Spaß haben – lassen Sie Ihr Baby plantschen, geben Sie ihm Badespielzeug und Becher oder sonstige Behälter zum Umfüllen von Wasser. Lassen Sie Ihr Baby in der Badewanne niemals auch nur eine Sekunde allein. Badestühlchen für Babys oder Stützvorrichtungen sind kein Ersatz für die elterliche Aufsicht.

Das Krabbeln

Sobald Ihr Baby zu krabbeln anfängt, verändert sich vieles. Es wird begeistert sein über seine neue Bewegungsfreiheit, für Sie werden die Herausforderungen allerdings größer. Nun ist es vorbei damit, dass Sie Ihr zufriedenes Baby einen Moment lang auf seiner Decke liegen lassen, während Sie schnell etwas holen – Sie wüssten nicht, wo Sie Ihr Baby beim Zurückkommen wiederfinden. Andererseits werden Sie zusammen mit Ihrem Baby viel Freude haben, wenn es seine Umwelt erkundet.

Beim Krabbeln entwickelt das Baby nicht nur seine Grobmotorik, sondern es kann interessante Gegenstände aufheben, untersuchen und wieder ablegen, sodass sich auch seine Feinmotorik weiterentwickelt. Zudem werden seine visuellen Fähigkeiten geübt, da sich sein Blickfeld vergrößert und es die Welt dreidimensional wahrnimmt.

Durch das Erlernen des Krabbelns verbessert sich die Koordination Ihres Babys, und die Muskulatur wird gekräftigt, die bald für das Laufen mit Hilfe und später für das freie Laufen benötigt wird. Im Durchschnitt kann ein Baby etwa mit neun Monaten krabbeln. In der Regel ist es so weit, wenn es sicher sitzen kann; dies zeigt, dass die Muskulatur von Hals/Nacken und Rücken kräftig ist und sich der Gleichgewichtssinn gut entwickelt. Der Zeitpunkt, zu dem ein Baby zu krabbeln beginnt, unterliegt

aber großen Schwankungen, es gibt sogar Babys, die überhaupt nie krabbeln, sondern andere Möglichkeiten der Fortbewegung finden. Dazu gehört das Herumrutschen auf dem Bauch, das Robben in Rückenlage (dazu benützt

Zusammenspiel der Extremitäten
Die meisten Babys, die auf allen Vieren krabbeln, bewegen immer abwechselnd die Gegenseiten – die linke Hand mit dem rechten Knie und die rechte Hand mit dem linken Knie.

das Baby eventuell eine Hand und eine Pobacke oder beide Hände und beide Pobacken) oder die Fortbewegung auf allen Vieren. Babys wählen die Art der Fortbewegung, die am effektivsten und gleichzeitig am wenigstens anstrengend ist. Einige Babys ziehen sich in den Stand hoch und gehen sehr früh um Möbelstücke herum, wobei sie die ersten Stadien der Fortbewegung überspringen oder nur kurz nutzen. Ob ein Baby krabbelt oder nicht, scheint sich auf den Beginn des Laufens nicht auszuwirken; krabbelnde Babys fangen etwa im selben Alter an zu laufen wie Babys, die das Krabbeln ausgelassen haben.

Die verschiedenen Stadien des Krabbelns

Ab der Geburt entwickeln die Babys Fertigkeiten, die sie für das Erlernen des Krabbelns und später des Laufens fit machen. Mit etwa sechs Monaten beginnt Ihr Baby, sich die Schlüsselfertigkeiten anzueignen:

Mit 6 Monaten: Die meisten Babys können jetzt in Bauchlage Kopf, Brust und Bauch vom Boden heben. Sie stützen sich mit gestreckten Armen ab und legen die Handflächen flach auf den Boden.

Mit 7 Monaten: Nun kann sich Ihr Baby wahrscheinlich in der Krabbelhaltung mit nur einer Hand abstützen. So kann es die andere Hand ausstrecken wie beim Krabbeln.

ZEIT FÜR EINEN CHECK-UP

Man sollte immer bedenken, dass jedes Baby anders ist und seine Fertigkeiten in seinem persönlichen Tempo erwirbt. Im Alter von einem Jahr sind die meisten Babys aber selbst auf Achse, entweder krabbelnd, rutschend oder auch laufend. Ist dies bei Ihrem Baby nicht der Fall, sollten Sie unbedingt mit Ihrem Arzt sprechen. Er wird Ihr Baby untersuchen und kontrollieren, dass alles in Ordnung ist.

Mit 8 Monaten: Ihr Baby geht in die Krabbelhaltung und schaukelt dann vor und zurück, als wollte es beschleunigen. Halten Sie Ihr Baby öfter einmal in einer stehenden Haltung auf Ihren Knien, sodass es seine Beine durchstrecken kann. Dies kräftigt seine Beinmuskeln. Innerhalb weniger Wochen wird Ihr Baby gemerkt haben, dass es vorwärts kommt, wenn es eine Hand und das Bein der Gegenseite gleichzeitig nach vorne bewegt.

Mit 9 Monaten: Babys dieses Alters wippen auf dem Bauch hin und her, manche beginnen zu krabbeln. Häufig krabbeln Babys zuerst rückwärts. Sie finden es einfacher, sich nach hinten abzustoßen, da die Armmuskeln kräftiger sind als die Beinmuskeln. Anfangs berührt der Bauch eventuell noch den Boden. Falls Ihr Baby ein tüchtiger Rückwärtskrabbler ist, wird es vielleicht durch eine Zufallsentdeckung anfangen, vorwärts zu krabbeln.

Mit 11 Monaten: Ihr Baby dürfte jetzt auf Händen und Knien krabbeln können, ohne dass der Bauch den Boden berührt. Nun ist es richtig auf Achse und wird mit zunehmender Erfahrung an Geschwindigkeit zulegen. Anfangs wird es kopfüber über abschüssige Stellen und größere Zwischenräume purzeln, mit der Zeit bessert sich aber die Einschätzung und die Bewegungen werden kontrollierter. Viele Babys krabbeln noch einige Monate, nachdem sie das Laufen gelernt haben.

SO KÖNNEN ELTERN MITMACHEN

Sie können sehr viel mit Ihrem Baby machen, um seine Bewegungsfreude anzuregen und damit seine Koordination und den Muskelaufbau zu fördern.

Einen Tunnel bauen

Sobald ein Baby krabbeln kann, krabbelt es mit Begeisterung irgendwo hindurch. Sie können ganz einfach einen Tunnel bauen, indem Sie eine Tischdecke über einen Tisch oder Stuhl mit genügend Abstand zwischen den Stuhlbeinen herunterhängen lassen. Legen Sie interessantes Spielzeug in den Tunnel, das Ihr Baby holen kann.

Abenteuerspielplatz Wohnung

Gestalten Sie Ihr Wohnzimmer zu einem spannenden Hindernisparcours für Ihr Baby, indem Sie Kissen und Kartons auf dem Boden verteilen, um die es herumkrabbeln kann. Auch durch Spielsachen, die außerhalb seiner Reichweite platziert werden, halten Sie Ihr Baby in Bewegung.

Fang mich doch (ab etwa 6 Monate)

In diesem Alter folgen Babys mit Begeisterung bunten rollenden Spielsachen. Das veranlasst sie nicht nur zu krabbeln, sondern verbessert auch die Koordination zwischen Hand und Auge, wenn sie versuchen, nach den Spielsachen zu greifen. Besonderes Interesse finden Bälle, die auf einen Spiegel gelegt werden. Wenn Sie ein zusammengerolltes Handtuch unter den Bauch Ihres Babys legen, fördern Sie Auf- und Abbewegungen des Rumpfes.

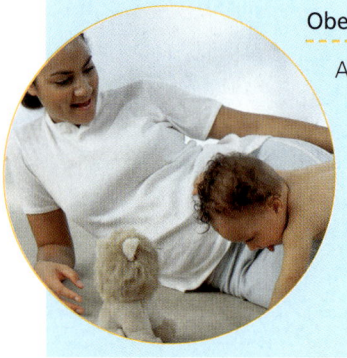

Oben drüber (ab etwa 10 Monate)

Auch so halten Sie Ihr Baby auf Trab. Legen Sie sich auf die Seite, Ihr Baby im Rücken und legen Sie ein Spielzeug vor sich hin. Ermuntern Sie Ihr Baby, über Sie hinüberzuklettern und sich das Spielzeug zu holen.

Das Stehen und die ersten Schritte

Bisher hat Ihr Baby für alle Arten der Fortbewegung, ob nun Krabbeln, Rutschen oder Drehen, seine Hände gebraucht, was seine sonstigen Aktivitäten etwas eingeschränkt hat. Wenn es nun lernt zu stehen und frei zu laufen, hat es seine Hände frei und kann zwischen mehr Vergnügungen wählen.

Mit neun Monaten oder auch etwas früher kann Ihr Baby sich wahrscheinlich selbst in den Stand hochziehen. Eine Zeit lang wird es noch Halt brauchen, entweder Ihre Hand oder Möbelstücke in seiner Nähe. Es arbeitet sich nun zu seinem eigentlichen Ziel vor – dem freien Laufen. So wird es schneller vorankommen und kann unterwegs alles aufheben, was interessant erscheint.

Um sich selbst in den Stand hochzuziehen, müssen Babys die Grundbedingungen erfüllen – sie müssen ihren Kopf halten können und eine kräftige Rückenmuskulatur entwickelt haben. Zudem benötigen sie kräftige Beinmuskeln, auch im Hüftbereich und kräftige Arme. Bei einem Baby sind die Beine verglichen mit dem übrigen Körper recht kurz und um den Oberkörper tragen zu können sind neben der entsprechenden Entschlossenheit Muskelkraft und Koordination erforderlich. Um stehen zu können, muss das Baby sein Gleichgewicht halten können, und es dauert mehrere Wochen, bis diese Fertigkeit entwickelt ist.

Kann Ihr Baby dann stehen, dauert es nur noch wenige Wochen, bis es zuerst mit einem Fuß einen Schritt geht und den anderen Fuß nachzieht und schließlich mit beiden Füßen abwechselnd laufen kann.

Bevor Ihr Baby frei laufen kann, geht es seitlich und nützt Möbelstücke oder sonstige Gegenstände als Halt. Es bewegt sich also fort, indem es mit den Händen an einem Möbelstück entlanggleitet, zugleich einen Fuß in diese Richtung bewegt und dann den anderen Fuß nachzieht. Diese Art der Fortbewegung beginnt im Alter von etwa elf oder zwölf Monaten.

So wird das Gehirn Ihres Babys trainiert. Es muss entscheiden, wie es Zwischenräume überwinden kann und hierzu eine Reihe von Optionen erwägen. Es gewinnt auch Erkenntnisse über seine eigene Größe in Relation zu anderen Dingen.

Der Zeitrahmen der Entwicklungsschritte

Wie bei allen Meilensteinen der Entwicklung ist der Zeitpunkt, zu dem Babys stehen und ihre ersten Schritte tun, individuell unterschiedlich, die Abfolge der Entwicklungsschritte ist jedoch immer ähnlich.

Krumme Beinchen
Die meisten Babys haben krumme Beine, wenn sie anfangen zu stehen und zu gehen. Das ist absolut normal und gibt sich ungefähr in den folgenden 12 Monaten.

Hat das Baby eine Fertigkeit erworben, bildet diese die Grundlage für das Erlernen des nächsten Schritts. Manchmal jedoch bleiben das Krabbeln oder andere frühe Fortbewegungsarten aus. Der Zeitrahmen sieht im Durchschnitt folgendermaßen aus:

* *Mit 9 Monaten:* Ihr Baby kann sich etwa in diesem Alter selbst in den Stand hochziehen. Es steht einige Sekunden auf den Füßen und hält sich dabei an etwas fest. Dann plumpst es auf seinen Po. Zuerst wird es darüber erschrecken, aber bald wird ihm dieser Plumps Spaß machen. In den folgenden Wochen werden seine Muskelkraft, sein Gleichgewicht und die Koordination zunehmen, bis es frei stehen kann.

Sie können Ihrem Baby helfen, indem Sie ihm beibringen, sich aus dem Stand hinzusetzen. Beugen Sie vorsichtig seine Knie, nehmen Sie seine beiden Hände und dirigieren Sie es langsam nach unten, bis sein Po den Boden berührt.

* *Mit 11 Monaten:* In diesem Alter fängt Ihr Baby wahrscheinlich an, sich von einem Möbel-

Von einem zum anderen
Bevor ein Baby frei laufen kann, nutzt es andere Möglichkeiten der Fortbewegung. Ist nichts in der Nähe, woran es sich festhalten kann, krabbelt es wieder. Sobald Ihr Baby so weit ist, dass es sich von Möbelstück zu Möbelstück fortbewegen kann, rücken Sie stabile Möbelstücke wie niedrige Tische oder Stühle nah zusammen in seine Reichweite, damit Ihr Baby sich durch das Zimmer bewegen kann.

stück zum nächsten zu bewegen. Einige Babys können bereits kurz frei stehen, andere laufen mit Hilfe. Einige laufen vielleicht auch schon alleine. Anfangs muss das Baby sich dabei mit beiden Händen an den Möbelstücken festhalten, bald wird es dazu nur noch eine Hand benötigen und mit der anderen Hand schon nach dem nächsten Möbelstück greifen. Eine wichtige Stufe des Laufenlernens ist erreicht, wenn das Baby die Füße abwechselnd hebt und nicht mehr einen Fuß nachzieht. So steht es einen kurzen Moment auf einem Bein – eine wichtige Errungenschaft.

✴ *Ab 12 Monaten:* Mit etwa einem Jahr stehen Babys frei. So können sie mit einer ganz neuen Auswahl an Spielsachen spielen, die bisher unerreichbar für sie waren. Sobald Ihr Baby das Laufen lernt, vergrößert sich seine Welt, und es wird seine Unabhängigkeit bei deren Erforschung genießen.

✴ *Mit 14 Monaten:* In diesem Alter können viele Babys schon längere Zeit frei stehen. Sie können sich nach vorne beugen und wieder aufrichten, ohne das Gleichgewicht zu verlieren.

STARTHILFE FÜR IHR BABY
VERLOCKENDES SPIELZEUG

Ein verlockendes Spielzeug, das auf einem niedrigen Tisch liegt, animiert Ihr Baby dazu, sich in den Stand hochzuziehen, um danach greifen zu können. Braucht ein Baby nur noch wenig Hilfe beim Stehen, bietet der Tisch den nötigen Halt, während die Gegenstände es dazu animieren, seine Hände zu benützen. Versuchen Sie es mit bunten Plastikbechern oder Bauklötzen. Wenn Ihr Kind so weit ist, bringen Sie es dazu, alleine zu stehen, indem Sie es an der Hand halten und diese dann langsam loslassen – Ihr Kind wird Ihnen zeigen, wenn es dies noch nicht möchte. Seien Sie immer bereit es aufzufangen!

FÜR DIE SICHERHEIT

Babys, die erst anfangen zu stehen und ihre ersten Schritte zu machen, fallen noch oft hin. Dies gehört zum Lernprozess. Wichtig ist, ihre Umgebung möglichst sicher zu machen und ihnen die Gelegenheit zu geben, sich selbst zu erproben und ihre Fertigkeiten zu entwickeln. Scharfe Kanten an Möbeln sollten gepolstert werden und die Babys von anderen gefährlichen Dingen wie Feuerstellen ferngehalten werden. Sie müssen auch sicherstellen, dass alle Möbel so stabil sind, dass Ihr Baby sich daran festhalten kann.

Für die Sicherheit Ihres Kindes

Kleinkinder sind von Natur aus neugierig. Sie erfahren etwas über die Welt, indem sie körperlich mit den Gegenständen in ihrer Umgebung Kontakt aufnehmen. Mit Begeisterung berühren, fühlen und erforschen sie alle Dinge. Auch über deren Eigenschaften lernen sie etwas, indem sie sich diese Dinge in den Mund stecken. Diese angeborene Neugierde birgt aber Risiken. Die meisten Kinder unter fünf Jahren haben ein sehr gering ausgeprägtes Gefahrenbewusstsein und begeben sich unbeabsichtigt in Gefahr, um dorthin zu gelangen, wo die Neugier sie hintreibt. Sehr junge Kinder trinken alles, sie werden magisch angezogen von Dingen, die sich bewegen oder die interessante Geräusche von sich geben und sie krabbeln in kleine Zwischenräume. Da ihre Körperkontrolle noch nicht perfekt entwickelt ist, können sie auch leicht stolpern oder fallen. Demzufolge besteht bei ihnen ein großes Risiko zu ersticken, zu ertrinken, sich zu vergiften oder zu verbrennen. Der natürliche Drang, die Welt zu erkunden, in Verbindung mit der Unfähigkeit, Gefahren zu erkennen und sich selbst zu bremsen, setzt Kleinkinder einer hohen Verletzungsgefahr aus. Nachfolgend einige Tipps, die dafür sorgen, dass Ihr Kind seine Neugierde ungefährdet ausleben kann.

Machen Sie Ihre Wohnung kindersicher

Tun Sie Ihr Möglichstes, um die Wohnung für Ihr neugieriges Familienmitglied sicher zu gestalten. Bringen Sie überall Steckdosensicherungen, Kindersicherungen an den Fenstern, Treppengitter oben und unten an den Treppen, Rauch- und Kohlenmonoxidmelder und Schutzvorrichtungen an Feuerstellen oder sonstigen Wärmequellen an.

Versehen Sie die Schranktüren mit festen Schlössern, damit der Schrankinhalt für Ihr Kind unerreichbar bleibt und es keine Arzneimittel, Reinigungsprodukte oder Kosmetika zu sich nehmen kann.

DIE HÄUSLICHE SICHERHEIT ÜBERPRÜFEN
Spätestens alle sechs Monate sollten Sie
Ihre Wohnung oder Ihr Haus erneut auf
seine Kindersicherheit kontrollieren. Berücksichtigen
Sie dabei gegebenenfalls auch Außenbereiche, wie
den Garten, einen Teich oder Ähnliches.

Bewahren Sie Messer und Elektrogeräte außerhalb
der Reichweite Ihres Kindes auf, und sorgen Sie auch
dafür, dass es nicht an irgendwelche Kabel kommt.

Regeln aufstellen

Sorgen Sie für positive wie negative Regeln. Sagen Sie
Ihrem Kleinkind, was es darf und was nicht, sodass es
weiß, wo es auf Erkundungstour gehen darf und welche
Bereiche verboten sind. Versuchen Sie, mehr Ja- als Nein-
Regeln zu definieren.

Unterstützen Sie Ihr Kind dabei, seine Umwelt sicher zu erkunden

Wird Ihr Kind älter, bringen Sie ihm im Rahmen des Möglichen bei, wie es spielen kann, ohne sich zu gefährden,
anstatt es auf spezielle Bereiche im Haus zu beschränken.
Vermitteln Sie ihm zum Beispiel, dass es niemals etwas
von einer Pflanze nehmen und essen darf, wenn es in den
Garten geht und mit dem Gesicht nie zu nahe an ein Tier
herangeht.

Beschützen Sie Ihr Kind, aber gestatten Sie ihm ungefährliche Vergnügungen

Ihr Kind kann seine Umwelt nur durch aktives Handeln
kennenlernen, das immer gewisse Risiken birgt. Ermuntern Sie Ihr Kind dazu, Neues auszuprobieren, sorgen Sie
aber immer dafür, dass es passend ausgerüstet ist. Gewährleisten Sie, dass Ihr Kind geeignete Schutzkleidung, wie
einen Helm, trägt, wenn es mit dem Dreirad oder Rad fährt,
und dass es auf dem Spielplatz nie mit offenen Schuhbän-
dern oder hängenden Kordeln an einer Jacke spielt.

LEICHT ANZUBRINGENDE KINDERSICHERUNGEN

- Durch Sicherheitsriegel und -schlösser bleibt der
  Inhalt von Schränken und Schubladen für Kinder
  unzugänglich.
- Sicherheitsgitter verhindern, dass Kinder in
  gefährliche Bereiche vordringen oder eine Treppe
  hinunterfallen.
- Türgriffabdeckungen und Türschlösser hindern
  Kinder am unbemerkten Betreten bestimmter
  Zimmer.
- Türstopper schützen Finger vor Verletzungen.
- Fensterschutzvorrichtungen verhindern Stürze aus
  Fenstern und von Balkonen.
- Steckdosensicherungen verhindern Stromschläge.

Laufen lernen

Das Laufen ist ein wichtiger Meilenstein in der Entwicklung und ein Zeichen dafür, dass Ihr Baby auf dem Weg in die Unabhängigkeit gute Fortschritte macht. Es wird mit etwa zwölf Monaten seine ersten Schritte gehen und rasch lernen, ohne Hilfe zu laufen und später zu rennen, zu springen und zu hüpfen. Bei allen Entwicklungsstufen ist der Zeitrahmen sehr unterschiedlich, für das Laufen gilt dies aber in besonderem Maße. Häufig liegt der spätere Beginn des Laufens in der Familie, manchmal ist das verzögerte Laufenlernen aber auch ein Hinweis auf eine spezielle Störung.

Standfest beim Laufen
Anfangs strecken Babys beim Laufen die Arme aus, um das Gleichgewicht zu halten, ihre Beine sind weit gespreizt und die Füße nach außen gedreht.

Das Laufen ist ein sehr komplexer Vorgang. Das Nervensystem Ihres Kindes muss ausreichend gereift sein, um den Muskeln die richtigen Botschaften zu schicken, sodass diese koordiniert tätig werden können. Die Muskeln wiederum müssen kräftig genug geworden sein, um auf diese Botschaften reagieren zu können. Ihr Kind muss auch sein Gleichgewicht gut halten können.

Man kann das Laufen bei einem Kind nicht erzwingen, das noch nicht dazu bereit ist. Sie können aber für ein geeignetes Umfeld sorgen, indem Sie Ihr Kind reichlich loben und seine Umgebung anregend gestalten, damit es zum Laufen motiviert ist.

Sobald Ihr Baby laufen kann, hat es mehr Gelegenheiten, sein Umfeld zu erkunden und alles zu untersuchen, was es findet. Es fängt an, Handlungssequenzen zu planen, die anfangs natürlich sehr einfach sind. Es wird beispielsweise einen Raum durchqueren, um ein Spielzeug zu holen und dann an den Ausgangspunkt zurückkehren.

Der Zeitrahmen der Entwicklungsschritte

In seinem ersten Lebensjahr kräftigt ein Baby allmählich die Muskeln, die es für seine bislang

ZEIT FÜR EINEN CHECK-UP
Wie bereits erwähnt, lernen Babys in sehr unterschiedlichem Alter das Laufen. Wichtig ist, dass sie Fortschritte machen – ein Baby, das andere Entwicklungsschritte der Bewegung wie die Kopfkontrolle und das Krabbeln spät lernt, wird wahrscheinlich auch spät laufen, die Fertigkeit sollte aber in einem angemessenen Zeitrahmen stattfinden. Falls Ihr Baby mit 18 Monaten noch nicht laufen kann, befragen Sie Ihren Arzt. Er wird sich Ihr Kind genau anschauen, wird kontrollieren, ob es frei sitzen, sich drehen, krabbeln, sich in den Stand hochziehen und an Möbelstücken entlang fortbewegen kann. Der Kinderarzt wird die Entwicklung ihres Kindes hinsichtlich des Laufens auch bei den Vorsorgeuntersuchungen (U6) im 10. bis 12. Monat kontrollieren. Meist werden die Befunde bei verspätetem Laufen normal sein, gelegentlich werden aber auch weitere Tests durchgeführt, um eine spezielle Störung auszuschließen.

größte Errungenschaft benötigt – für seine ersten Schritte. Mit etwa neun Monaten kann es sich wahrscheinlich in den Stand hochziehen, dann ist es nur noch eine Sache von wenigen Wochen, bis es den großen Schritt Richtung Unabhängigkeit unternehmen wird. Die meisten Babys können mit etwa 13 Monaten laufen. Einige wenige laufen bereits mit elf Monaten. Sorgen Sie sich nicht, wenn es bei Ihrem Kind etwas länger dauert, bis es „auf eigenen Füßen steht". Viele Kinder können erst mit 16 oder 17 Monaten laufen. Auch wenn ein Baby erst mit 18 Monaten laufen lernt, ist das normalerweise kein Problem, solange es sich ansonsten normal entwickelt. Im Durchschnitt werden die verschiedenen Stadien des Laufens in folgendem Alter erreicht:

✳ *Mit 11 Monaten:* Die meisten Babys fangen in dieser Zeit an, sich auf ihren Füßen fortzubewegen, indem sie seitlich an Möbelstücken entlanggehen und sich festhalten. Anfangs dürfen die Möbelstücke nicht mehr als eine Armlänge Abstand voneinander haben. Nach und nach lernen die Babys dann, sich an Möbelstücken entlangzubewegen, die weiter voneinander entfernt stehen, das heißt, sie können eine ganz kurze Strecke alleine laufen.

Viele elf Monate alte Babys laufen, wenn man sie an einer oder an beiden Händen hält oder sie ein stabiles Spielzeug vor sich herschieben können. Sie können auch kurz frei stehen.

✳ *Mit 12 Monaten:* Manche Babys können frei laufen.

✳ *Mit 14 Monaten:* Nun lernt Ihr Baby rückwärts laufen.

✳ *Mit 15 Monaten:* Viele Babys laufen in diesem Alter frei, sind aber noch etwas wacklig auf den Beinen, sie laufen breitbeinig und mit ausgestreckten Armen, um das Gleichgewicht zu halten. Sie müssen auch noch lernen, kontrolliert stehen zu bleiben, bisher stoßen sie noch häufig

SO KÖNNEN ELTERN MITMACHEN

Das Laufen ohne Hilfe verlangt eine gute Portion Selbstvertrauen. Sie können Ihrem Baby mit sehr viel Lob und folgenden gemeinsamen Aktivitäten helfen.

Gemeinsam laufen

Nehmen Sie sich die Zeit, so oft wie möglich mit Ihrem Baby zu laufen, anstatt es der Einfachheit halber in den Buggy zu setzen. Ihr Kind wird gerne auf seinen Füßen stehen und davon sehr profitieren. Anfangs werden sie Ihr Kind an beiden Händen halten müssen, dann an einer Hand und später vielleicht nur noch an einem Finger.
Schließlich wird es selbstständig laufen – geben Sie Ihrem Kind die Zeit, die es braucht. Lassen Sie nicht plötzlich seine Hand los, bevor es dazu bereit ist. Sobald es laufen kann, stellen Sie sich mit wenig Abstand vor Ihr Kind und ermuntern es, bis zu Ihnen zu laufen.

Ein Tänzchen gefällig?

Kleinkinder bewegen sich gerne zu Musik. Spielen Sie verschiedene Arten von Musik für Ihr Baby – langsam, schnell und in unterschiedlichen Stilrichtungen. Tanzen Sie mit Ihrem Kind – es wird begeistert sein!

gegen Hindernisse. Wahrscheinlich spielt Ihr Baby jetzt gerne mit Spielsachen, die es vor sich herschieben oder hinter sich herziehen kann.

★ *Mit 18 Monaten:* Jetzt kann Ihr Baby wahrscheinlich schon sicherer laufen, es hält seine Beine enger beieinander, kann leichter stehen bleiben und muss seine Arme nicht mehr aus-

strecken, um das Gleichgewicht zu halten. Es legt an Tempo zu und kann vielleicht schon auf seine eigene Kleinkinderart rennen.

★ *Ab etwa 2 Jahren:* Die Kleinkinder sind nun geübte Läufer und haben die Fähigkeit erworben, den Fuß von der Ferse zu den Zehen abzurollen wie die Erwachsenen.

- -

Bescheid wissen ... Gehhilfen

So genannte Gehhilfen sind nicht zu empfehlen, sie sind gefährlich und bergen viele Verletzungsgefahren. Zudem geben Sie dem Baby zu viel Halt, sodass sich sein Gleichgewicht und die Muskelkraft in den Beinen, die es zum Laufen benötigt, verspätet entwickeln. Neuere Forschungsergebnisse zeigen, dass die Nutzung von Gehhilfen mit einer Verzögerung des freien Laufens einhergehen kann. Ihr Baby sollte so oft wie möglich barfuß laufen. So bekommt es ein besseres Stabilitätsgefühl, da seine Füße engeren Kontakt mit dem Untergrund haben und es seine Fußstellung leichter anpassen kann.

Gründe für spätes Laufenlernen

Ein Baby kann aus verschiedenen Gründen erst später laufen lernen.

★ Eine häufige Ursache ist die verzögerte Reifung der Nerven und Muskeln, die beim Laufen involviert sind. Diese Verzögerung ist häufig normal und liegt in der Familie. In diesem Fall verläuft die sonstige Entwicklung normal und auch die Bewegungsfertigkeiten entwickeln sich normal, nur eben etwas verspätet. Die Entwicklung des Kindes wird sorgfältig überwacht.

★ Einige Babys bewegen sich durch Rutschen auf dem Po oder Krabbeln schnell und gezielt fort und haben daher keinen echten Anreiz zu laufen.

★ Bei manchen Kindern kann mangelnde Gelegenheit zum Üben des Laufens ein Faktor sein, beispielsweise bei einem Kind, das länger krank und daher bettlägerig war. Es gibt auch überbeschützende Eltern, die die Aktivitäten ihres Kindes stark eingrenzen und damit auch seine Chancen, das Laufen zu lernen.

★ Gelegentlich deutet eine Verzögerung beim Laufen auf eine Lernschwäche oder Entwicklungsverzögerung hin.

★ In einigen Fällen beruht das späte Laufen auf einer Muskelerkrankung oder, wie bei der Zerebralparese, auf einer Schädigung des sich entwickelnden Gehirns.

Bei den regelmäßig zu vereinbarenden Vorsorgeuntersuchungen U1 – U10 überwacht der Kinderarzt die Entwicklung des Kindes.

Das Knien und Klettern

Während der gesamten Kindheit, besonders jedoch in den ersten Lebensjahren, entwickeln Kinder rasch Fähigkeiten, die das Leben interessanter machen. Sie klettern für ihr Leben gerne und ergreifen jede Gelegenheit, sich vom Boden zu lösen. Im Alter zwischen zwölf und 15 Monaten wird Ihr Baby beginnen, Treppen hinaufzuklettern. Mit 18 Monaten wird es wahrscheinlich klettern, wann immer es möglich ist. Klettert Ihr Baby auf einen Stuhl, kniet es zuerst mit dem Gesicht zur Rückenlehne und dreht sich dann in die richtige Position um.

Kinder lernen mit etwa 15 Monaten auch das Knien. Anfangs werden sie dafür Hilfe brauchen, aber mit 18 Monaten können sich die meisten Kinder alleine hinknien. Bieten Sie Ihrem knienden Baby Spielzeug an, damit es diese Position noch besser beherrschen lernt. Wenn Ihr Baby das Gleichgewicht noch nicht sehr gut halten kann, wird es sich gerne festhalten, beispielsweise an einem Couchtisch.

Mit 18 Monaten klettern Kleinkinder mit Begeisterung auf Möbelstücke. Dabei fallen sie aber leicht und müssen daher gut beaufsichtigt werden. Nun kommt die Zeit, wo Ihr Kind anfangen kann, auf niedrigen Klettergeräten zu spielen, aber auch dies wieder unter ihren wachsamen Blicken. Kleinkinder dieses Alters loten beständig ihre Fähigkeiten aus – und strapazieren dabei Ihre Nerven! Es ist wichtig, einen guten Kompromiss zu finden, sodass Ihr Kind in einer sicheren Umgebung seine Fähigkeiten und sein Selbstvertrauen weiterentwickeln kann.

Die Fertigkeiten weiter verbessern

Im Alter zwischen zwei und drei Jahren machen die Kinder beim Klettern und Laufen rasche Fortschritte.

★ *Ab etwa 2 Jahren:* Viele Kleinkinder können auf Möbelstücke und wieder von diesen hinun-

terklettern. Ihr Kind kann auf ein Sofa oder einen Stuhl klettern, um aus dem Fenster zu schauen oder sich ein Spielzeug zu holen. Eine Zeit lang klettert das Kind rückwärts hinunter, dabei streckt es seine Füße nach unten, bis es wieder den Boden spürt.

Um den zweiten Geburtstag verfeinert Ihr Kind seine Lauffertigkeiten, es lernt stehen zu bleiben, die Richtung zu ändern, Tempo zuzulegen und langsamer zu gehen, ohne auf dem Po zu landen. Auch das Gleichgewicht wird besser und der Gang sicherer.

★ *Mit 2 1/2 Jahren:* Kinder können jetzt sicher auf einfache Spielgeräte klettern und das Klettern auf Klettergerüste oder Rutschen macht ihnen richtig Spaß.

Treppensteigen

Es ist einfacher, eine Treppe hinauf als hinunter zu steigen. Auf dem Weg nach unten kann es passieren, dass Ihr Baby „stecken bleibt". Mit gut zwei Jahren wird Ihr Kind dann immer eine Stufe hinuntergehen und den zweiten Fuß auf diese Stufe nachziehen. Mit drei Jahren wird es mit beiden Füßen abwechselnd die Stufen hinuntergehen.

✳ Ab etwa 3 Jahren: Kinder werden jetzt sehr agil und können sich auf Spielplätzen richtig austoben. Diese Gewandtheit entwickelt sich ständig weiter, sodass viele Vierjährig in der Lage sind, geschickt auf Bäume und längere Leitern zu klettern.

Treppauf, treppab

Babys fangen oft schon mit zwölf Monaten an, Treppen hinaufzuklettern, also einige Zeit, bevor sie sicher laufen können. Anfangs setzt ein Baby eine Mischung aus krabbeln und laufen ein, um eine Treppe zu erklimmen, und wenn es wieder hinunter möchte, rutscht es normalerweise mit den Füßen voraus auf dem Bauch – damit beginnt es im Alter zwischen zwölf und 15 Monaten.

Zwischen 18 Monaten und zwei Jahren klettert das Kleinkind Stufe für Stufe hinauf, indem es ein Knie auf die nächste Stufe hebt, was dem Körper gleichzeitig Halt gibt, und dann das andere Bein nachzieht. Wenn Sie Ihrem Baby beim Treppensteigen helfen, wird es einen Fuß auf die nächste Stufe stellen und den anderen Fuß nachziehen, aber noch nicht jede Stufe ab-

wechselnd mit nur einem Fuß erklimmen. Mit etwa zwei Jahren kann das Kind die Treppe hinaufsteigen, indem es sich mit einer Hand an der Wand hält, es stellt aber noch immer beide Füße nacheinander auf eine Stufe. Treppab geht es entweder rückwärts auf allen Vieren oder es rutscht auf dem Po hinunter – für viele Kinder ist das ein Heidenspaß. Anschließend lernt Ihr Kind, auf seinen Füßen eine Treppe hinabzusteigen, anfangs wieder nacheinander mit beiden Füßen von Stufe zu Stufe, wobei es sich mit der Hand abstützen muss. Erst nach dem dritten Geburtstag sind die Kinder so weit, dass sie ihre Füße abwechselnd auf die nächste Stufe setzen, wobei sie zuerst treppauf und später dann auch treppab gehen.

Oben und unten an jeder Treppe sollten Sie Treppengitter anbringen. So beugen Sie schweren Verletzungen vor und können sicherstellen, dass Ihr Kind nicht unbeaufsichtigt auf der Treppe unterwegs ist.

Problem gelöst
Mit etwa 15 Monaten werden Kleinkinder zu begeisterten und erfindungsreichen Kletterkünstlern. Sie besteigen einen Stuhl vorwärts und drehen sich oben um, sodass sie dann richtig sitzen können.

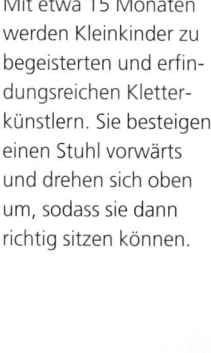

Auf und davon

Ihr Kind wird mit etwa 18 Monaten – vielleicht auch schon früher – anfangen, aus seinem Gitterbettchen zu klettern. Sobald es sich in den Stand hochziehen kann, entfernen Sie alle Stangen, die als Kletterhilfe benützt werden könnten. Montieren Sie die Matratze in der niedrigsten Position, bevor Ihr Baby stehen kann, und wenn es ca. 90 Zentimeter misst oder das Seitengitter niedriger als drei Viertel seiner Körpergröße ist, lassen Sie Ihr Baby in ein anderes Bett umziehen. Um den schlimmsten Stürzen vorzubeugen, stellen Sie ein Gitterbett oder Kinderbett niemals in die Nähe eines Fensters.

Rutschen

Bringen Sie Ihrem Kind bei, wie es die Leiter zur Rutsche hinaufklettern kann und dass es die Rutsche sofort verlässt, nachdem es unten angekommen ist. Steht eine Rutsche in der Sonne, prüfen Sie zuvor, ob die Rutschfläche nicht zu heiß geworden ist.

Schaukeln

Die Sitze von Schaukeln sollten aus einem weichen und nachgiebigen Material sein. Bringen Sie Ihrem Kind bei, dass es nie zu zweit mit einem anderen Kind auf derselben Schaukel schaukeln soll und nie vor oder hinter einer Schaukel vorbeigehen darf, während ein anderes Kind schaukelt.

Spielplatzuntergrund

Beton, Asphalt, festgestampfte Erde und Gras sind kein sicherer Untergrund für Spielgeräte. Sicherer sind Holzabfälle oder Mulch (mindestens 23 Zentimeter hoch für Spielgeräte bis zu einer Höhe von 2,13 Meter) und Sand (mindestens 23 Zentimeter hoch für Spielgeräte bis 1,5 Meter Höhe). Sehr wichtig ist die regelmäßige Kontrolle und Pflege dieser Untergründe, damit sie bei Stürzen Schutz bieten.

Daran haben kleine Kinder Freude

Körperliche Betätigung hat viele Vorteile – sie kräftigt die Muskeln und verbessert die Koordination und das Gleichgewicht. Kinder, die körperlich sehr aktiv sein dürfen, sind wahrscheinlich glücklicher und können besser schlafen. Fördert man bereits bei den Kleinsten die körperliche Betätigung, so bildet sich ein Verhaltensmuster heraus, das später einen gesunden Lebensstil begünstigt.

Mit Babys spielen
Bereits Babys im zarten Alter von sechs Wochen profitieren von sanfter Aktivität.

* *Hände hoch:* Legen Sie Ihr Baby auf den Rücken und geben Sie ihm Ihren Zeigefinger oder Daumen zum Festhalten. Nun heben Sie abwechselnd den einen und dann den anderen Arm über seinen Kopf.

* *Radfahrspaß:* Halten Sie Ihr Baby an den Knöcheln und drehen Sie seine Beinchen, als würde es Rad fahren – erst vorwärts, dann rückwärts.

* *Hand aufs Herz:* Halten Sie Ihr Baby an den Händen, öffnen Sie seine Arme weit und verkreuzen Sie sie dann vor seiner Brust.

Bewegungsübungen für Kleinkinder
Auf diese vergnügliche Art können kleine Kinder ihre Bewegungsfertigkeiten in einer Reihe sanfter Übungen und Spiele erproben. Zwar gibt es vielerorts Gymnastikkurse für Babys und Vorschulkinder, aber Ihr Kleinkind wird mehr davon haben, wenn Sie ihm unter Aufsicht spontane Aktivitäten in einer ungefährlichen Umgebung ermöglichen, bei denen es seinen Forscherdrang ausleben darf.

Schwimmen
Unter dem Gesichtspunkt der Sicherheit ist es sehr wichtig, schwimmen zu lernen, und für ältere Kinder ist das Schwimmen ein gut geeigneter Sport. Babyschwimmkurse sind zwar sehr beliebt und für Eltern und Betreuer sehr vergnüglich, normalerweise können Kinder aber erst ab etwa vier Jahren wirklich schwimmen lernen. Ertrinken liegt bei den Todesursachen von Kindern weit vorne. Kinder, die sehr früh Schwimmunterricht bekommen, werden nicht früher bessere Schwimmer oder im Wasser

> **VORSICHT**
>
> Ein Baby oder Kleinkind darf nie unbeauf-
> sichtigt im Wasser oder in Wassernähe
> gelassen werden, auch nicht, wenn das Wasser sehr
> flach ist. Selbst kleine Kinder, die bereits geschickt
> schwimmen, müssen sorgfältig beaufsichtigt werden
> nach dem Motto „Aufsichtsperson immer in Reich-
> weite".

sicherer als Kinder, die erst später Schwimmunterricht
erhalten.

Egal wie zufrieden und sicher ein Kleinkind im Wasser
oder in Wassernähe wirkt, es muss ständig von einem Erwachsenen aufmerksam beaufsichtigt werden, um zu verhindern, dass es ertrinkt. Ein Kind kann im Handumdrehen unter Wasser geraten, daher kann bereits eine kurze
Unaufmerksamkeit tragische Folgen haben. „Aufsichts-
person immer in Reichweite" heißt hier die Devise – die
Beaufsichtigungsperson sollte nur eine Armlänge entfernt
sein oder den Schwimmer jederzeit berühren können –,
um Verletzungen oder Todesfälle zu verhindern. Ist
das Kind alt genug, um schwimmen zu lernen, weisen Sie es immer wieder darauf hin, dass es nie
alleine schwimmen darf und immer von einem
Erwachsenen beaufsichtigt werden muss.

> **EIGENER SWIMMINGPOOL**
>
> • Ist der Pool an allen Seiten mindestens einen Meter
>   hoch eingezäunt und ist der Zaun mit einer auto-
>   matisch schließenden Tür versehen?
> • Sind alle Aufsichtspersonen in der Lage, die Herz-
>   Lungen-Wiederbelebung anzuwenden?
> • Gibt es für den Notfall in greifbarer Nähe ein Tele-
>   fon und eine Rettungsausrüstung (zum Beispiel
>   Rettungsring, Schwimmweste, Rettungsstange)?

Das Rennen, Springen und Hüpfen

Sobald Ihr Kind laufen kann, wird es hinsichtlich Gleichgewicht und Geschicklichkeit ständig weitere große Fortschritte machen. Im Alter von drei Jahren beherrscht es viele Bewegungen und kann sie ausführen, ohne darüber nachzudenken. Daher wird Ihr Kind in den folgenden Jahren zwischen einer ständig zunehmenden Zahl körperlicher Aktivitäten und Spielen wählen können.

Im Laufschritt

Die meisten Kinder fangen im Alter zwischen 18 Monaten und zwei Jahren an zu rennen. Anfangs schauen sie dabei ständig etwa zwei Meter vor sich auf den Boden. Sie kommen damit zurecht, geradeaus zu rennen, haben aber Probleme, wenn ihnen etwas in die Quere kommt, sodass sie plötzlich die Richtung wechseln müssen.

✳ *Mit etwa 2 Jahren:* Ihr Kind rennt nun müheloser. Es setzt dabei den gesamten Fuß auf und wird im Lauf des folgenden Jahres losrennen, anhalten und um Hindernisse rennen können.

Mit etwa vier Jahren können viele Kinder Treppen hinauf- und hinunterrennen. Sie bewegen sich nun geschickt und können mit etwa fünf Jahren auch beim Rennen den Fuß abrollen, wodurch sie noch gewandter werden und auch mit häufigeren Richtungsänderungen zurechtkommen.

Das Hüpfen und Springen

In ihrem dritten Lebensjahr, normalerweise im Alter zwischen etwa zwei und zweieinhalb Jahren, lernen Kinder zu springen. Sie fangen nun an, mit beiden Beinen gleichzeitig von einer niedrigen Stufe zu springen und hüpfen auch auf dem Boden – ebenfalls mit beiden Beinen gleichzeitig. Anfangs wird Ihr Kind Ihre Hand als Stütze verlangen, aber sehr bald wird es gerne ohne Hilfe springen.

✳ *Mit 3 Jahren:* Kinder können von der untersten Treppenstufe springen. Sie können auch kurz auf einem Bein stehen. Dies zeigt, dass sich ihr Gleichgewichtssinn gut entwickelt, der ein Wegbereiter für das Hüpfen ist.

✳ *Mit 4 Jahren:* Ihr Kind kann bis zu fünf Sekunden lang auf einem Bein stehen. In dieser Phase lernen Kinder auch das Hüpfen, wobei sie normalerweise ein Bein bevorzugen.

In die Hocke
Mit etwa zwei Jahren
können Kinder in die
Hocke gehen, um auf
dem Boden zu spielen.
Aus dieser Hockhaltung
können sie ohne Hilfe
ihrer Hände aufstehen.

✳ *Mit 5 Jahren:* Kinder haben ihre motorischen
Fertigkeiten nun deutlich verbessert. Sie können
bis zu zehn Sekunden lang auf einem Bein stehen
und zehnmal hintereinander hüpfen. Sie können
auch abwechselnd mit beiden Beinen hüpfen.
All diese Aktivitäten zeigen, wie gut das Gleichgewicht in diesem Alter bereits entwickelt ist.

Top-Aktivitäten

Ab dem Alter von etwa vier Jahren wird Ihr Kind
wahrscheinlich gerne eine vereinfachte Version
von Himmel-und-Hölle spielen. Kümmern Sie
sich nicht zu sehr um die Zahlen, sondern konzentrieren Sie sich auf das Herumhüpfen und
Spaßhaben. Malen Sie die Felder auf, und lassen
Sie Ihr Kind nach Herzenslust von einem Feld
ins andere hüpfen. Sie können auch mitspielen!
Wenn Ihr Kind erst einmal die Zahlen gelernt
hat und seine Geschicklichkeit weiter zunimmt,
wird es mit seinen Freunden wahrscheinlich
gerne die traditionellen Spielregeln befolgen.

Ihr Kind spielt vielleicht auch gerne eine
einfache Variante von Twister, wobei es Hände
und Füße auf verschiedenfarbige Kreise legen
muss. Man kann das Spiel insofern abwandeln,
dass man farbiges Papier auf den Boden legt
und die Farben ausruft.

Eine gute Möglichkeit, alle Fähigkeiten des
Kindes zu üben: Lassen Sie es verschiedene
Tiere nachmachen. So soll es springen wie ein
Hase, hocken wie ein Frosch, sich winden wie
eine Schlange oder hüpfen wie ein Känguru.

SO KÖNNEN ELTERN MITMACHEN

Musik- und Bewegungsspiele eignen sich für Spielgruppen mit
anderen Kindern. Schon mit 18 Monaten bewegen sich Kinder gerne
zu Musik. Mit etwa drei Jahren kann Ihr Kind einfache Musikspiele
spielen. Sorgen Sie dafür, dass Ihr Kind nach dem Herumrennen
wieder zur Ruhe und zu Atem kommt.

Musikspiele und „Einfriertanz"

Die Kinder tanzen herum, bis die Musik unterbrochen wird und setzen
sich dann entweder hin oder bleiben wie eingefroren in der augen-
blicklichen Haltung stehen. Streng genommen muss das Kind, das sich
zuletzt setzt oder am längsten bewegt, ausscheiden. Sehr kleine Kinder
spielen aber gerne einfach weiter, ohne dass es einen Sieger gibt.

Verkehrsampel „Stop and Go"

Ein Erwachsener oder ein Kind steht vorne und gibt die Anweisungen:
„Grünes Licht" – herumrennen, „gelbes Licht" – langsamer laufen,
„rotes Licht" – stehen bleiben, „Stau" – langsam gehen. Jüngeren
Kindern macht es Spaß, einfach den Anweisungen zu folgen und
herumzurennen, ohne dass es einen Sieger gibt. Bei älteren Kindern
kann die Regel gelten, dass jeder, der die Anweisung nicht richtig
befolgt, in dieser Runde ausscheiden muss.

Mir nach

Eine Person spielt den Anführer, alle anderen folgen ihm in einer
Reihe und machen nach, was er vormacht. Ein Erwachsener als
Anführer wird sehr unterschiedliche Aktionen vormachen und
dadurch für mehr Spaß sorgen.

Musik und Bewegung

Wählen Sie eine leise und ruhige Musik aus und bitten Sie die Kinder,
sie sollen sich bewegen wie ein Baum im Wind, wie ein Drache am
Himmel oder wie eine Katze, die sich zum Schlafen hinlegt.

Sportliche Fertigkeiten

Mit fünf Jahren ist Ihr Kind auf einem guten Weg, alle Grundelemente der Bewegung zu beherrschen, es wird sie aber ständig weiter verfeinern und allmählich in komplexere Bewegungsabläufe integrieren. Ein Fünfjähriger kann beispielsweise rennen, und er kann kicken, aber noch nicht beides gleichzeitig.

In dem Alter, in dem sich die Bewegungsfertigkeiten rasch entwickeln, sollten Sie Ihr Kind zu regelmäßigem Spielen vor allem im Freien anregen. Ihr Kinderarzt oder die Beratungsstellen im Gesundheitsamt können Ihnen Aktivitäten empfehlen, die für den jeweiligen Entwicklungsstand Ihres Kindes angemessen sind. Mit etwa sechs Jahren sind die meisten Kinder so weit, dass sie einen Teamsport wie Fußball oder Schlagball spielen können. Helfen Sie Ihrem Kind, eine Sportart zu finden, an der es Freude hat, und gehen Sie mit gutem Beispiel voran, indem Sie selbst aktiv sind.

Auf das Fahrrad – fertig – los
Radfahren gibt Ihrem Kind nicht nur die Möglichkeit, sich zu verausgaben, sondern es erwirbt dabei auch lebenswichtige Koordinationsfähigkeiten.

Radfahren

Den meisten Kindern fehlt bis zum Alter von sieben oder acht Jahren noch das nötige Gleich-

STARTHILFE FÜR IHR BABY
ZU AKTIVITÄT ANREGEN

Übergewicht bei Kindern ist auf dem Vormarsch. Regelmäßige körperliche Betätigung zusammen mit einer ausgewogenen Ernährung kann diesem ernsten und potenziell lebensbedrohlichen Problem vorbeugen. Regelmäßige körperliche Betätigung reduziert zudem das Risiko, im Erwachsenenalter schwere Erkrankungen wie Gelenkkrankheiten und Herzerkrankungen zu entwickeln. Sie sorgt auch für eine bessere Stimmungslage und ein besseres Allgemeinbefinden.

Regen Sie nicht nur Ihr Kind dazu an, sich regelmäßig zu bewegen und mit seinen Freunden herumzutollen, sondern pflegen Sie auch selbst im Interesse Ihrer Familie einen gesunden Lebensstil.

gewicht, um ein Zweirad zu fahren, sie können sich aber auf das Radfahren vorbereiten, indem sie auf Kinderlaufrädern oder Kickboards üben. Etwas ältere Kinder haben Spaß am Dreirad. Ein zweijähriges Kind kann ein Dreirad benützen, dabei wird es sich aber überwiegend mit den Füßen abstoßen, statt die Pedale zu benützen. Das Kind wird daran viel Vergnügen haben und mit etwa drei Jahren wahrscheinlich die Pedale verwenden und um Kurven fahren können. Mit vier Jahren wird Ihr Kind mühelos Dreirad fahren und auch scharfe Kurven bewältigen.

Achten Sie von Anfang an darauf, dass Ihr Kind beim Fahren auf dem Dreirad oder sonstigen Spielgeräten auf Rädern einen Helm trägt. Eltern und andere Betreuer sollten ihre Vorbildfunktion bedenken und beim Radfahren ebenfalls einen Helm tragen.

Kann Ihr Kind sicher auf dem Dreirad fahren, ist es so weit, dass es auf einem richtigen Fahrrad üben kann. Drei- und Vierjährige fahren anfangs oft mit Stützrädern.

Skaten

Viele Kinder skaten mit Begeisterung. Auch bei dieser Tätigkeit wird das Gleichgewicht trainiert. Ab welchem Alter ein Kind skaten kann ist individuell verschieden – viele Vierjährige können es bereits. Unabhängig vom Alter des Kindes ist sorgfältig darauf zu achten, dass es die nötige Sicherheitsausrüstung trägt – besonders einen Helm sowie Knie- und Ellbogenschützer. Das ideale Gelände, um Skaten zu lernen, sind flache Wege in Grünanlagen.

Ballspiele

Schon sehr kleine Kinder spielen gerne Ball, anfangs rollen sie ihn, ab etwa 18 Monaten entwickelt sich dann allmählich die Fähigkeit, beide Arme und Beine zum Ballspielen zu nutzen.

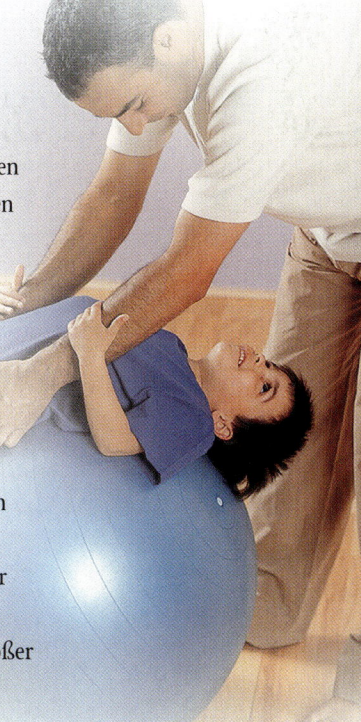

ZEIT FÜR EINEN CHECK-UP
Es lässt sich nicht mit Sicherheit vorhersagen, wann ein Kind eine spezielle Fertigkeit erworben haben wird. Sie sollten aber mit Ihrem Arzt sprechen, wenn Ihr Kind mit fünf Jahren Folgendes noch nicht kann:
• Einen Ball überhand werfen
• Auf der Stelle hüpfen
• Dreirad fahren

Anfangs werfen Kleinkinder der Ball von unten, wenn sie etwa zwei Jahre alt sind können sie einen kleinen Ball meist mit gestrecktem Arm überhand werfen. Mit ungefähr zwei Jahren kann ein Kind gegen einen großen Ball treten, ist aber wahrscheinlich noch nicht in der Lage, ihn wirklich zu kicken. Im Lauf der nächsten sechs Monate wird das Kind lernen, dem Ball einen Stoß zu versetzen, die Entfernung, über die es den Ball kicken kann, ist aber noch sehr kurz.

Die meisten Dreijährigen können einen Ball richtig überhand werfen und einen großen Ball mit ausgestreckten Armen fangen. Sie können nun schon besser kicken und es beginnt ihnen Spaß zu machen, einen Ball vorwärts und rückwärts zu kicken.

Mit vier Jahren haben Kinder echten Spaß an Ballspielen mit fangen, werfen, springen lassen und kicken, inzwischen sind sie beim Werfen auch treffsicherer. Sie können nun auch kleinere Bälle mit den Händen fangen und vielleicht schon mit einem kleinen Schläger umgehen.

Mit fünf Jahren spielen Kinder mit großer Freude kompliziertere Ballspiele.

Gymnastikball
Ein kleinerer Gymnastikball bietet älteren Kindern eine Menge Bewegungsspaß. Beaufsichtigen Sie Ihr Kind immer, wenn es mit dem Ball spielt.

Die Entwicklung
der Feinmotorik

Die Entwicklungsstufen verstehen

Die Grobmotorik steuert größere Bewegungen des Körpers, der Arme und Beine, die Feinmotorik hingegen verlangt für die Bewegungen von Fingern und Händen kleinere, genauere Bewegungsabläufe. Sie hängt auch von komplexen, dynamischen Wechselwirkungen im Gehirn ab, um die oft komplizierten Bewegungsabläufe zu ermöglichen, die beim Greifen, beim Festhalten und beim Umgang mit einem Gegenstand erforderlich sind. Deshalb ist die Kontrolle der Feinmotorik für die gesamte intellektuelle Entwicklung Ihres Kindes so wichtig.

Bei der Geburt kann ein Baby die erste Stufe der feinmotorischen Bewegung ausführen – das Greifen –, dies ist aber in diesem Stadium keine Fertigkeit, sondern ein angeborener Reflex, der sich in den kommenden Wochen wieder verliert. Mit drei Monaten kann Ihr Baby absichtlich nach Gegenständen greifen, dies ist die Grundlage für kommende feinmotorische Fertigkeiten.

Was geschieht in dieser Phase?

Die Feinmotorik hängt von der Entwicklung der kleinen Muskeln in Armen und Händen sowie von den entsprechenden Botschaften ab, die das Gehirn aussendet, damit die passende Bewegung ausgeführt wird. Durch ständiges Wiederholen der Bewegungen werden sowohl die Muskeln gekräftigt als auch die Nervenbahnen stabilisiert.

Die Feinmotorik ist auch auf die Koordination von Auge und Hand und auf ein gewisses räumliches Vorstellungsvermögen angewiesen, damit die kleinen Bewegungen ausgeführt werden können. Auch diese Fertigkeiten verbessern sich durch Übung. Nur wenn ein Baby immer wieder nach Gegenständen greift, kann es den Abstand zu ihnen genau einschätzen und die Hand an die richtige Stelle führen.

Die feinmotorischen Fähigkeiten sind nicht nur an sich eine erstaunliche Errungenschaft, sondern kommen auch häufig zur Anwendung, wenn wir in Bewegung sind.

Die Entwicklungsschritte und ihre Reihenfolge

Die Kontrolle der Feinmotorik entwickelt sich im Körper von oben nach unten und von der Körpermitte nach außen hin. Mit anderen Worten: Ihr Baby wird seine Armbewegungen eher kontrollieren können als seine Fingerbewegungen. Auf Grund der Gehirnentwicklung wird es auch unter Einsatz seines Sehsinns und seines Gehörsinns etwas lokalisieren können, bevor es in der Lage ist, willentlich danach zu greifen.

Bevor ein Baby seine Hände zweckgerichtet bewegen kann, muss es sich der Tatsache bewusst werden, dass es Hände hat. Etwa im Alter von zwei Monaten fängt ein Baby an, mit seinen Händen zu spielen und sie zusammenzuführen. Von diesem Zeitpunkt an gewinnt es rasch weitere Finger- und Handfertigkeiten, wobei als Erstes einer seiner Neugeboreneninstinkte wiederkehrt, die Finger um einen Gegenstand zu legen und ihn festzuhalten. Sobald Ihr Baby

Die wichtigsten feinmotorischen Fertigkeiten werden etwa in folgendem Alter erworben.

2 Monate:	Das Baby entdeckt seine Finger.
3 Monate:	Das Baby hält kurz eine Rassel, die man ihm in die Hand gibt.
4 Monate:	Das Baby schüttelt eine Rassel, um ein Geräusch zu erzeugen.
5 Monate:	Das Baby greift einen Gegenstand mit dem Palmargriff (mit der ganzen Hand). Es ergreift seine Zehen und zieht sie an den Mund.
6 Monate:	Das Baby fasst mit den Händen nach einem Spielzeug. Es nimmt Gegenstände von einer Hand in die andere und alles in den Mund.
7 Monate:	Das Baby fängt an, einen Löffel zu halten. Es hält eine Tasse mit zwei Henkeln und trinkt daraus.
8 Monate:	Erster Zangen-Griff. Das Baby kann einen Gegenstand länger festhalten, lässt ihn aber wahrscheinlich noch nicht wieder los.
9 Monate:	Das Baby hält eine Schnur zwischen Finger und Daumen und kann ein Spielzeug ziehen. Es nimmt ein angebotenes Spielzeug. Es lässt Gegenstände absichtlich los. Es zeigt auf Gegenstände, klatscht und winkt zum Abschied.
9–10 Monate:	Das Baby hält in jeder Hand einen Gegenstand und schlägt beide aneinander. Der Zangen-Griff wird feiner und genauer.
10 Monate:	Das Baby imitiert das Haarekämmen.
11 Monate:	Das Baby hat Freude daran, Gegenstände hin und her zu reichen.
12 Monate:	Der präzisere Zangen-Griff wird benutzt. Das Baby hält zwei Gegenstände in einer Hand. Es legt Gegenstände in einen Behälter. Es kann besser mit dem Löffel umgehen. Es hebt die Trinklerntasse und trinkt daraus. Es wirft Gegenstände, aber wenig zielgenau. Es beobachtet Gegenstände, die herunterfallen.
15 Monate:	Das Baby hebt kleine Gegenstände mit jeweils einer Hand auf. Es führt den Löffel zum Mund, verliert aber Essen, weil es den Löffel nicht gerade hält.
16–18 Monate:	Das Baby wirft zielgerichtet. Es spielt mit Spielsachen, die es schieben kann.
18 Monate:	Das Baby kann aus drei Klötzen einen Turm bauen. Es bevorzugt allmählich eine Hand.
2 Jahre:	Das Kind erledigt das meiste mit der bevorzugten Hand. Es baut einen Turm aus sechs oder sieben Klötzen.
3 Jahre:	Das Kind kann mit einer Gabel umgehen. Es kann große Perlen auffädeln. Es kann einen Turm aus neun bis zehn Klötzen bauen.
4 Jahre:	Das Kind kann mit Nähkarten umgehen. Es kann aus mehreren Klötzen eine Brücke bauen. Es hält Stifte wie ein Erwachsener.
5 Jahre:	Das Kind kann zeichnen und malen. Es kann Milch einschenken, ohne sie zu verschütten.

einen Gegenstand ergreifen kann, lernt es auch bald, ihn festzuhalten und etwas mit ihm anzufangen, indem es ihn von einer Hand in die andere nimmt und umdreht, um ihn zu untersuchen. Anschließend lernt es, Gegenstände aufzuheben und dann auch wieder abzulegen. Sind die grundlegenden feinmotorischen Fertigkeiten erworben, nutzt ein Kind sie in einer Reihe kreativer Aktivitäten vom Bauen über das Zeichnen und Malen bis zum Anschauen von Büchern und später dem Spielen eines Musikinstruments. Die Entwicklung der Feinmotorik macht Kinder auch unabhängig: Sie lernen allmählich, selbst zu essen und später sich selbst zu waschen und anzuziehen.

So helfen Sie Ihrem Kind, Fortschritte zu machen

Babys lieben es, Gegenstände anzufassen und damit zu spielen. Dies können Sie bereits frühzeitig fördern, indem Sie Ihrem Kind eine Reihe ungefährlicher und interessanter Gegenstände anbieten. Anfangs können Sie Ihrem Baby dabei helfen, verschiedene Berührungsempfindungen zu erforschen, indem Sie vorsichtig seine Hand öffnen und mit verschiedenen Stoffen darüberstreichen, mit Pelzimitat, Wellpappe und Federn. Später können Sie ihm interessante Gegenstände geben, die es von einer Hand in die andere nehmen und untersuchen kann. Innerhalb kurzer Zeit können Sie Ihr Baby die neu erworbenen Fertigkeiten nutzen lassen, indem Sie ihm Fingerfood anbieten, das es greifen und in den Mund stecken kann. Einige Kleinkinder können beispielsweise bereits mit etwa 15 Monaten mit Stiften umgehen und ab etwa 18 Monaten malen.

Je mehr Ihr Kind mit seinen Händen tun kann, desto besser entwickeln sich seine manuellen Fertigkeiten und desto mehr Spaß wird es haben.

Lassen Sie aber auch hierbei Ihr Baby die Aktivitäten wieder ohne jeglichen Erfolgsdruck aus-

führen. Anfangs geben Sie Ihrem Kind also einfach die Zeit, die es braucht, und ermutigen es nicht nur, wenn es Erfolg hat, sondern auch wenn ihm etwas nicht gelingt. Geben Sie Ihrem Kind auch Gelegenheit, eine Tätigkeit fortzuführen, für die es sich interessiert, während es weiß, dass Sie im Hintergrund sind, falls es Sie braucht. Ist Ihr Kind schon etwas älter, überlassen Sie ihm gelegentlich die Spielführung: Lassen Sie Ihr Kind mit einem Spielzeug machen, was es gerne möchte, statt ihm zu sagen, wie es damit spielen soll. Beispiel: Anstatt zu sagen „Komm, wir bauen mit diesen Klötzen ein Haus", warten Sie einfach ab, was Ihr Kind gerne tun möchte.

Rat einholen

Der Zeitpunkt zu dem die einzelnen Meilensteine erreicht werden, ist von Kind zu Kind unterschiedlich, viele Kinder erreichen die Meilensteine vor oder nach dem „Durchschnittsalter". Werden die feinmotorischen Meilensteine etwas früher erreicht als im Durchschnitt, hat dies entweder keinerlei Folgen oder deutet darauf hin, dass ein Kind besonders geschickt wird. Werden diese Meilensteine hingegen etwas später erreicht, hat dies wahrscheinlich keinerlei Bedeutung. Eine deutliche Verzögerung kann gelegentlich auf eine spezielle Störung hinweisen. Sollten Sie sich irgendwelche Sorgen machen, fragen Sie Ihren Arzt um Rat.

Mit etwa zwei Monaten sollte Ihr Baby Interesse für Spielsachen zeigen, die Sie ihm hinhalten. Gefördert wird dieses Interesse durch Spielsachen in kräftigen Farben. Auch Spiegel und andere glänzende Gegenstände sollten das Interesse Ihres Kindes wecken. Mit neun Monaten sollten Babys selber Spielsachen aufheben. Jedes Kind entwickelt sich in seinem eigenen Tempo, aber wenn eine der oben genannten Fähigkeiten bis zu diesem Alter nicht erkennbar ist, sollten Sie dies mit Ihrem Arzt besprechen.

Nach etwas greifen, etwas ergreifen und festhalten

Kann ein Baby erst einmal Spielsachen ergreifen und festhalten, wird seine Rolle beim Spielen deutlich aktiver, und es muss sich nicht mehr darauf beschränken, Dinge in seinem Blickfeld zu beobachten oder auf Spielsachen zu patschen, die in seiner Reichweite hängen. Anfangs wird Ihr Baby Gegenstände festhalten, aber nicht anschauen. Bald wird es aber damit anfangen, die Dinge herumzudrehen und sorgfältig zu untersuchen. Noch später kann es sie von einer Hand in die andere nehmen. Feinmotorische Fertigkeiten werden im ersten Lebensjahr rasch erworben und in den folgenden Jahren perfektioniert.

Ergreifen und Festhalten

Das Ergreifen von Gegenständen beginnt als primitiver Reflex, in seinem dritten Lebensmonat wird Ihr Baby aber wahrscheinlich lernen, wie es Gegenstände bewusst festhalten kann, und später, wie es sie aufheben und loslassen kann. Anfangs wird Ihr Baby Gegenstände mit dem Palmargriff aufnehmen (der Gegenstand wird mit allen Fingern in der Handfläche gehalten), später mit dem genaueren Zangen-Griff (zwischen Daumen und Zeigefinger). In seinen ersten Lebenswochen hält Ihr Baby seine Hände meist zu festen Fäusten geschlossen. Sie können dazu beitragen, seine Händchen zu entspannen, indem Sie seine Handflächen und Finger leicht massieren und mit Spielsachen verschiedener Textur über seine Handinnenfläche streichen. Nach etwa zwei Monaten werden sich seine Händchen entrollen und es wird seine Finger häufig weit spreizen. (Wenn Sie Ihr Baby immer wieder einmal auf den Bauch legen, tragen seine Arme das Körpergewicht,

dadurch werden seine Handgelenke gestreckt und seine Hände öffnen sich). In dieser Zeit entdeckt das Baby seine Hände.

Babys von etwa zwei bis vier Monaten greifen absichtlich nach Gegenständen, die sie fest in der Hand halten können, haben aber noch Probleme damit, kleine oder seltsam geformte Dinge festzuhalten. Es ist für sie auch noch schwierig, etwas wieder loszulassen, und Sie müssen Ihr Baby eventuell mit einem anderen Spielzeug ablenken, damit es das erste hergibt.

Fest im Griff
Ist das Baby in der Lage, Dinge festzuhalten, lernt es auch bald, seinen Griff verschieden geformten Gegenständen anzupassen.

Patschen
Dieses kleine Baby braucht eine gute Koordination von Augen, Armen und Händen, um den Gegenstand berühren zu können.

Etwas ältere Babys fangen an, ein Spielzeug zu schütteln, um zu sehen, ob es ein Geräusch macht, und können einen Gegenstand von einer Hand in die andere nehmen (siehe S. 49). Bald darauf fangen Babys an, mit ihren Händen die Eigenschaften der Gegenstände zu untersuchen – ob sie hart oder weich, schwer oder leicht sind und ob sie Geräusche von sich geben.

Nach etwas greifen

Bevor die Koordination von Händen, Augen und Muskulatur perfekt funktioniert, greift das Baby nach Gegenständen, indem es auf sie patscht – in der Regel mit der geballten Faust. Ihr Baby hat seine Arme von Geburt an viel bewegt, Sie werden aber nach und nach feststellen, dass diese Bewegungen bewusster werden und auf Gegenstände gerichtet sind, die sich in seiner Reichweite befinden. So einfach diese Bewegungen auch aussehen, verlangen sie doch komplizierte Gedankengänge. Patscht das Baby beispielsweise auf ein Mobile, zeigt es damit sein Interesse an diesem Gegenstand und an dessen Verhalten. Um den Gegenstand aber berühren zu können (was es nur mit großen Armbewegungen erreicht, da sich seine Hand- und Fingermuskulatur erst später entwickelt), muss es einen Aktionsplan entwerfen. Kann es dem Gegenstand eine Reaktion entlocken – eine Bewegung und/oder ein Geräusch – muss es deren Bedeutung verstehen und versuchen, sie zu wiederholen oder eine andere Reaktion zu erzeugen. Wenn das Baby später seine Finger besser strecken und mit offenen Händen auf den Gegenstand patschen kann, wird es sein Zielobjekt öfter erreichen, was zu neuen Anstrengungen anspornt.

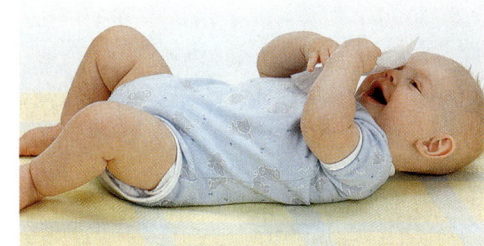

STARTHILFE FÜR IHR BABY
DIE SINNE IHRES BABYS ANREGEN

Halten Sie einen Vorrat ungefährlicher Gegenstände bereit, die Ihr Baby festhalten kann, also Bücher, weiche Klötze, Holz- oder Plastiklöffel, leere Behälter, Plastikbecher, Rasseln, Spielsachen zum Zusammendrücken, Bälle oder einen Bund Spielschlüssel. Solche Gegenstände sind wegen ihrer Beschaffenheit und dem entsprechenden Gefühl beim Anfassen interessant, können das Interesse Ihres Babys aber auch wecken, weil sie Geräusche erzeugen oder in kräftigen Farben gehalten sind.

ZEIT FÜR EINEN CHECK-UP
Sollte Ihr Baby mit vier bis fünf Monaten seine Hände noch zu Fäusten eingerollt halten und nicht in der Lage sein, nach Gegenständen zu greifen, befragen Sie Ihren Arzt.

Wochenlanges Herumprobieren beim Patschen auf Gegenstände „lehrt" Ihr Baby allmählich, was funktioniert und was nicht. Es wird beide Hände geschickter ausstrecken können, um einen Gegenstand zu erreichen. Erst wenn Ihr Baby frei sitzen kann, wird es die weiteren Fertigkeiten beherrschen lernen, also das genaue Lokalisieren eines Gegenstands (auch im Dunkeln) und das Erfassen seiner Größe und Form, um es zu ergreifen, und es wird selbst bewegliche Gegenstände zu fassen bekommen.

Sie können Ihrem Baby helfen, das Greifen nach Gegenständen zu üben, indem Sie es in den Kindersitz setzen und ihm Spielsachen hinhalten und zwar etwas oberhalb oder unterhalb oder seitlich von seiner Sichtlinie. Animieren Sie Ihr Baby, beide Hände zu benützen (siehe auch S. 55).

Etwas weitergeben

Das Hin- und Herreichen ist ein wichtiger Teil des Lernprozesses, mit Gegenständen umzugehen und zu spielen. Ab dem Alter von sechs Monaten fangen Babys an, ein Spielzeug von einer Hand in die andere zu nehmen, und mit neun Monaten können sie ein Spielzeug häufig zwischen den Händen wechseln lassen und es umdrehen, sodass sie es sorgfältig untersuchen können. Sie können dies unterstützen, indem Sie Ihrem Baby ungefährliche handgroße Gegenstände anbieten, die durch ihre Farbe, Form und Textur interessant sind.

Nach etwas greifen, etwas ergreifen und festhalten: die verschiedenen Stadien

Auf das Ergreifen eines Gegenstands folgt natürlicherweise, dass man diesen Gegenstand festhält. Diese Fertigkeiten werden etwa in folgendem Alter erworben:

✶ *Mit 2 Monaten:* Babys dieses Alters ent-

SO KÖNNEN ELTERN MITMACHEN

Etwas zu greifen bekommen (ab 2 Monate)

Kitzeln Sie die Hände Ihres Babys und legen Sie verschieden strukturierte Gegenstände auf seine Handinnenfläche. Es wird lernen, seine Finger um einen Gegenstand zu schließen und ihn später auch festzuhalten.

Schütteln und rasseln (ab 4 Monate)

Geben Sie Ihrem Kind eine Rassel zum Spielen, spielen Sie ihm Musik vor, zu der es rasseln kann. Geben Sie ihm verschiedene interessante Gegenstände, die es festhalten kann.

Fang mich doch (ab 6 oder 7 Monate)

Halten Sie ein interessantes Spielzeug ins Blickfeld Ihres Babys, aber knapp außerhalb seiner Reichweite. Bewegen Sie das Spielzeug und sprechen Sie mit Ihrem Baby, um seine Aufmerksamkeit und sein Interesse zu wecken. Loben Sie Ihr Kind, wenn es seine Hand in Richtung des Spielzeugs ausstreckt.

Von dem einen zu dem andern (ab 10 bis 11 Monate oder älter)

Babys lieben solche Spiele. Sie müssen ihm lediglich einen Gegenstand geben und wenn es Ihnen diesen Gegenstand zurückgibt fröhlich antworten „gut gemacht" oder „danke schön". Ist Ihr Baby schon etwas älter (ungefähr 18 Monate), reicht es auch gerne Gegenstände in einer Gruppe herum.

decken ihre Finger und fangen an, diese anzuschauen, wenn sie auf dem Rücken liegen.

✳ *Mit 3 Monaten:* Sie werden wahrscheinlich
feststellen, dass Ihr Baby anfängt, mit seinen
Fingern zu spielen. Es wird die Hände falten
und öffnen und eine Rassel, die man ihm in die
Hand gibt, kurz festhalten. Es wird die Rassel
auch ans Gesicht führen, sie aber erst anschauen, wenn es mindestens vier Monate alt ist.

✳ *Mit 4 Monaten:* Viele Babys können in diesem Alter mit beiden Händen ein Spielzeug ergreifen. Wenn sie eine Rassel festhalten, schütteln sie diese vielleicht, um ein Geräusch zu
erzeugen. Auf diese Weise lernen sie den Zusammenhang zwischen Ursache und Wirkung.
Ihr Baby kann seine Hand nach einem Spielzeug
ausstrecken, es aber wahrscheinlich noch nicht
richtig ergreifen, da die Koordination zwischen
Hand und Auge noch in der Entwicklung steckt.

✳ *Mit 5 Monaten:* Babys können Gegenstände
mit der ganzen Hand festhalten (Palmargriff).
Etwa in diesem Alter wird Ihr Baby nach seinen
Zehen greifen und sie in den Mund nehmen.

✳ *Mit 6 Monaten:* Babys strecken nun beide
Hände aus, um ein Spielzeug festzuhalten. Sie
können schon einen Würfel festhalten.

✳ *Mit 7 Monaten:* Nun werden feinmotorische
Fertigkeiten rasch erworben; einige
Babys können jetzt einen
Löffel halten.

Gute Unterhaltung
Für ein drei Monate altes
Baby kann es ein großes
Vergnügen sein, unter
einem Mobile zu liegen.
Es wird die unterschied-
lichen Anregungen lie-
ben, die von den ver-
schiedenen Farben und
Formen ausgehen, aber
auch die Bewegung, die
beim Berühren der
Spielsachen entsteht.

ALLES IN DEN MUND

Wenn Ihr Baby Gegenstände festhalten kann, fängt es auch an, sie in
den Mund zu stecken. Sorgen Sie dafür, dass
Ihr Baby nichts erwischen kann, woran es ersticken könnte oder was es sich in die Nase
schieben oder in die Ohren stecken könnte.
Bewahren Sie Kleinteile, auch größere Gegenstände, bei denen Ihr Baby etwas abzie-
hen oder abkauen könnte, sicher auf. Luft-
ballons, Bälle die höchstens 4,5 Zentimeter
im Durchmesser sind und ähnliches können
die Kehle eines kleinen Kindes blockieren.
Die meisten Kinder hören mit etwa drei Jahren auf, sich alles in den Mund zu stecken.
Es kann aber immer noch vorkommen, dass
ältere Kinder versuchen, sich kleine Gegenstände in die Nase oder in die Ohren zu
schieben!

✳ *Mit 8 Monaten:* Etwa in diesem Alter wird Ihr
Baby Gegenstände mit dem noch nicht fertig
entwickelten Zangen-Griff zwischen Daumen
und Fingern aufheben können (siehe S. 51). Der
Zangen-Griff entwickelt sich ständig weiter, sodass auch kleinere Gegenstände zwischen Daumen und Finger ergriffen werden können.

✳ *Mit 9–10 Monaten:* Babys können nun in jeder Hand einen Gegenstand halten und lieben
den Krach, wenn sie beide gegeneinander schlagen. Ab dieser Zeit wird das Festhalten bei ständig weiteren Aktivitäten genutzt wie dem Turmbauen mit Würfeln (siehe S. 60), dem Kritzeln
und dem Zeichnen (siehe S. 62).

✳ *Mit etwa 12 Monaten:* Nun lernt Ihr Baby,
zwei Gegenstände in einer Hand zu halten. In
diesem Alter können Babys einen Löffel schon
geschickter halten und spielen gerne damit –
Löffel sind eine großartige Sache, man kann mit
ihnen essen, klopfen und später rühren.

Aufheben und loslassen

Es dauert etwa acht Monate, bis Ihr Baby absichtlich Gegenstände zwischen Daumen und Fingern aufheben kann. Ihr Baby muss dabei nicht nur das Aufheben lernen, sondern auch, wie es einen Gegenstand wieder ablegen kann, statt ihn einfach fallen zu lassen.

Aufheben: Die verschiedenen Stadien

✻ *Mit etwa 4 Monaten:* Babys heben Dinge auf, indem sie ihre Handflächen darauf drücken und die Finger um den Gegenstand schließen.

✻ *Mit 6 Monaten:* Die Koordination zwischen Hand und Augen ist schon ziemlich gut entwickelt, Ihr Baby hat aber noch keine feinmotorische Kontrolle über seine Finger. Es wird vielleicht versuchen, nach kleinen Dingen zu grapschen, indem es sie mit der Seite einer Hand auf die offene Handfläche der anderen Hand schiebt.

✻ *Mit etwa 8 Monaten:* Ihr Baby kann Gegenstände nun schon geschickter aufheben. In diesem Alter wird es wahrscheinlich damit anfangen, Gegenstände zwischen Daumen und Fingern zu greifen und nicht mehr wie zuvor mit dem Palmargriff. Es wird Ihnen diese Dinge vielleicht hinhalten, weiß aber wahrscheinlich noch nicht, wie es sie loslassen kann.

✻ *Mit etwa 9 Monaten:* Ihr Baby kann jetzt den Arm ausstrecken, um Ihnen ein Spielzeug abzunehmen. Es entwickelt nun den Zangen-Griff, bei dem es einen Gegenstand zwischen Daumen und Zeigefinger ergreift.

✻ *Mit 1 Jahr:* Einjährige können kleine Gegenstände geschickt mit dem Zangen-Griff, also zwischen Daumen und Zeigefinger aufheben.

Dies ist ein weiterer Meilenstein, der es Kleinkindern ermöglicht, Gegenstände leichter aufzunehmen. Später werden ähnliche Handhaltungen beim Schreiben, Zeichnen und Malen, aber auch beim Zuknöpfen der Kleidung oder beim Schließen von Reißverschlüssen gebraucht.

✻ *Mit 15 Monaten:* Nun können die meisten Kleinkinder mit jeder Hand kleine Gegenstände sehr präzise aufheben.

✻ *Von 2–4 Jahre:* In dieser Zeit verbessert sich die Geschicklichkeit deutlich und entwickelt sich weiter, da die Kinder viele neue feinmotorische Fertigkeiten erlernen. Sie können nun Gegenstände aufheben und sorgfältig wieder ablegen und heben mit vier Jahren gerne auch winzige Sachen auf.

Die Entwicklung des Greifens

Bis zum Alter von sechs Monaten hält Ihr Baby einen kleinen Ball in seiner ganzen Handfläche. Mit acht Monaten kann es ihn zwischen dem Daumen und den Fingern halten und schließlich nur noch zwischen Daumen und Zeigefinger.

Herauspicken

Mit zwölf Monaten kann Ihr Baby wahrscheinlich Gegenstände in ein Behältnis legen. Geben Sie ihm einen Korb oder einen großen Pappkarton mit verschiedenen Dingen, die es hineinpacken und herausholen kann. Ab diesem Alter kann Ihr Baby Ihnen beim Auspacken der Einkaufstasche helfen. Gerne wird es auch mit einer alten Handtasche spielen, die mit interessanten Gegenständen befüllt ist.

richtige Stelle schauen, wenn etwas außerhalb seines Gesichtsfeldes gefallen ist (siehe auch S. 78).

Etwa mit neun Monaten kann Ihr Baby Gegenstände absichtlich loslassen. Anfangs lässt es sie fallen, aber ungefähr im Lauf der nächsten drei Monate wird es lernen, sie gegen eine Tischplatte oder andere Fläche zu drücken, bevor es sie loslässt oder Gegenstände fallen zu lassen, von denen es genug hat. Es dauert noch ein paar Monate, bis Ihr Baby Gegenstände sorgfältig mit dem Zangen-Griff ablegen kann.

Weg damit

Babys scheinen großen Gefallen daran zu finden, ihre Spielsachen fallen zu lassen. Dabei lernen sie eine Menge darüber, wie die Dinge funktionieren. So kann etwas ein Geräusch von sich geben, es kann hüpfen, aber es kommt nicht von selbst zurück!

Fallen lassen und ablegen

Ab dem Zeitpunkt (mit etwa vier Monaten), wo ein Baby Gegenstände festhalten kann, wird es diese auch fallen lassen. In dieser Phase heißt es für die kommenden Monate „Aus den Augen, aus dem Sinn" – sobald etwas heruntergefallen ist, ist es vergessen. Erst mit etwa einem Jahr wird Ihr Baby einem Spielzeug nachschauen, das es fallen lässt. Nun wird es auch an die

Werfen

Dies ist eine weitere Möglichkeit, ungewollte Gegenstände los zu werden. Die meisten Einjährigen können Gegenstände fallen lassen, aber erst mit etwa 18 Monaten können sie etwas mit einer bestimmten Absicht werfen. Es kann tatsächlich eine Lieblingsbeschäftigung Ihres Babys werden, etwas fallen zu lassen und sich von Ihnen wieder holen zu lassen. In diesem Alter können Sie versuchen, Ihrem Kleinkind einen Ball zu geben, den es werfen kann. Es wird auch Spaß daran haben, diesen krabbelnd oder laufend wieder zu holen.

! EXTRAPORTION VORSICHT
Nachdem Ihr Baby nun Dinge mit dem Zangen-Griff aufheben kann, heißt es besondere Vorkehrungen zu treffen. Tabletten, Perlen, Münzen und andere Kleinteile können für ein Kleinkind gefährlich und sogar lebensbedrohlich sein. Versehen Sie alle Steckdosen mit einer Kindersicherung, damit Ihr Baby weder seine Finger noch irgendwelche Gegenstände hineinstecken kann.

Weitere Fertigkeiten von Händen und Fingern

Im Lauf der Zeit wird Ihr Baby sich eine Reihe weiterer nützlicher Fertigkeiten aneignen. Sie können dies wie bei den Basishandgriffen unterstützen, indem Sie ihm Gelegenheit zum spielerischen Üben dieser Fertigkeiten geben.

Ziehen und Schieben

Kann Ihr Baby erst einmal Gegenstände festhalten, wird es innerhalb weniger Monate gelernt haben, sie zu ziehen. Mit neun Monaten können viele Babys eine Schnur zwischen Daumen und Fingern halten und sich ein Spielzeug heranziehen. Innerhalb der kommenden Monate lernen sie es dann, Spielsachen mitzuziehen. Mit etwa einem Jahr spielen sie gerne mit Nachziehspielzeug. Besonders beliebt ist dies im Alter zwischen einem und zwei Jahren.

Mit 15 bis 18 Monaten fangen Kleinkinder an, mit Schiebespielzeug zu spielen. Diese Spielsachen sind eine gute Hilfe bei den ersten Schritten. Schiebespielzeug muss stabil und so kräftig sein, dass es dem Gewicht eines Kleinkindes in der ersten Laufphase standhält.

Hindeuten

Mit neun Monaten fangen Babys an, ihre Finger einzeln zu bewegen. Das ist eine wichtige Errungenschaft, denn nun können sie Gegenstände zwischen Daumen und Fingern aufheben und auf Gegenstände und Personen deuten. Das Hindeuten ist ein Kommunikationsmittel Ihres Babys (siehe auch S. 101). Mit neun Monaten deutet es auf weiter entfernte Gegenstände, um damit zu zeigen, dass es sie haben möchte. Mit einem Jahr deutet es mit dem Zeigefinger auf Dinge, die ihm interessant erscheinen. Sie können dies fördern, indem Sie selbst auf interessante Dinge wie Autos und Tiere deuten. Babys hören gerne die Namen der Tiere und was diese für Geräusche machen. Ihr Baby wird das Hindeuten imitieren und schließlich versuchen, die Dinge zu benennen. So bringen Sie Ihr Baby dazu, seine Feinmotorik zu entwickeln, während es seine visuellen Fertigkeiten nutzt. Zudem wird der künftigen Einführung von Wörtern der Weg geebnet.

Klatschen und winken

Mit etwa neun Monaten können Babys in die Hände klatschen. In diesem Alter lernen sie auch, zum Abschied zu winken. Machen Sie Musik oder singen Sie und klatschen Sie den Rhythmus dazu, um Ihr Baby zum Mitmachen zu

Schau mir in die Augen, Kleines!
Dieses Baby kann seine Hände und Finger dazu benützen, zu deuten, zu klatschen und zu winken. Wenn es jedoch zu kräftig winkt, kippt es vielleicht um, da es noch nicht sehr sicher aufrecht sitzen kann.

animieren. Babys imitieren gerne, daher eignen sich Lieder besonders gut, zu denen Bewegungen wie das Abschiedwinken passen.

Drehen und Aufschrauben

Mit 18 Monaten können viele Kleinkinder Buchseiten umblättern, allerdings mehrere Seiten gleichzeitig. Mit zwei Jahren schauen Kinder gerne detailgetreuere Bücher an und blättern jetzt auch einzelne Seiten um. Das Anschauen von Bilderbüchern fördert bei Ihrem Kind die Freude auf das künftige Lesenlernen.

Mit etwa zwei Jahren können Kinder an Drehknöpfen drehen und habe Freude an Spielsachen, die solche Elemente enthalten. Das Erlernen dieser Drehbewegung bedeutet, dass sie nun auch in der Lage sind, Deckel abzuschrauben.

Auspacken

Zwischen zwei und zweieinhalb Jahren lernen Kinder, Gegenstände auszupacken. Ab diesem Alter wird Ihr Kind gerne mit Ihnen zusammen Sachen als Geschenk für Puppen oder Stofftiere ein- und dann wieder auspacken. Ist

Imitieren

Babys imitieren, was sie sehen und erlernen auf diese Weise viele ihrer Fertigkeiten. Mit zwölf Monaten wissen viele Babys, was zu tun ist, wenn man telefonieren möchte. Spieltelefone verbessern nicht nur ihre Geschicklichkeit, sondern animieren Kinder auch zum frühen Sprechen, da sie bald die Geräusche nachmachen, die andere beim Telefonieren von sich geben.

KINDERSICHERE SCHLÖSSER

Bevor Ihr Baby etwas aufschrauben und drehen kann, muss die Wohnung komplett kindersicher gemacht werden. Für Schränke, Schubladen und Türen gibt es spezielle kindersichere Schlösser. Trotz solcher Schlösser ist es wichtig, dass Sie alles Zerbrechliche oder potenziell Gefährliche für Ihr Kind unerreichbar aufbewahren.

Ihr Kind schon älter (drei bis vier Jahre), können Sie gemeinsam mit eingewickelten Dingen Puppengeburtstag spielen – ein großer gemeinsamer Spielspaß.

SO KÖNNEN ELTERN MITMACHEN

Ringelreihen

Ab dem Alter von etwa zwei Jahren eignen sich für Kleinkinder Spiele und Lieder, bei denen sie sich bewegen müssen. Aber bereits Babys mit sechs Monaten haben Freude an solchen Spielen, auch wenn sie noch nicht alles nachmachen können. Ab etwa einem Jahr klatschen Kinder gerne zu Musik.

Die Händigkeit

Die Händigkeit eines Kindes steht bis zum Alter von etwa drei Jahren zwar nicht eindeutig fest, in der Regel zeigen Kleinkinder aber mit etwa 18 Monaten, ob sie die rechte oder linke Hand bevorzugen, und führen mit zwei Jahren die meisten Aktivitäten mit der bevorzugten Hand aus. Ein einjähriges Kind benutzt normalerweise beide Hände gleich viel.

Über 90 Prozent der Menschen sind Rechtshänder. Wenige Menschen können beide Hände gleich gut für alle Aktivitäten nutzen (man bezeichnet dies als Beidhändigkeit), während einige Menschen für manche Tätigkeiten die eine und für andere Tätigkeiten die andere Hand benutzen. Ein Kind mit einem linkshändigen Elternteil hat zwar eine erhöhte Wahrscheinlichkeit, ebenfalls Linkshänder zu werden, die Wahrscheinlichkeit der Rechtshändigkeit ist aber noch größer. Sind beide Eltern Linkshänder, nimmt die Wahrscheinlichkeit zu, dass auch das Kind Linkshänder wird.

Was entscheidet über die Händigkeit?
Noch konnte nicht nachgewiesen werden, ob die Händigkeit genetisch bedingt ist oder auf bisher unbekannten Faktoren wie einer Asymmetrie im Gehirn beruht. Interessanterweise haben eineiige Zwillinge nicht notwendigerweise dieselbe Händigkeit. Dies untermauert die Theorie, dass die Händigkeit nicht genetisch vererbt wird.

Einer neueren Studie zufolge entwickelt sich die Händigkeit während der Schwangerschaft im Uterus und nicht im ersten Lebensjahr, wie man früher annahm. In der Studie wurden die Ultraschalluntersuchungen von Feten untersucht. 90 Prozent der Feten nuckelten in der 15. Schwangerschaftswoche am rechten Daumen, die übrigen am linken Daumen. Einige dieser Kinder wurden nach der Geburt jahrelang beobachtet und mit zehn Jahren oder später waren alle, die am rechten Daumen genuckelt hatten Rechtshänder und zwei Drittel der Kinder, die am linken Daumen genuckelt hatten, waren Linkshänder, die anderen ebenfalls Rechtshänder.

Unbeantwortet bleibt bisher die Frage, warum die Präferenz für eine Hand erst nach drei oder vier Jahren definitiv feststeht, wo sie bereits so frühzeitig erkennbar wird.

Besteht Handlungsbedarf?
Die Händigkeit entwickelt sich ganz natürlich, Eltern sollten in diesen Prozess nicht eingreifen. Hat sich eine Bevorzugung der linken Seite manifestiert, können Sie Ihrem Kind mit einer Sonderausstattung wie einer Schere für Linkshänder helfen. Ansonsten haben Linkshänder keine besonderen Bedürfnisse. Die Händigkeit hat keinen Einfluss auf die Lernfähigkeit.

ZEIT FÜR EINEN CHECK-UP
Falls Ihr Kind früher als mit zwölf Monaten eine Bevorzugung einer Hand zeigt, besprechen Sie dies mit Ihrem Arzt. In einigen wenigen Fällen kann dies auf eine Störung hinweisen.

Die Koordination verschiedener Dinge

Ein weiterer feinmotorischer Meilenstein ist erreicht, wenn Ihr Baby mehr als einen Gegenstand gleichzeitig kontrollieren (oder handhaben) kann. Das geschieht beispielsweise, wenn es zwei Klötze gegeneinander schlägt. Bald wird es nun so weit sein, dass es Dinge zusammenfügen und auseinandernehmen oder etwas auffädeln kann.

Anfangs wird Ihr Baby einen Gegenstand wie beispielsweise einen Löffel dafür benützen, auf andere, feste und unbewegliche Sachen, wie das Tischchen von seinem Hochstuhl, zu schlagen, wird dann aber bald in der Lage sein, zwei Sachen zusammenzubringen, eine in jeder Hand. Dies ist bereits eine schwierige Aufgabe, denn dabei müssen die Bewegungen beider Arme und Hände koordiniert werden. In der Regel wird Ihr Baby dazu erst fähig sein, wenn es sicher frei sitzen kann.

Hat Ihr Baby den Zusammenhang einmal verstanden, wird es gerne Dinge auffädeln, zusammensetzen und schließlich etwas bauen.

Das Aufeinanderschlagen von Gegenständen

Durch das Aufeinanderschlagen von zwei Dingen erzeugt Ihr Baby nicht nur Geräusche, sondern es erhält auch eine Menge interessanter Informationen über die Funktionen dieser Dinge.

Mit etwa zwei Jahren können Kleinkinder mit zwei Stöcken auf eine Trommel schlagen. Sie können vielleicht auch auf einem einfachen Xylophon Musik machen. Geben Sie ihm ein Xylophon aus Holz, dessen Klang weicher und für das Ohr angenehmer ist als die Plastik- oder Metallinstrumente.

Zweijährige spielen auch gerne mit einem Spielzeughammer, beispielsweise um auf einer Klopfbank Kugeln durch Löcher zu schlagen. Auch Babys mit zwölf Monaten können diese Art von Aktivität schon ausprobieren, achten Sie aber darauf, Ihrem Kind einen leichten Kunststoffhammer zu geben. Einjährige können schon fest zupacken und daher mit einem Hammer Stifte in ein Lochbrett schlagen.

Etwas zusammenbauen

Ab etwa 18 Monaten versuchen Kleinkinder, die Teile eines einfachen Spielzeugs zusammenzusetzen. Nun eignet sich ein Holzpuzzle mit zwei oder drei Teilen zum gemeinsamen Spielen. Zu den weiteren faszinierenden Tätigkeiten für Kinder dieses Alters gehört das Ineinander-

Musik machen
Gewöhnliche Haushaltgegenstände eignen sich zum Schütteln, Rasseln und Draufschlagen.

stecken oder Stapeln von Dingen, die anschließend umgestoßen werden. Es gibt weitere
Spielsachen, die das einfache Bauen fördern,
zum Beispiel eine Eisenbahnstrecke aus großen,
leicht zusammensteckbaren Teilen. In diesem
Alter fangen Kleinkinder an, mit großer Begeisterung mit Autos und Zügen zu spielen. Malen
Sie einfach auf ein großes Blatt Papier oder
Pappe eine Straße oder Schienen, auf denen Ihr
Kind das Auto oder den Zug herumschieben
kann. Durch zusätzlich aufgemalte Häuser,
Geschäfte und eine Werkstatt wird das Spiel
noch interessanter. Sie können auch Spielzeug-
häuser auf das Papier stellen, so dass Ihr Kind
mit dem Auto oder Zug zwischen ihnen durch-
fahren kann.

Der Einsatz von „Werkzeug"
Ihr Kind beweist kluge Planung und Verständnis, wenn es Gegenstände benutzt, um ein bestimmtes Ziel zu erreichen, sei es, dass es eine Sache dazu verwendet, um sich eine andere heranzuziehen oder Essen wegzuschieben, das es nicht mag.

Fädeln und nähen

Auffädeln ist bei Kleinkindern sehr beliebt, sie
können mit etwa zwei Jahren damit beginnen.
In diesem Alter fädeln manche Kinder größere
Gegenstände auf eine Schnur oder einen dicken
Faden.

Viele Dreijährige können große Perlen auf
einen Schnürsenkel fädeln, und mit vier Jahren
schafft es Ihr Kind vielleicht, mit einer stumpfen
Kunststoffnadel große Knöpfe aufzufädeln.

Mit dem Nähen können Kinder mit etwa
vier Jahren beginnen. Nähkarten sind eine einfache und vergnügliche Art, dies zu lernen.
Solche Karten können Sie kaufen oder selbst
herstellen. Hierzu zeichnen Sie eine beliebige
Form auf ein Stück Karton und machen beispielsweise mit einem Lochstanzer Löcher in die
Umrisslinie. Geben Sie Ihrem Kind immer eine
stumpfe, eingefädelte Kunststoffnadel, mit der
es entlang der Umrisslinie nähen kann.

Kochen

Ist Ihr Kind etwa drei Jahre alt, wird es Ihnen
gerne beim Kochen helfen. Dabei gibt es einige
Möglichkeiten, seine neu erworbene Geschicklichkeit zu üben. Es kann die Salatzutaten zusammenstellen und vermischen. Teigausrollen
und Ausstechen mit Förmchen wird es ebenfalls
bereits bewältigen. Ihr Kind kann auch beim
Dekorieren von Kuchen und Keksen mit
Zuckerguss helfen.

Künstlerische Fähigkeiten fördern

Bereits sehr früh entfalten Kinder Freude an Kreativität. Viele Babys können ab etwa 15 Monaten Stifte benutzen und beschäftigen sich ab etwa 18 Monaten gerne mit Farben. Zweijährige lieben Fingerfarben und das Herstellen von Abdrücken mit ihren Händen und Füßen, während Dreijährige sich für das Schwamm-Malen und Kartoffeldrucke begeistern.

Beim Basteln entwickelt Ihr Kind seine Feinmotorik weiter, insbesondere beim Schneiden und Modellieren. Durch die Verwendung unterschiedlicher Farben und Texturen und das Erforschen vielfältiger Materialien entwickelt Ihr Kind sein ästhetisches Empfinden und seine künstlerischen Fähigkeiten. Das Wichtigste aber ist: Durch künstlerisches Arbeiten werden Sie gemeinsam mit Ihrem Kind viele spannende und interessante Stunden verbringen.

Altersgemäße Aktivitäten

Dreijährige spielen gerne mit Ton und Spielteig, auch wenn nicht immer zu erkennen ist, was ihr Werk darstellen soll. Ermuntern Sie Ihr Kind, seine Fertigkeiten im Malen und Drucken für die Herstellung von Grußkarten und anderen Geschenken zu nutzen. Es wird begeistert sein, wenn Sie seine Werke aufstellen. Vierjährige haben Spaß am Ausschneiden mit kindersicheren Scheren und können bereits einfache Collagen herstellen. Sie verkleiden sich gerne und haben Freude daran, geeignete Accessoires für ihre Kostüme zu basteln.

Fünfjährige können Muster und Formen kopieren und sind bereits zu detailgenaueren Bastelarbeiten in der Lage wie einfachem Modellieren mit Pappmaché. Beaufsichtigen Sie die künstlerischen Aktivitäten Ihres Kindes und geben Sie ihm nur ungefährliche Materialien.

Bastelmaterial

Sie sollten immer einen Vorrat an Normalpapier und verschiedenfarbigem Papier in unterschiedlicher Stärke sowie Kleber, Stifte und Farben zu Hause haben. Papier lässt sich mit Perlen, Bändern, Pfeifenputzern, Pailletten, Glitzer, getrockneten Erbsen und Bohnen und Packmaterialien aus Kunststoff dekorieren. Zuvor gesammelte Dinge wie Federn, Tannenzapfen, Samenbehälter, Blätter und Muscheln eignen sich ebenfalls.

HERSTELLUNG VON KNETMASSE

- 300 g einfaches Mehl
- 325 g Salz
- 600 ml Wasser
- 2 EL Olivenöl
- 2 TL Weinstein (für eine längere Haltbarkeit)

Alle Zutaten vermischen und in einem Topf auf dem Herd erwärmen. Die Mischung etwas abkühlen lassen, zu einer Kugel formen und anschließend einige Minuten durchkneten. Den Topf sofort einweichen, damit Teigreste nicht ankleben. Dem Teig kann Lebensmittelfarbe zugesetzt werden.

Der Teig ist einige Monate haltbar, vorausgesetzt er wird in einem Plastikbeutel oder einer Plastikdose luftdicht verschlossen aufbewahrt, damit er nicht austrocknet.

Spielteig

Ein 18 Monate altes Kind stellt gerne einfache Formen aus Spielteig her, aber erst mit etwa drei Jahren kann es einfaches Werkzeug benutzen, um den Teig zu schneiden und zu formen. „Backstube spielen" ist eine beliebte Tätigkeit. Ihr Kind kann den Teig ausrollen und mit Förmchen Plätzchen ausstechen. Es kann auch Figuren daraus formen – falls Sie diese aufheben möchten, stellen Sie sie bei mäßiger Hitze in den Backofen, bis sie getrocknet sind (etwa 15 Minuten). Nach dem Erkalten lassen sie sich mit Plakatfarbe bemalen.

Jahreszeitlicher Bastelspaß
Viele Bastelarbeiten geben Ihrem Kind Gelegenheit, die Jahreszeiten zu feiern. Mit älteren Kindern kann aus einem aufgeblasenen Luftballon, der mit Zeitungspapierstreifen beklebt und bemalt wird, eine bunte Laterne für Halloween hergestellt werden.

DIE SCHWEINEREI IN GRENZEN HALTEN

Es gehört bei Kindern einfach zum kreativen Spaß, eine Schweinerei zu veranstalten. Versuchen Sie, sich darüber möglichst wenig aufzuregen. Die Kleidung lässt sich problemlos unter einem alten Hemd (oder einer Bluse) oder unter einer Schürze schützen. Am besten wird auf einem niedrigen Tisch gearbeitet, der mit alten Zeitungen geschützt wird. Es empfiehlt sich, auch den Boden mit Plastikfolie abzudecken.

Kleinen Kindern geben Sie dicke Farben, die Sie in einen Farbtopf oder einen anderen Behälter füllen. Es gibt Farbtöpfe auf Gestellen, die nicht umkippen können.

Bauen

Das Bauen wird wie die anderen grundlegenden manuellen Fertigkeiten in mehreren Schritten ab dem Alter von etwa 18 Monaten erlernt, wenn die Kleinkinder beginnen, einen Turm aus drei Klötzen zu errichten. Die Fertigkeit kann aber auch schon mit zwölf Monaten vorhanden sein, denn in diesem Alter setzen einige Kinder bereits einen Klotz auf einen anderen, um ein kleines Türmchen zu bauen.

Wenn Ihr Kind versucht, einen Turm zu bauen, sollte Ihnen bewusst sein, was für eine beachtliche Errungenschaft dies ist. Ihr Kind zeigt damit, dass es weiß, was es tun möchte, wobei es möglicherweise imitiert, was Sie ihm vorgemacht haben, und dass es über die notwendige Fertigkeit verfügt, dieses Vorhaben umzusetzen. Fördern Sie die Bautätigkeiten Ihres Kindes,

denn sie sind eine großartige Möglichkeit, die Geschicklichkeit und Kontrolle zu verbessern und gleichzeitig das räumliche Bewusstsein und die visuellen Fertigkeiten zu schulen. Das Turmbauen zeigt auch die Bereitschaft Ihres Kindes, eine Tätigkeit ausdauernd zu wiederholen, denn es wird versuchen, einen Turm zu bauen, obgleich dieser sicher oft umfällt. Die Klötze eignen sich aber nicht nur zum Turmbauen. Zu den weiteren Fertigkeiten, die von Fachleuten für die kindliche Entwicklung für wichtig gehalten werden, zählt das Bauen von Stufen, Brücken und Gegenständen wie Eisenbahnen und Häusern.

Bauen mit Bauklötzen

Kleinkinder beginnen mit 18 Monaten, kleine Türme zu bauen, haben aber bereits früher Freude an weichen Spielwürfeln. Diese können sie drücken, werfen oder etwas damit bauen.

* *Mit etwa 9 Monaten:* Babys können einen kleinen Klotz in beiden Händen halten und finden es toll, ihn auf einen anderen Klotz zu schlagen.

* *Mit etwa 18 Monaten:* Ihr Kind ist in der Lage, einen kleinen Turm aus drei Klötzen zu bauen, wenn es ihm vorgemacht wird. Innerhalb weniger Wochen baut es diesen Turm dann gerne ganz alleine.

* *Mit etwa 2 Jahren:* Viele Kleinkinder können nun einen Turm aus sechs oder sieben Klötzen bauen, wobei man es ihnen anfangs wieder zeigen muss.

✱ *Mit etwa 2 1/2 Jahren:* Ihr Kind kann nun wahrscheinlich einen Turm aus mindestens sieben Klötzen errichten und arbeitet dabei mit seiner bevorzugten Hand.

✱ *Mit 3 Jahren:* Der Turm besteht nun aus neun oder zehn Klötzen.

✱ *Mit 4 Jahren:* Es entstehen Türme aus zehn oder mehr Klötzen. In dieser Zeit ist es ein bedeutender Spaßfaktor, den Turm umzuwerfen und neu zu bauen.

Kinder bauen nicht nur gerne Türme, sondern auch Brücken. Sie beginnen mit Brücken aus drei Würfeln, ohne dass man es ihnen unbedingt gezeigt haben muss. Sie lernen auch, aus sechs Würfeln eine dreistufige Treppe zu bauen. Mit drei oder vier Jahren können die Kinder mit jeder Hand eine Brücke aus drei Würfeln bauen und mit vier Jahren errichten sie höhere Treppen und komplizierte Modelle aus Bauklötzen.

Spielsachen zum Bauen

Es gibt verschiedene Spielsachen, mit denen Babys und Kleinkinder das Ineinanderstecken üben können, bevor sie die nötigen Fertigkeiten erworben haben, um „richtig" zu bauen.

Bei Einjährigen sind Steckspielsachen besonders beliebt. Damit können sie nicht nur das Bauen üben, sondern noch eine weitere Fertigkeit nutzen, die in diesem Alter erlernt wird – das Ineinanderstecken oder Umfüllen. Zu diesen Spielsachen zählen große Behälter, in die kleinere Sachen gepackt werden, Spieltassen (mit einer Plastikkanne wird daraus ein Teegeschirr), die man im Badezimmer auch gut zum Umfüllen von Wasser verwenden kann.

Die ganz Kleinen legen auch gerne Plastikringe über eine Spielzeugspindel oder über Brettchen mit verschieden hohen Holzstiften. Dabei entwickelt Ihr Kind nicht nur die Fertigkeiten seiner Finger und Hände, sondern übt

auch sein Unterscheidungsvermögen verschiedener Formen.

Mit etwa 18 Monaten können Kleinkinder auch mit dem Zusammensetzen großer Steckklötze beginnen (beispielsweise „Duplo"), wobei Sie gut mitmachen können. Animieren Sie Ihr Kind, Türme zu bauen, und integrieren Sie kleine Plastikmännchen und -tiere in das Spiel – Sie können Ihrem Kind beispielsweise helfen, für diese Figürchen ein Haus oder einen Stall zu bauen. Solche frühen Spielen werden Sie in den kommenden Jahren in erweiterter Form wunderbar gemeinsam mit Ihrem Kind spielen können, wenn es auch kleine Steckklötze handhaben kann (beispielsweise „LEGO") und die Spiele raffinierter werden.

Ab dem Alter von vier Jahren hat Ihr Kind Freude an anderen Spielsachen, mit denen es bauen kann, beispielsweise an Autos und Flugzeugen zum Zusammensetzen. Sorgen Sie aber immer dafür, dass die Spielsachen altersgemäß sind.

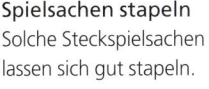

Spielsachen stapeln
Solche Steckspielsachen lassen sich gut stapeln.

Lernhilfen
Klötze bieten nicht nur Spielspaß, sondern liefern dem Kind auch viele Informationen über Formen, Texturen und Farben.

Zeichnen und Schneiden

Kinder sind gerne kreativ, sobald sie den ersten Stift in die Finger bekommen und anfangen zu kritzeln. Mit der Zeit wird besser erkennbar, was Ihr Kind gemalt hat, die Bilder werden anspruchsvoller, und wenn sie schließlich mehr Sinn ergeben, fängt Ihr Kind bald an zu schreiben.

Die verschiedenen Stadien des Zeichnens

Bereits mit 15 Monaten kann Ihr Baby einen Stift halten. In dieser Phase hält es den Stift mit dem Palmargriff, also mit der ganzen Hand und schließt die Finger darum. In den ersten sechs Monaten oder auch länger bestehen die Kunstwerke aus Kritzeleien vorwärts und rückwärts. Dies ist ein definierter Entwicklungsschritt: Angehörige von Gesundheitsberufen fragen Eltern bei der Untersuchung häufig, was ihr Kind in einem bestimmten Alter malt.

Allmählich wird Ihr Kind beginnen, die Wachsmalkreide oder den Stift anders zu halten.

★ *Mit etwa 18 Monaten:* Ihr Baby hält einen Stift jetzt entweder in der Mitte oder am oberen Ende, entweder mit der ganzen Hand oder zwischen Daumen und Fingern. Es kritzelt weiterhin vorwärts und rückwärts, setzt aber auch Punkte aufs Papier. Es hält den Stift entweder mit einer Hand oder mit beiden Händen.

★ *Mit 2 Jahren:* Die meisten Kinder kritzeln immer wieder Kreise, aber auch vorwärts und rückwärts. Sie sind vielleicht in der Lage, einen senkrechten Strich nachzumalen, vielleicht auch ein V.

Die meisten Zweijährigen halten die Stifte nun weiter vorne in der Nähe der Spitze zwischen Daumen und zwei Fingern. Die anderen halten die Stifte weiterhin wie Dolche und auch einige ältere Kinder bleiben noch bei dieser Haltung. Zweijährige benützen vielleicht schon die meiste Zeit ihre bevorzugte Hand, obwohl die Händigkeit in diesem Alter noch nicht definitiv feststeht (siehe S. 55).

STARTHILFE FÜR IHR BABY
FARBWAHL

Sie können Ihrem Kind Papier und Stifte anbieten, sobald es 15–18 Monate alt ist. Geben Sie ihm dicke, ungiftige Wachsmalkreiden, die sich von kleinen Händen besonders gut halten lassen. Kleinen Kindern gibt man am besten immer nur wenige verschiedene Farben gleichzeitig. In diesem Stadium malen die Kinder noch sehr einfach, so dass anfangs ein oder zwei Farben ausreichen.

✱ *Mit 2¹/₂ Jahren:* Ihr Kind hält einen Stift wahrscheinlich mit der bevorzugten Hand. Es dürfte jetzt einen Kreis und sowohl einen waagerechten als auch einen senkrechten Strich nachmalen können.

✱ *Mit 3 Jahren:* Ihr Kind hält einen Stift weit vorne, die Handhaltung ist jetzt ähnlicher wie beim Erwachsenen, der Stift wird also zwischen Daumen und zwei Fingern gehalten. Ihr Kind kann nicht nur einen Kreis nachmalen, sondern wahrscheinlich auch ein Kreuz. Es kann eine Figur mit einem Kopf und zwei weiteren Körperteilen malen. Es kann noch nicht planen oder sagen, was es malen wird, bevor es damit angefangen hat, wird aber nun eher in der Lage sein, Ihnen bei einem fertigen Bild zu erklären, was es gemalt hat.

Ihr Kind kann mit einem breiten Pinsel malen und mit einer Kinderschere schneiden.

✱ *Mit 4 Jahren:* Ihr Kind hält einen Stift jetzt so wie ein Erwachsener. Es kann einen Menschen mit Kopf, Körper, Beinen und oft auch mit Armen und sogar Fingern malen. Auch ein einfaches Haus wird jetzt schon gemalt. Wahrscheinlich kann Ihr Kind inzwischen auch sagen, was es malen wird, bevor es damit angefangen hat.

✱ *Mit 5 Jahren:* Nun ist Ihr Kind im Zeichnen und Malen schon recht versiert. Es kann gut mit einem Stift umgehen und wahrscheinlich sowohl schreiben als auch malen. Gerne wird es auch mit Wasserfarben malen und ist in der Lage, dünne Pinsel geschickt zu benützen. Es kann viele Buchstaben abschreiben und ein Rechteck zeichnen. Wahrscheinlich kann Ihr Kind schon einige Buchstaben ohne Vorlage schreiben.

Ihr Kind wird bei einer Person inzwischen die Details des Gesichts malen. Auch ein Haus mit Tür, Fenstern, Dach und Kamin und viele andere Dinge wird es schon malen können. Dabei weiß es nun, was es malt. Es kann ordentlich ausmalen, ohne die Umrisslinien zu übermalen. In den nächsten Monaten wird Ihr Kind ein Dreieck abmalen können.

Schreiben

Etwa in der Zeit, in der Ihr Kind anfängt, Bilder zu malen, die etwas darstellen – also mit zweieinhalb Jahren – wird es auch so tun, als würde es schreiben. Anstelle der vielen verschiedenen schwungvollen Handbewegungen, die Ihr Kind sonst macht, wird es den Stift nun in regelmäßigen Abständen vom Papier abheben, um eine

Gemeinsamer Malspaß
Die meisten Kinder malen gerne zusammen mit ihren Eltern etwas aus. Zwar malt Ihr Kind ab etwa 18 Monaten gerne mit Farben, es kann einen Malpinsel aber noch nicht kontrolliert benutzen und ist in diesem frühen Alter mit Malstiften besser bedient.

Reihe kleiner Zeichen hinzumalen, die teilweise auf einer Linie stehen.

Ihr Kind dürfte nun ein V und ein T abschreiben können. Es wird beobachtet haben, was für Bewegungen Sie beim Schreiben machen und diese imitieren. Mit vier Jahren kann Ihr Kind mehrere Buchstaben abschreiben – T, H, V, O –, und mit fünf Jahren kann es unter anderem C, Y und U kopieren und einige Buchstaben spontan schreiben. Dies ist ein günstiger Zeitpunkt, um Ihrem Kind zu zeigen, wie es seinen Namen schreibt.

Schneiden

Kinder können anfangen, mit stumpfen Kinderscheren zu schneiden, wenn Sie mindestens zwei Jahre alt sind. Das Schneiden ist eine komplexe Fertigkeit, die Zeit braucht – das Kind muss die Schere nach vorne bewegen und öffnen und schließen, während es sie an die richtige Stelle führt. Mit etwa drei Jahren sind Kinder normalerweise in der Lage, einigermaßen genau an einer Umrisslinie entlang zu schneiden.

Sie können Ihrem Kind das Schneiden anfangs erleichtern, indem Sie ihm buntes Papier

Bastelfertigkeiten
Mit vier Jahren können Kinder eine Schere bereits sinnvoller nutzen. Das gibt ihnen die Möglichkeit, einer Reihe künstlerischer Beschäftigungen nachzugehen, beispielsweise der Herstellung einer Collage.

Klebriges Vergnügen

Kleinkinder kleben für ihr Leben gerne – normalerweise können sie mit etwa zwei Jahren damit anfangen. Sammeln Sie allerlei, was auf Papier geklebt werden kann, wie Glanzpapier, Federn und Seidenpapier.

Ist Ihr Kind noch sehr klein, bestreichen Sie ein Blatt Papier mit Bastelkleber und zeigen ihm, dass alles, was es nun auf das Papier legt, darauf kleben bleibt. Hierfür ist Mehlkleister sehr gut geeignet. Später wird Ihr Kind lernen, die Rückseite von Gegenständen mit Klebstoff zu bestreichen und diese Gegenstände dann wohlüberlegt aufzukleben.

zum Zerschnippeln geben. Aus den Schnipseln kann auf einem anderen Blatt Papier ein Bild geklebt werden.

Malspaß

Kinder malen mit Begeisterung die Konturen ihrer Hände und Füße nach. Geben Sie Ihrem Kind Papier und Stift und zeigen Sie ihm, wie es um seine Füße und Hände malen kann. Ab dem Alter von drei Jahren wird Ihr Kind dies gut beherrschen. Animieren Sie Ihr Kind, die Umrisse auszumalen oder bunte Papierschnipsel aufzukleben.

Dreijährige können auch mit Schablonen malen. Stellen Sie selbst einfache Schablonen her, indem Sie Formen aus Karton schneiden.

Selbstständig essen und sich anziehen

Noch bevor die manuelle Geschicklichkeit Ihres Kindes ausreicht, damit es wirklich selbstständig essen und sich anziehen kann, wird es eine gewisse Kontrolle über diese Lebensbereiche übernehmen. Was einem Erwachsenen sehr einfach erscheint, ist für ein Kleinkind sehr viel schwieriger. Das Kind muss vor allem für jede Handlung einen Plan ausarbeiten und anschließend versuchen, ihn in die Tat umzusetzen, auch wenn viele seiner Bewegungen noch nicht vollständig entwickelt sind.

Essen

Ab der Zeit, in der Ihr Baby beginnt, feste Speisen zu sich zu nehmen, können Sie es zum selbstständigen Essen animieren. Bieten Sie Ihrem etwa acht Monate alten Baby einfaches Fingerfood wie kleine Stücke geschälter Banane, Bisquitstücke oder kleine Häppchen Hühnerfleisch an. Selbst wenn es Ihrem Baby nicht gelingen wird, ein Stück davon wirklich in seinen Mund zu befördern, wird es am Umgang mit den Speisen Freude haben.

✴ *Mit 9 Monaten:* Wenn Sie Ihr Baby füttern, wird es anfangen, den Löffel selbst halten zu wollen. Das wird für Sie eventuell etwas frustrierend, denn die Mahlzeiten können sich dadurch zu einem Kampf um den Löffel entwickeln. In diesem Fall benützen Sie zwei Löffel, einen, mit dem Ihr Baby spielen kann und einen, mit dem Sie es füttern. Da Ihr Baby den Zangen-Griff ständig weiter verbessert (siehe S. 51), wird es gerne kleine und festere Bröckchen wie gekochte Nudeln, Zwieback oder kleine Teigwaren mit den Fingern aufnehmen.

✴ *Zwischen 11 und 14 Monaten:* Ihr Kind wird zum Essen seinen eigenen Löffel haben wollen. Da es den Löffel wie ein Spielzeug mit eisernem Griff hält, kann es ihn wahrscheinlich nicht im passenden Winkel zum Mund führen und eher damit auf den Esstisch oder die Tischplatte seines Hochstuhls schlagen. Meist wird es einfach mit den Fingern essen. Es kann nun sehr kleine Bröckchen mit Daumen und Zeigefinger aufnehmen.

✴ *Ab etwa 15 Monaten:* Allmählich wird Ihr Kind in der Lage sein, mit dem Löffel zu essen. Da es den Löffel im entscheidenden Moment aber häufig schief hält, wird das meiste nicht den Weg in seinen Mund finden. Ihr Kind wird auch entdecken, dass es mehr Spaß macht, Essen mit dem Löffel im Zimmer zu verteilen.

✴ *Mit etwa 18 Monaten:* Ihr Baby wird gelernt haben, sein Handgelenk zu drehen und seinen Griff so anzupassen, dass es eine bessere Kontrolle über den Löffel erhält. Es hält den Löffel waagerecht und hebt seinen Ellenbogen, um den Löffel in den Mund zu schieben. Oft hilft es mit der anderen Hand nach, die Speisen in den Mund zu stopfen und verschüttetes Essen wieder auf den Löffel zu schieben. Das Füllen des Löffels bleibt schwierig, denn es verlangt die Koordination mehrerer Bewegungen – das Baby muss den Löffel greifen, die Speisen mit dem Löffel erreichen, sie auf den Löffel schaufeln und im richtigen Moment den Mund öffnen.

Ich kann es!
Selbst wenn nur wenig von dem Essen im Mund Ihres Babys ankommt, sollten Sie es nicht entmutigen, wenn es mit seinen Fingern essen möchte. Damit beweist es seine Bereitschaft, selbstständig zu essen.

Kein Wunder, dass Essenszeit gleichbedeutend mit Schweinerei wird! Wenn Sie wieder einmal alles aufwischen müssen, trösten Sie sich damit, dass dieser Lernprozess für Ihr Kind wichtig ist und dass ihm die neuen Fertigkeiten zu größerer Unabhängigkeit verhelfen werden.

★ *Mit 3 Jahren:* Ihr Kleinkind sollte mit Löffel und Gabel nun einigermaßen geschickt umgehen können, wird aber bei der Benutzung eines Messers noch Hilfe benötigen, insbesondere beim Zerschneiden größerer Speisen. Einige Kleinkinder brauchen länger, um einen Löffel wie die Erwachsenen zu halten und die Handfläche nach innen zu drehen. Sie halten die Handflächen noch nach unten und heben den Ellbogen.

★ *Mit 4 Jahren:* Ihr Kind wird nun geschickt mit Messer und Gabel essen können.

Trinken

Das Alter, ab dem Ihr Kind aus einer Tasse trinkt, hängt gleichermaßen von emotionalen

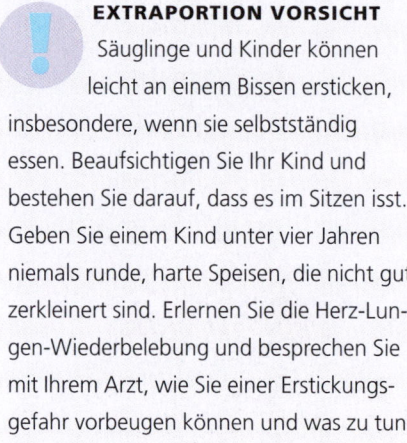

Faktoren wie von der Entwicklung seiner Feinmotorik ab. Falls es das Stillen oder das Trinken aus der Flasche als besonders angenehm empfindet, wird es sich vielleicht noch sträuben, aus einer Tasse zu trinken, obgleich es die entsprechenden Fertigkeiten beherrscht.

★ *Ab 7 Monaten:* Ihr Baby kann aus einer Tasse trinken, Sie müssen ihm die Tasse aber geben und sie halten, während es trinkt.

★ *Mit etwa 9 Monaten:* Ihr Baby wird seine Hände beim Trinken um die Tasse oder die Flasche legen.

★ *Mit etwa 12 Monaten:* Ihr Baby kann seine Trinklerntasse selbst aufnehmen und halten. Es kann die Tasse aber erst später selbst abstellen, wird sie also fallenlassen, wenn man sie ihm nicht abnimmt.

★ *Mit etwa 18 Monaten:* Ihr Baby trinkt aus seiner Tasse, die es mit beiden Händen hält und stellt sie ab, ohne viel zu verschütten.

★ *Mit etwa 2 Jahren:* Ihr Kind kann ein kleines Glas mit beiden Händen halten.

★ *Mit etwa 3 Jahren:* Ihr Kind kann eine Tasse am Henkel halten und muss nicht mehr mit der anderen Hand nachhelfen.

★ *Mit etwa 4 1/2 Jahren:* Ihr Kind kann Milch

In den Hochstuhl
Viele Babys können ab dem Alter von sechs Monaten den Hochstuhl nutzen, falls Sie gut abgestützt darin sitzen können. Das Sitzen im Hochstuhl ermöglicht es Ihrem Kind, das Aufgreifen und Essen kleiner Häppchen zu üben.

aus einem Krug eingießen, ohne etwas zu verschütten.

Anziehen

Bereits mit 18 Monaten kann Ihr Kind damit beginnen, beim Anziehen zu helfen. Dazu wird es anfangs die Arme ausstrecken, um in die Ärmel zu kommen. Es wird auch versuchen, sich selbst auszuziehen, was es im Alter von etwa zwei Jahren mit Hilfe bewältigen wird.

Viele Zweijährige können sich Mütze, Fausthandschuhe und Socken geschickt ausziehen.

Dreijährige können sich noch immer besser aus- als anziehen. Ihr Kind sollte sich seine Unterhose, seine Hose, Socken und Schuhe nun selbst anziehen können. Ein T-Shirt wird es aber häufig verkehrt herum anziehen und mit Knöpfen seine Probleme haben.

Mit etwa vier Jahren wird Ihr Kind sich weitgehend selbst anziehen können, es empfiehlt sich aber, ihm die Sachen hinzulegen, damit es sich leichter tut. Hilfe wird es noch bei Reißverschlüssen benötigen (einige Zweijährige kommen aber auch damit bereits zurecht), bei Knöpfen und Schnürsenkeln. Einige Vierjährige können bereits Schnallen öffnen und schließen.

3

Die sensorische Entwicklung

Die Entwicklungsstufen verstehen

Ihr Kind wird in den ersten Jahren des Heranwachsens seine sensorischen Fertigkeiten dafür nutzen, um Informationen zu verarbeiten, neue Begriffe zu lernen, Erfahrungen zu sammeln und zu nutzen und Freude an seiner Umwelt zu haben. Diese Sinne werden zwar erst mit etwa fünf Jahren vollständig entwickelt sein, die meisten elementaren sensorischen Fertigkeiten sind aber bis zu einem gewissen Grad bereits bei der Geburt vorhanden. Diese Basissinne sind das Sehen, das Hören, das Riechen, das Schmecken sowie das Berührungs- und Bewegungsempfinden.

Mit Spaß an der Freude

Es ist eine ernsthafte Aufgabe, einem Kind genügend Anregungen zu verschaffen. Ihr Baby wird jedoch über seine Sinne sehr viel mehr aufnehmen, wenn es dabei Spaß hat. Seien Sie entspannt, wenn Sie mit Ihrem Kind spielen und reagieren Sie fröhlich auf seine Begeisterungsschreie.

Die zunehmend verbesserte Wahrnehmung Ihres Kindes, die sich von Geburt an ständig weiterentwickelt, ist nur wegen des raschen Wachstums seines Gehirns und seines zentralen Nervensystems möglich. Bei der Geburt beträgt das Gewicht des Gehirns nur rund 25 Prozent des Gewichts, das es im Erwachsenenalter erreicht haben wird, aber bereits im Alter von zwei Jahren ist es auf 75 Prozent des späteren Gewichts angewachsen. Das bedeutet also einen großen Anstieg der Gehirnkapazität innerhalb kurzer Zeit. Aber nicht nur das Gehirn entwickelt sich, sondern auch das Rückenmark und die Nerven, die das Wahrnehmungssystem stützen.

Der Teil des Gehirns, der die Basissinne steuert, wächst im ersten Lebensjahr am schnellsten, daher entwickelt sich die Wahrnehmung in dieser Periode so rasch. Die Basissinne Ihres Babys sind vom ersten Moment nach der Geburt an aktiv. Ihr Kind wurde biologisch so vorprogrammiert, dass es mit allen fünf Sinnen auf seine Umwelt reagieren kann. Ab der Geburt ist das Baby empfänglich für:

✳ *Licht.* Fällt sehr helles Licht auf das Gesicht des Babys, schließt es seine Augen fest und lässt sie geschlossen, bis das Licht verschwindet.

✳ *Geräusche.* Das Baby reagiert auf eine menschliche Stimme stärker als auf jedes andere Geräusch. Es kann zwischen echtem Weinen und einem künstlich erzeugten Geräusch unterscheiden.

✳ *Berührung.* Wenn Sie mit Ihrer Fingerspitze sanft über die Wange Ihres Babys streichen, dreht es seinen Mund in Richtung Ihres Fingers.

✳ *Geruch.* Das Baby lernt sehr rasch den Unterschied zwischen dem Milchgeruch seiner Mutter und dem Milchgeruch einer anderen Frau.

✳ *Geschmack.* Das Baby spuckt die Milch aus, wenn sie nicht die richtige Temperatur hat oder anders schmeckt als sonst.

Kombination der Sinne

Jedes Empfindungsvermögen wächst in seinem eigenen Tempo und weist seine ihm eigenen Merkmale auf, typischerweise kombiniert das heranwachsende Kind aber immer mindestens zwei Sinne, sobald es tätig wird oder etwas erforscht. Spielt Ihr Baby beispielsweise mit einer Rassel, hält es diese Rassel (Berührung), schüttelt sie (Bewegung), schaut sie an (Sehen), hört auf ihr Geräusch (Gehör) und beißt vielleicht sogar hinein (Geschmack) oder riecht daran (Geruch). Die Informationen dieser verschiedenen Sinne verbinden sich und verschaffen Ihrem Baby eine allgemeine Vorstellung von diesem Gegenstand, wobei zwei unterschiedliche höherrangige Wahrnehmungsfertigkeiten genutzt werden.

Die sensorische Integration ist die Fähigkeit Ihres Kindes, verschiedene Informationen, die es gleichzeitig von verschiedenen Sinnesorganen erhält, zu einem Gesamtbild zu formen. Ihr Baby sieht beispielsweise, dass Sie mit ihm sprechen und kann Ihre Lippenbewegungen dem Klang Ihrer Stimme zuordnen.

Crossmodaler Transfer bezeichnet die Fähigkeit Ihres Babys, die Information eines Sinnesorgans auf ein anderes Sinnesorgan zu übertragen. Beispiel: Ihr Baby befühlt ein Spielzeug, ohne es zu sehen und kann dieses Spielzeug dann alleine anhand seines Aussehens identifizieren.

Diese beiden Wahrnehmungsfertigkeiten sind in gewissem Maße bereits beim Neugeborenen vorhanden, sie entwickeln sich weiter und reifen im Verlauf der kommenden fünf Jahre.

Perzeptuelles Lernen durch unterscheidende Wahrnehmung

Während der verschiedenen Stadien der Wahrnehmungsentwicklung verbessern sich nicht nur die individuellen sensorischen Fertigkeiten ihres Kindes, sondern es lernt auch aus seinen perzeptuellen Erfahrungen. Anders gesagt sammelt es Wissen an, indem es seine verschiedenen Sinne nutzt und daraus neue Erkenntnisse gewinnt.

Ein Beispiel: Anfangs wird Ihr zweijähriges Kind den Unterschied zwischen zwei Hunden gleicher Farbe und Größe wahrscheinlich nicht erkennen. Für Ihr Kind sind beide gleich. Durch eigene Erfahrungen, indem es die Hunde vielleicht berührt, sie streichelt, sie anschaut, ihr Gebell hört oder ihren Geruch wahrnimmt, lernt es allmählich, ihre typischen Merkmale zu erkennen, und kann beide Hunde voneinander unterscheiden.

Ihr Kind nutzt Informationen, die ihm seine Sinne liefern, um etwas über die Welt zu erfahren. Im Laufe der Vorschuljahre tritt das perzeptuelle Lernen weiter in den Vordergrund, und seine Fähigkeit, zwischen verschiedenen optischen Eindrücken, Geräuschen, Geschmacksrichtungen, Gerüchen und Berührungsempfindungen zu unterscheiden, verbessert sich ständig.

Von der Wahrnehmung des Ganzen zur Wahrnehmung einzelner Teile

Zu den sensorischen Merkmalen, die ein fünfjähriges Kind von einem Zweijährigen unterscheidet, gehört die Fähigkeit, sich eher auf ein spezifisches Merkmal zu konzentrieren als auf den gesamten Gegenstand. So wird das jüngere Kind wahrscheinlich sagen, dass eine Orange und ein Knäuel Bindfaden dasselbe sind, weil ihr äußeres Erscheinungsbild ähnlich ist. Das ältere Kind hingegen wird beide Gegenstände kaum in dieselbe Kategorie einordnen, da es sich die spezifischen Merkmale jedes Gegenstands anschaut und sofort sieht, dass der eine zum Beispiel zum Essen ist und der andere nicht.

Eine weitere allgemeine Änderung in der perzeptuellen Entwicklung, die in diesen frühen

UNGEFÄHRER ZEITRAHMEN DER ENTWICKLUNGSSCHRITTE

Individuelle Unterschiede in der zeitlichen Entwicklung sind völlig normal, daher sind die folgenden Meilensteine nur als Richtwerte betrachtet werden. Sollte Ihr Kind einen dieser Meilensteine jedoch mit sehr großer zeitlicher Verzögerung erreichen, lassen Sie sich bei Ihrem Kinderarzt einen Termin geben.

Bei der Geburt:	Das Baby reagiert auf laute Geräusche, es wird durch sanfte tiefe Klänge beruhigt.
	Es bemerkt den Unterschied zwischen hell und dunkel, schaut an die Stelle, wo hell und dunkel zusammentreffen.
	Es empfindet Schmerz, wenn eine Nadel in seine Haut sticht.
	Es verfügt über mehr Geschmacksknospen als ein Erwachsener.
	Es reagiert unzufrieden auf schlechte Gerüche.
2 Monate:	Das Baby beobachtet ein Spielzeug, das sich langsam in seinem Blickfeld bewegt.
	Es zeigt soziales Lächeln (das heißt, es erwidert ein Lächeln).
3 Monate:	Das Baby kann verschiedene Farben wie Rot und Blau unterscheiden.
	Es zeigt eine freudige Reaktion, wenn es ein Lied oder Musik hört, die es gerne mag.
	Es bemerkt den Unterschied zwischen dem Geschmack seiner gewohnten Nahrung und einer neuen Nahrung.
	Es zeigt Vorlieben für bestimmte Gerüche.
6 Monate:	Das Baby lächelt, wenn es sich auf einem Foto sieht.
	Es schaut längere Zeit Objekte an, die seine Aufmerksamkeit fesseln.
	Es erkennt den Unterschied zwischen einer männlichen und einer weiblichen Stimme.
	Es merkt auf, wenn es seinen Namen hört.
	Es mag eine größere Auswahl an Geschmacksrichtungen, nachdem es feste Nahrung bekommt.
	Es lässt sich durch liebevolle, sanfte Berührung beruhigen.
9 Monate:	Das Baby reagiert auf seinen Namen.
	Es spielt Verstecken.
	Es sucht versteckte Gegenstände.
1 Jahr:	Das Baby konzentriert sich besser, wenn seine Lieblingsgeschichte vorgelesen wird.
	Es hört zu und zeigt auf ein vertrautes Objekt, wenn dieses genannt wird.
	Es folgt einfachen einteiligen Aufforderungen.
	Es gießt Wasser aus einem Becher in eine Schüssel.
	Es erwidert liebevolle Umarmungen.
2 Jahre:	Das Kind betrachtet in Büchern ausgiebig die Bilder.
	Es erkennt sich selbst auf Fotos.
	Es öffnet Kisten, um zu sehen, was sich darin befindet.
	Es hört einer Unterhaltung aufmerksam zu.
	Es tanzt zu bekannter Musik.
	Es entwickelt seine eigenen Essgewohnheiten.

3 Jahre:	Das Kind kennt den Unterschied zwischen einem großen und einem kleinen Objekt.
	Es blättert Seiten um und betrachtet sie dabei aufmerksam.
	Es sortiert Gegenstände nach ihrer Form.
	Es kann Gegenstände nach der Farbe sortieren.
	Es hört auf Fragen und beantwortet sie.
	Es freut sich, wenn man eine Geschichte vorliest.
4 Jahre:	Das Kind kann einige Farben richtig benennen.
	Es hat Freude an Reimen.
	Es behält Teile einer Geschichte.
	Es konzentriert sich auf ein Puzzle mit wenigen Teilen.
	Es isst lieber, wenn es bei der Zubereitung helfen darf.
5 Jahre:	Das Kind nimmt richtig an einer Unterhaltung teil.
	Es lauscht unbekannten Klängen und Geräuschen.
	Es kann auf Befragung seinen Namen und seine Adresse nennen.
	Es konzentriert sich so stark, dass es eventuell die Aufforderung überhört, es solle aufhören.
	Es versucht, einen weinenden Freund durch Körperkontakt zu trösten.
	Es hat bestimmte Vorlieben beim Essen.

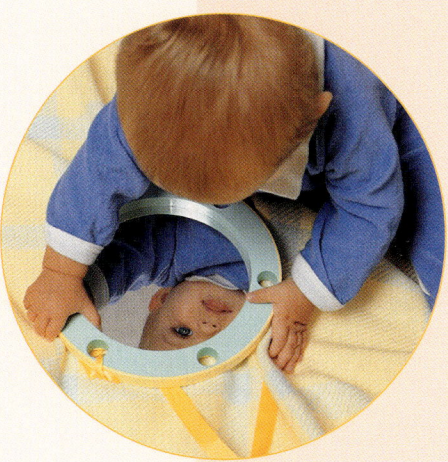

Spiegelspaß
Für Babys zwischen vier und sieben Monaten sind Spiegel eine Quelle endloser Faszination und sensorischer Informationen.

Jahren stattfindet, ist die Art und Weise, wie Kinder Gesichter erkennen. Psychologen haben nachgewiesen, dass jüngere Kinder ein Gesicht an seinen äußeren Merkmalen wie Haar, Haut und Kopfform erkennen, während ältere Kinder mehr auf die Merkmale im Gesicht achten wie Augen, Nase und Mund.

So helfen Sie Ihrem Kind, Fortschritte zu machen

Ihr Kind verfügt zwar über ein „automatisches Wachstumsprogramm", das seine Entwicklung von Natur aus steuert, aber auch äußere Anregungen spielen eine große Rolle, daher ist es wichtig, was Sie mit Ihrem Kind tun. Sprechen Sie mit Ihrem Baby, spielen Sie mit ihm, und lassen Sie es seine Erkundungen anstellen. Sorgen Sie aber immer dafür, dass das Spielen ein Spaß bleibt. Sobald Ihr Baby spürt, dass Sie angespannt und ängstlich sind, weil es eine Aufgabe nicht erfüllt, wird es seine Versuche aufgeben. Das Vertrauen, das Sie in Ihr Baby setzen, gibt seinem Selbstvertrauen Nahrung. Wenn Ihr Kind eine bestimmte Aktivität ablehnt, versuchen Sie es zu einem späteren Zeitpunkt erneut.

Bedenken Sie aber auch, dass Ihr Kind kein Intensivprogramm für seine sensorische Anregung benötigt. Für ein Baby ist alles, was zur täglichen Routine gehört, aufregend und interessant. Jede sensorische Erfahrung bringt seine Wahrnehmungsfertigkeiten auf die eine oder andere Art voran.

Ihr Kind ist ein einmaliges Wesen mit seiner eigenen Kombination aus Persönlichkeit, Fähigkeiten und Merkmalen. Es ist daher sehr wichtig, dass Sie Ihr Kind nicht mit anderen Kindern vergleichen. Es besteht kein Grund zu Besorgnis, wenn sich Ihr Kind einige Wochen nicht weiterentwickelt. Sie sollten dann auf seine Fortschritte insgesamt schauen und sich nicht nur auf einen einzelnen Aspekt konzentrieren.

Visuelle Fertigkeiten

Die Sehfähigkeit Ihres Babys besteht aus einer Reihe von Fertigkeiten, die in gewissem Maße bereits alle in seinem ersten Lebensjahr vorhanden sind. Mit dem Älterwerden verändert sich aber die Art und Weise, in der Ihr Kind seine visuellen Fertigkeiten nutzt.

So sieht Ihr Baby

Direkt nach der Geburt sieht Ihr Baby bereits, denn seine Augen sind so konzipiert, dass sie sich auf Gegenstände und Gesichter konzentrieren können. Sie verfügen über folgende Fertigkeiten:

* *Veränderung der Pupille.* Dies ist der natürliche Reflex zum Schutz der Augen. Trifft helles Licht auf die Augen, verengen sich die Pupillen langsam, im Dunklen werden sie automatisch größer.

* *Akkomodation.* Bei diesem Prozess verändert sich die Linsenkrümmung des Auges; es kann schärfer sehen. Diese Fähigkeit entwickelt sich in den ersten drei Lebensmonaten am schnellsten.

* *Konvergenz.* Um einen sehr nahen Gegenstand klar und ohne Doppelbilder betrachten zu können, muss Ihr Baby beide Augen gleichzeitig nach innen drehen. Die Konvergenz entwickelt sich in den ersten Lebensmonaten stetig.

* *Divergenz.* Divergenz ist das Gegenteil von Konvergenz und bezeichnet die Fähigkeit, den Blick auf einen entfernten Gegenstand zu richten, indem eine gleichzeitige Bewegung beider Augen nach außen stattfindet. Die Divergenz entwickelt sich typischerweise gleichzeitig mit der Konvergenz.

* *Sakkaden.* Wenn Ihr Baby umherschaut, führen seine Augen winzige, ruckartige Bewegungen aus, während es allmählich seine Umgebung mit den Blicken abtastet. Das Tempo dieser Bewegungen steigert sich zwischen der Geburt und dem vierten oder fünften Lebensmonat sehr schnell.

* *Mit dem Blick folgen.* Sie werden feststellen, dass Ihr Baby ein Objekt beobachtet, das sich langsam durch den Raum bewegt. Diese auch als „visual tracking" bekannte Fähigkeit ist bereits kurz nach der Geburt vorhanden und verbessert sich im Verlauf der nächsten Monate beständig.

Das kann Ihr Baby sehen

Forscher haben untersucht, wie Kinder im Alter bis zu einem Jahr ihre visuellen Fertigkeiten zum Sehen nutzen, und haben dabei herausgefunden, dass ein Baby sehr viel mehr wahrnimmt, als die meisten Menschen erwarten würden. Ein Neugeborenes erkennt beispielsweise den Unterschied zwischen einem dunklen und einem hellen Bild

STARTHILFE FÜR IHR BABY
GANZ NAH

Vom ersten Tag an kann Ihr Baby den Blick auf ein Objekt richten, das zwischen 20 und 35 cm von seinem Gesicht entfernt ist – das heißt, Ihr Baby kann beim Füttern Ihr Gesicht erkennen. Sein Sehen in die Ferne ist hingegen noch nicht gut ausgebildet. Wenn Sie also das Interesse Ihres Babys wecken möchten, gehen Sie mit Ihrem Gesicht oder einem Spielzeug nah an Ihr Baby heran.

und vor allem auch die Stelle, wo hell und dunkel aufeinandertreffen. Diese Fertigkeit ist bei der Geburt zwar noch nicht sehr gut ausgebildet, beim Erkennen von Umrissen macht Ihr Baby aber bis zum Alter von sechs Monaten rasche Fortschritte, die sich anschließend langsamer, aber beständig fortsetzen.

Neugeborene sehen in erster Linie in Schwarz-weiß, die Sehzellen für das Farbensehen in der Netzhaut – Zapfen, die Licht verschiedener Wellenlänge erkennen – sind zwar bei der Geburt bereits aktiv, aber noch nicht vollständig entwickelt. Mit drei Monaten kann Ihr Baby jedoch mehrere Grundfarben (wie Rot) erkennen, und mit vier Monaten ist das Farbensehen voll ausgereift.

Um ein Muster erkennen zu können, müssen die Augen alle Komponenten des Bildes genau betrachten und abtasten, also die Konturen, die Innenfläche und das allgemeine Erscheinungsbild. Babys unter zwei Monaten konzentrieren den Blick hauptsächlich auf die Konturen, es gelingt ihnen noch nicht sehr gut, das gesamte Bild mit dem Blick abzutasten. Diese Fertigkeit verbessert sich jedoch in den folgenden Monaten.

So helfen Sie Ihrem Kind, Fortschritte zu machen

Obgleich die Welt für Ihr heranwachsendes Baby eine beständige Quelle von Reizen und interessanten Dingen ist, muss es, insbesondere in den ersten Monaten, mit einem besonderen Problem fertig werden: Es kann sich nicht selbst in die Position bringen, in der es die beste Sicht hätte. Natürlich windet und dreht es sich, so gut es kann, wenn es etwas sehen möchte, dies funktioniert aber nur bis zu einem gewissen Grad. Bis Ihr Baby krabbeln und alleine sitzen kann, ist es davon abhängig, dass Sie es in eine geeignete Position bringen, damit es seine Umgebung sehen kann, ob es nun in seinem Gitterbett, seinem Kindersitz oder Sportwagen sitzt. Beim

Autofahren muss Ihr Baby gegen die Fahrtrichtung sitzen. Nutzen Sie daher andere Gelegenheiten, um es so hinzusetzen, dass es einen guten Blick auf seine Umgebung hat.

Mit dem Blick verfolgen

Direkt nach der Geburt versucht Ihr Baby, Gegenständen, die sich bewegen, mit dem Blick zu folgen. Diese visuelle Fertigkeit hilft ihm beim Verständnis von Vorgängen in seiner Umgebung. Später sorgt die Fertigkeit für seine Sicherheit, beispielsweise wenn es fahrende Autos mit dem Blick verfolgt, bevor es eine Straße überquert.

Dieses Verfolgen mit den Augen entwickelt sich in den ersten Lebensmonaten beständig weiter. Ist Ihr Baby drei Monate alt, kann es einem sich langsam durch den Raum bewegenden Gegenstand mit den Augen folgen. Nach seinem ersten Geburtstag ist es für Ihr Baby kein Problem mehr, Ihnen mit den Blicken zu folgen, wenn Sie umhergehen. Fällt Ihrem etwa neun Monate alten Baby, das im Hochstühlchen sitzt, etwas aus der Hand, kombiniert es seine inzwischen weiterentwickelten visuellen Fertigkeiten mit seinem nun ebenfalls besser entwickelten Gedächtnis und schaut dem Gegenstand punktgenau nach (siehe S. 78).

Das Verfolgen mit den Augen verbessert sich ständig weiter, bis Ihr Kind mit drei oder vier Jahren einen Ball beobachten kann, den man ihm zuwirft und seine Hände im richtigen Moment ausstreckt, um ihn zu fangen.

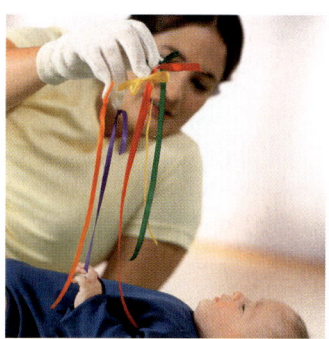

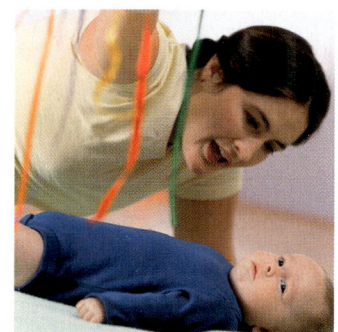

Immer mit der Ruhe
Ein Baby kann einen Gegenstand nur mit dem Blick verfolgen, wenn er sehr langsam direkt vor seinem Gesicht bewegt wird. Es ist noch nicht reif genug, um optische Informationen schnell verarbeiten zu können, und hat keine ausreichende Kontrolle über seine Augenmuskulatur. Hilfreich ist ein Gegenstand in kräftigen Farben oder mit sonstigen Merkmalen, die die Aufmerksamkeit erregen.

Verändertes visuelles Erkennen

Mit dem Älterwerden Ihres Kindes verändert sich die Art und Weise, in der es seine visuellen Fertigkeiten einsetzt von:

* *Passiv in aktiv.* Ein Baby richtet seinen Blick nur auf Dinge, die in sein Gesichtsfeld kommen – es sucht nicht aktiv nach Dingen, um sie anzuschauen. Mit vier oder fünf Jahren sucht es seine Umgebung bewusst mit den Augen ab, bis sein Blick an etwas Interessantem hängen bleibt.
* *Unsystematisch in systematisch.* Ein Baby erfasst ein Spielzeug visuell noch völlig planlos. Es schaut sich eine Seite an, kaut dann vielleicht an der anderen Seite und so weiter, ohne seine Erforschungen nach einem spezifischen System zu betreiben. Mit vier oder fünf Jahren tastet es seine Umgebung systematischer mit den Blicken ab.
* *Allgemein in selektiv.* Ein kleines Baby weiß nicht, wohin es schauen soll, wenn zwei oder drei Dinge gleichzeitig seine Aufmerksamkeit auf sich ziehen. Es kann Informationen noch nicht gut herausfiltern. Innerhalb weniger Jahre ist das Baby jedoch in der Lage, seine visuelle Aufmerksamkeit effektiver zu konzentrieren und ein Objekt unter mehreren auszuwählen.

Einschätzung von Entfernungen

Sobald Ihr Baby anfängt, sich im Raum selbstständig zu bewegen, muss es die Entfernung zu Gegenständen abschätzen können – so vermeidet es, an Möbel zu stoßen, es kann jemanden ausweichen und zielgenau nach einem Gegenstand greifen. Zur Tiefenwahrnehmung gehören:

* *Beidäugiges Sehen.* Beim Betrachten eines Gegenstands erhält man mit jedem Auge ein anderes Bild. Ist der Gegenstand weit entfernt, ähneln sich diese Bilder weitgehend, während sie sich bei einem nahen Gegenstand unterscheiden.
* *Richtige Wahrnehmung verdeckter Gegenstände.* Wenn Sie einen Gegenstand sehen, der sich vor einem anderen befindet, wissen Sie, dass der vordere näher ist als der verdeckte. Kleinere Gegenstände in weiterer Entfernung wirken weiter entfernt als größere Gegenstände.

Ihr Baby entwickelt die Wahrnehmung solcher Entfernungen frühestens mit zwei Monaten und erst mit etwa sechs Monaten ist diese Wahrnehmung recht gut.

So entwickelt sich das Sehen

* *Mit 2 Monaten:* Ein Baby erkennt die Gesichter seiner Eltern und reagiert mit einem Lächeln oder einer Armbewegung. In dieser Zeit beginnt auch das Schutzblinzeln.
* *Mit 10–12 Wochen:* Ein Baby folgt mit den Augen aufmerksam einem Ball, der 15 bis 20 Zentimeter vor seinem Gesicht langsam bewegt wird.
* *Mit 2–3 Monaten:* Ihr Baby bemerkt nun Einzelheiten, beispielsweise ob Bilder senkrecht oder waagerecht gehalten werden, ob ein oder mehrere Dinge darauf abgebildet sind und es kann Muster erkennen. Es beobachtet die Bewegungen seiner eigenen Hände und seine Pupillen konvergieren, um das Spiel seiner eigenen Finger zu beobachten. Wird Ihr Baby mit dem Fläschchen gefüttert, erkennt es sein Fläschchen und bewegt sich begierig und erfreut, wenn dieses sich seinem Gesicht nähert. Es verbringt viel Zeit damit, entfernte Gegenstände wie die Möbel im Zimmer zu fixieren.

✱ *Mit 4–6 Monaten:* Babys sind visuell sehr interessiert, sie bewegen Kopf und Augen, wenn sie irgendwo eine Aktivität wahrnehmen. Sie können zwischen verschiedenen Emotionen wie Freude, Angst oder Trauer unterscheiden und reagieren entsprechend. Ihr Baby ergreift nun Spielsachen mit festem Griff und betrachtet sie eingehend. Beide Augen arbeiten zusammen. Ihr Baby kann nun feinere Farbschattierungen unterscheiden, bevorzugt aber Rot oder Blau.

✱ *Mit 7–12 Monaten:* Ihr Baby beginnt, die Objektpermanenz (siehe S. 78) zu erlernen. Es verändert seine Haltung, um bestimmte Dinge besser sehen zu können. Es schaut Spielsachen nach, die ihm beim Spielen herunterfallen oder verdeckt werden.

✱ *Mit 1 Jahr:* Babys können Gegenständen, die sich bewegen, mit dem Blick folgen und diese deutlich erkennen. Sie schauen Objekten, die aus ihrem Blickfeld verschwinden, genau nach und erkennen bekannte Menschen aus einer Entfernung von fünf Metern und mehr. Sie beobachten sehr interessiert die Bewegungen von Menschen, Tieren und Gegenständen im Haus und außerhalb des Hauses.

✱ *Mit 15–18 Monaten:* Kleinkinder schauen bunte Bilder in Büchern interessiert an und be-

(siehe S. 78)

SO KÖNNEN ELTERN MITMACHEN

Wenn Sie auf den jeweiligen visuellen Entwicklungsstand Ihres Babys achten, können Sie dafür sorgen, dass es aus den gemeinsamen Spielen mit Ihnen besonders viel Freude und Anregungen bezieht.

Clownereien

Verändern Sie Ihren Gesichtsausdruck stark übertrieben, wenn Sie mit Ihrem Baby sprechen. Es schaut Sie aufmerksam an, wenn es gefüttert wird oder Sie mit ihm spielen, und wenn Sie ausgeprägter lächeln oder ernster schauen als normal, fördert dies die Entwicklung seiner visuellen Fertigkeiten.

Kunterbunt

Bei der Auswahl von Spielzeug bedenken Sie bitte, dass ein Kind einfache, kräftige Farben leichter erkennen kann. Nehmen Sie Rot, Grün, Blau und Gelb statt gedämpfter Farben.

ZEIT FÜR EINEN CHECK-UP

Auch wenn die Augen Ihres Babys regelmäßig kontrolliert werden, sollten Sie Ihren Arzt informieren, wenn es:

• selten etwas anschaut, was weiter entfernt ist oder sich seitlich von ihm befindet;

• meist Gegenstände in seiner Nähe anschaut;

• zu schielen scheint (die Augen bewegen sich nicht zusammen), wenn es älter als drei Monate ist.

rühren die Seiten. Sie können einen rollenden Ball zurückholen.

✱ *Mit 2 Jahren:* Ihr Kind interessiert sich vermehrt für entferntere Objekte. Sein Blickfeld wird größer, daher wird es auch leichter abgelenkt. Es blättert Bilderbücher durch und schaut sich Objekte sehr genau an.

✱ *Mit 3 Jahren:* Ihr Kind zeigt größeres Interesse für die Abbildungen in Märchenbüchern. Es kann einem sich bewegenden Objekt leicht mit dem Blick folgen und schauen, ohne zu starren. Es kann einen Kreis nachmalen.

✱ *Mit 4 Jahren:* Selbst wenn ein Auge bedeckt ist, kann Ihr Kind kleine Gegenstände wie Perlen aufsammeln. Es kann ein Kreuz nachmalen und vier Farben benennen.

Die Objektpermanenz

Kinderpsychologen bezeichnen mit Objektpermanenz die Fähigkeit des Kindes zu wissen, dass ein Gegenstand weiterexistiert, auch wenn er nicht zu sehen ist. Ein Erwachsener beispielsweise weiß, dass er eine Flasche, die er in einen Schrank stellt und nicht mehr sieht, wiederholen kann, wenn er die Schranktüre öffnet. Dieses Bewusstsein haben kleine Kinder noch nicht.

Während seiner ersten Lebensmonate glaubt Ihr Baby, dass die Welt nur aus den Dingen besteht, die es sehen kann. Verlassen Sie also beispielsweise das Zimmer, vermutet Ihr Baby, dass Sie verschwunden sind, und lässt es versehentlich seine Rassel fallen, wird es wahrscheinlich nicht nach ihr suchen. Ihr Baby glaubt, dass die Rassel nicht mehr vorhanden ist, weil es sie nicht sehen kann. Für ein Baby heißt es „aus den Augen, aus dem Sinn".

Ein acht Monate altes Baby hingegen, dem man ein Spielzeug zeigt, das man anschließend hinter einem Sichtschutz versteckt weiß, dass das Spielzeug noch da ist, und wird versuchen, den Sichtschutz wegzuschieben. Mit etwa neun bis zehn Monaten wird es eine Decke hochheben, um ein verstecktes Spielzeug hervorzuholen. Es wird das Spielzeug jedoch weiterhin an dieser Stelle suchen, auch wenn Sie es woanders versteckt haben.

Neun Monate alte Babys, die sich mit ständigen Wiederholungen beschäftigen, also beispielsweise ein Spielzeug in eine Schachtel legen, die Schachtel umkippen, das Spielzeug nehmen und wieder von vorne anfangen, betreiben eine Art Versteckspiel und testen die Objektpermanenz. Guckguck-Spiele eignen sich hervorragend, um Ihrem Kind die Objektpermanenz nahezubringen.

In seinem zweiten Lebensjahr wird Ihr Kind Objekte beobachten, die sich fortbewegen, und auch in der Lage sein, etwas zu finden, was Sie in seinem Blickfeld „verstecken". Es wird sogar nach etwas suchen, von dem es nur vermutet, dass es versteckt wurde; dabei wird es nicht tatsächlich den Gegenstand gesehen haben, sondern nur die Hand, die etwas bewegte.

Hier ist es wieder
Mit sieben Monaten „vergisst" ein Baby ein gerade benutztes Spielzeug sehr schnell, wenn man es mit einem Tuch bedeckt. Mit neun oder zehn Monaten hingegen hebt es das Tuch hoch, um den versteckten Gegenstand freizulegen.

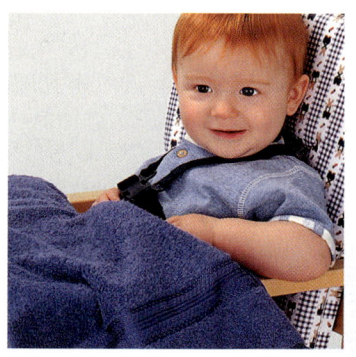

Guckguck

Ist Ihr Baby wenige
Monate alt, können Sie
mit ihm Versteckspiele
beginnen, sobald es aber
acht oder neun Monate
alt ist, wird es sich nicht
mehr sorgen, Sie könn-
ten nicht mehr da sein,
wenn Sie die Decke
wegziehen!

Die Fähigkeit, Objekte in Raum und Zeit zu verfolgen, obgleich sie momentan verschwunden sind, ist entscheidend, um die Verhaltensweisen der physischen und sozialen Welt zu verstehen. Für die Stabilität Ihres Babys ist es lebenswichtig zu realisieren, dass Sie zurückkommen, auch wenn Sie in diesem Augenblick nicht im Zimmer sind.

Die Trennungsangst, die sich bei Ihrem Baby durch Aufregung und Weinen äußert, wenn Sie das Zimmer verlassen, hat zu einem großen Teil damit zu tun, dass Ihr Baby nicht versteht, dass Sie wiederkommen werden. Es kann daher sehr beruhigend für das Baby sein, wenn Sie auch aus der Ferne weiter mit ihm sprechen. Ein Zeichen dafür, dass Ihr Baby die Sache verstanden hat ist, wenn es winkt, sobald Sie aus der Tür gehen. Dies beginnt mit etwa neun Monaten.

Die Wahrnehmung der Objektpermanenz zusammen mit den Erkenntnissen, die Babys mit der Zeit über das Äußere der Dinge gewinnen – über deren Größe, Textur, Form und Farbe –, hilft ihnen, das Verhalten von Objekten im Voraus zu bestimmen. So wird ein Baby bald von allen runden Gegenständen wie Bällen erwarten, dass sie rollen und das umso schneller, je größer das Gefälle ist.

Das Hören und Zuhören

Das Gehör ist eines der wichtigsten Sinnesorgane Ihres Babys. Alleine anhand der Geräusche lernt es sehr viel über die Welt. Große Informationsmengen werden über das Hören aufgenommen und tragen zu seiner Gesamtentwicklung bei. Ein kleines Baby hört beispielsweise Ihre Schritte nahen, es lauscht auf Ihre Worte, auch wenn es noch nicht selbst sprechen kann, es hört sehr gerne Musik und schläft vielleicht sogar beim gleichmäßigen Geräusch eines Staubsaugers ein!

Aufzeichnungen der Gehirnwellen von sich entwickelnden Feten bestätigen, dass das menschliche Gehör etwa ab der 25. Schwangerschaftswoche reagiert. Mit anderen Worten: Das Gehör Ihres Babys funktioniert bereits Monate vor seiner Geburt.

Nach der Geburt ist die Empfindlichkeit des Gehörs bei den Babys unterschiedlich. Während das eine Neugeborene von einem lauten Geräusch aufgeschreckt und gestört wird, erträgt ein anderes Neugeborenes Lärm entspannter. Hierbei spielt die Persönlichkeit jedes Babys eine Rolle. Alle Neugeborenen hören typischerweise aber lieber tiefe als hohe Frequenzen. Während ein tiefer Ton das Baby eher beruhigt und entspannt, kann ein hoher Ton es aufschrecken und zum Weinen bringen. Neugeborene zeigen auch eine deutliche Vorliebe für die menschliche Stimme, ob sie nun spricht oder singt. Die meisten Babys, die sehr aufgeregt sind, können durch Geräusche beruhigt werden – durch Schlaflieder, beruhigende Worte oder den Rhythmus eines Metronoms.

Die Entwicklung des Gehörs

Ein Baby kann zwar sofort bei der Geburt hören, die Fähigkeit des Auswählens und Zuhörens jedoch, also das Erkennen, dass ein Geräusch etwas bedeutet, braucht Zeit, um sich zu entwickeln. Auch die Reaktionszeit auf ein Geräusch entwickelt sich allmählich. Ein Säugling reagiert sehr viel langsamer auf ein Geräusch oder einen Klang als ein älteres Kind oder ein Erwachsener.

✲ *Bei der Geburt:* Ihr Baby zeigt den Schreck- oder Moro-Reflex: Auf ein lautes Geräusch reagiert es durch ein rasches und heftiges Strecken von Armen und Beinen.

✲ *Mit 1 1/2 – 2 Monaten:* Ihr Baby gibt gurrende Geräusche von sich. Es schaut interessiert auf einen sprechenden Mund und reagiert mit einem Lächeln.

✲ *Mit etwa 4 Monaten:* Ihr Baby beruhigt sich, sobald es Ihre Stimme hört, auch wenn es Sie nicht sieht. Es wendet den Kopf einer Stimme zu, die in seiner Nähe ertönt. Es fängt an, laut zu lachen.

✲ *Mit etwa 6 Monaten:* Ihr Baby ist zwar noch leicht abzulenken, fängt aber an, Geräusche selektiver wahrzunehmen. Wenn es nicht gerade mit einem Spielzeug beschäftigt ist, wird es Ihnen seinen Kopf sofort zuwenden, wenn es Ihre Stimme hört, und es lauscht auch auf leisere Töne in seiner Nähe. Es imitiert Geräusche, stößt einen Schrei aus, um Aufmerksamkeit zu erregen, und vokalisiert oder brabbelt häufig mit einzelnen oder doppelten Silben.

✲ *Mit etwa 9 Monaten:* Ihr Baby erkennt einige Worte wie seinen Namen und „nein", es hält in seiner Aktivität inne, wenn es die Worte hört oder es winkt. Es scheint einer Unterhaltung zu lauschen. Es reagiert auf seinen Namen und brabbelt eine Reihe von Silben.

* *Mit etwa 10 Monaten:* Ihr Baby wird nun der Unterhaltung anderer Menschen zuhören und lässt sich von anderen Geräuschen nicht ablenken. Typischerweise unterbricht es seine Tätigkeit, wenn es „nein" hört.

* *Mit etwa 1 Jahr:* Ihr Baby ist in der Lage, länger zuzuhören, wenn jemand spricht, und es kann gleichzeitig zuschauen und zuhören. Seine Fähigkeit, ein Geräusch zu lokalisieren, ist fast so gut wie beim Erwachsenen. Wenn man es darum bittet, gibt es ein Spielzeug oder einen anderen Gegenstand ab.

* *Mit etwa 15 Monaten:* Ihr Baby verwendet einige erkennbare Wörter im richtigen Zusammenhang („Milch trinken"). Es befolgt einfache Anweisungen und kann auf einen Körperteil zeigen.

* *Mit etwa 18 Monaten bis 2 Jahren:* Ihr Baby saugt eine Unterhaltung auf wie ein Schwamm. Es kann Bilder und alltägliche Gegenstände benennen. Es kann einer Aussage folgen, die man direkt an es richtet, und wiederholt vielleicht ein hervorstechendes oder das letzte Wort eines Satzes.

* *Mit 2 Jahren:* Ihr Kleinkind versteht viele Wörter, spricht Sätze, die aus zwei Wörtern bestehen und kann einer zweiteiligen Aufforderung nachkommen („Such den Teddy. Bring ihn her"). Es kennt viele Körperteile und nennt sich selbst beim Namen.

* *Mit 3 Jahren:* Ihr Kind ist begierig darauf, dass man ihm Geschichten erzählt oder vorliest und möchte seine Lieblingsgeschichten immer wieder hören. Es spricht Sätze, die aus drei Wörtern bestehen.

* *Mit 4 Jahren:* Ihr Kind hört oder erzählt gerne lange Geschichten. Es hat Freude an Späßen.

* *Mit 4 1/2 Jahren:* Ihr Kind spricht normalerweise grammatikalisch korrekt.

Begeisterte Musikhörer
Kinder jeden Alters hören gerne Musik. Lassen Sie aber nur ältere Kinder mit Kopfhörer hören, und stellen Sie sicher, dass die Musik nicht zu laut eingestellt ist und Ihr Kind nicht zu lange hört.

So helfen Sie Ihrem Kind, Fortschritte zu machen

Sie fördern die Hörfertigkeiten Ihres Kindes am besten, wenn Sie ihm eine Reihe interessanter Klänge und Geräusche zugänglich machen. Anfangs lauscht es gerne Musik von einer CD oder aus dem Radio. Spielen Sie ihm also unterschiedliche Musik vor, modern und klassisch sowie Kinderlieder und Kinderreime. Sie werden feststellen, dass Ihr Baby dabei seine Arme und Beine manchmal voller Erregung in die Luft stößt, während es bei anderer Musik einschläft. Es wird vielleicht plötzlich sehr aufmerksam, wenn es ein Geräusch hört, auf das Sie gar nicht achten würden, wie Wasser, das gurgelnd im Abfluss verschwindet, oder beim Entkorken einer Flasche.

Es ist für Ihr Baby auch von entscheidender Bedeutung, dass Sie mit ihm sprechen. Ihr Baby liebt es, Ihr Gesicht zu sehen, Ihre Stimme zu hören und Ihre Aufmerksamkeit zu erhalten. Wahrscheinlich gibt es keine bessere Möglichkeit, seine Hörfertigkeiten zu fördern, als liebevoll und begeistert mit ihm zu sprechen. Wenn es Ihrer Stimme lauscht, lernt es auch die Verbindung zwischen Tonfall, Gesichtsausdruck, Körpersprache und Emotionen – es erfährt

etwas über viele verschiedene Aspekte der Kommunikation und Sprache alleine dadurch, dass
Sie mit ihm sprechen.

Eltern sprechen mit ihrem Baby häufig ihre
eigene Sprache – in kürzeren Sätzen, mit kürzeren Wörtern und übertriebener Betonung und
Gestik. Forschungsergebnisse zeigen, dass
kleine Babys und Säuglinge auf diese „Babysprache" gut reagieren (siehe auch S. 104).

Vergessen Sie auch nicht, Ihrem Baby jeden
Tag etwas vorzulesen. Dafür ist es nie zu früh,

und das Vorlesen gehört zu den wichtigsten
Dingen, die Sie tun können. Ihr Baby wird den
Klang Ihrer Stimme lieben, die Art, wie Sie die
Stimme je nach dem Inhalt der Geschichte ver-
ändern und die Wandlung Ihres Gesichtsaus-
drucks, wenn Sie eine aufregende Stelle errei-
chen. Halten Sie das Buch so, dass Ihr Kind die
Bilder sehen kann, auf die Sie deuten, sodass es
den Zusammenhang zwischen Wörtern und
Büchern erkennt.

Zuhören

Unterschätzen Sie die Fähigkeit Ihres Kindes
nicht, zu verstehen, was es hört – auch wenn
noch ein großer Unterschied zwischen dem
Sprechen Ihres Kindes (bekannt als „expressive
Sprache") und der Sprache besteht, die es hört
und versteht (diese wird als „rezeptive Sprache"
bezeichnet).

Bereits frühzeitig versteht Ihr heranwachsendes Kind sehr viel mehr, als es selbst sagen
kann. Auch wenn sein gesprochenes Vokabular
noch begrenzt ist, kennt es viele Alltagsbegriffe,
die Sie verwenden, was Sie an seiner Reaktion
bemerken. Ihr Kind begreift die Bedeutung mancher Sätze, die es hört, obgleich es diese Wörter
und Sätze selbst noch nicht sprechen kann.

Selektives Zuhören

Sie wundern sich sicher, dass Ihr dreijähriges
Kind nicht hört, wenn Sie es bitten, seine Spielsachen aufzuräumen und sich fürs Bett fertig zu
machen, während es auf den Beginn seines Lieb-
lingsliedes sofort reagiert. Psychologen nennen
dies „selektives Zuhören", denn in vielen Fällen
trifft das Kind unbewusst die Wahl, nicht zu
reagieren. Unbewusst entscheidet es sich dafür,
auf einige Dinge zu reagieren und andere zu
ignorieren.

Es wird für Sie nicht leicht sein herauszufinden, ob Ihr Kind Sie durch den unbewussten

Klingeling

Geben Sie Ihrem Baby
ein Spielzeug, das Ge-
räusche von sich gibt,
sobald es damit um-
gehen kann. Das kann
eine Rassel sein, ein
Kuscheltier, das quiekt
oder ein Spielzeug mit
Tasten, die bei Berüh-
rung verschiedene Töne
von sich geben. Ihr Baby
wird begeistert sein,
wenn es ihm gelingt,
dem Spielzeug Töne
zu entlocken.

Prozess der selektiven Aufmerksamkeit ignoriert, oder ob es tatsächlich so konzentriert mit einer Sache beschäftigt ist, dass nichts seine Geräuschbarriere durchdringt. Sie sollten der Versuchung widerstehen, automatisch zu vermuten, dass es Sie unbewusst ausschließen möchte.

Das Zuhören verbessern

Es gibt eine Reihe von Dingen, die Sie tun können, um die Aufmerksamkeit und Konzentration Ihres Kindes zu verbessern, die es später braucht, um in der Schule Erfolg zu haben.

Je mehr Ihr Kind von Ablenkungen umgeben ist, desto weniger wird es auf Sie hören. Hintergrundgeräusche übertönen den Klang Ihrer Stimme und lenken seine Aufmerksamkeit gleichzeitig in viele verschiedene Richtungen. Wenn Ihr Kind sich also auf Sie konzentrieren soll, schalten Sie Ablenkungen aus, also beispielsweise den Fernseher oder CD-Player. Animieren Sie Ihr Kind, Sie anzuschauen, wenn Sie mit ihm sprechen. Augenkontakt reduziert Ablenkungen und fördert die Konzentration Ihres Kindes, was zu einem besseren gegenseitigen Verstehen führt.

Als instinktive Reaktion dreht Ihr Kind seinen Kopf, sobald es seinen Namen hört. Wenn Sie möchten, dass Ihnen Ihr Kind zuhört, sagen Sie klar und laut seinen Namen, warten kurz und sagen ihm dann, was Sie sagen möchten. Ihr Kind braucht diese wenigen Momente, um seine Aufmerksamkeit auf Sie zu richten.

Ihr Kind wird Sie besser hören, wenn Sie in seiner Nähe als wenn Sie weiter entfernt sind. Viele Eltern rufen laut, wenn Sie die Aufmerksamkeit Ihres Kindes gewinnen möchten, statt ihre Tätigkeit kurz zu unterbrechen und zu Ihrem Kind zu gehen. Ihr Kind wird Sie besser hören, verstehen und darauf reagieren, wenn Sie von Angesicht zu Angesicht mit ihm sprechen.

SO KÖNNEN ELTERN MITMACHEN

Ihr Kind kann noch so intelligent und aufgeweckt sein, es wird erst richtig lernen, wenn es zuhören und sich konzentrieren kann. Die Konzentrationsfähigkeit ist die Basis allen Lernens – ein Kind, das nicht gut zuhören kann, braucht länger, um neue Gedanken und Begriffe aufzunehmen und braucht auch mehr Zeit, um Aufgaben zu erfüllen.

Geschichten vorlesen

Ihr Kind liebt es, unter vier Augen Geschichten zu hören, wenn Sie mit ihm in trauter Zweisamkeit gemeinsame Zeit verbringen. In einer gemütlichen Atmosphäre konzentriert es sich länger auf eine Geschichte.

Gedächtnisspiele

Legen Sie beispielsweise vier Spielkartenpaare umgedreht auf den Tisch. Nun soll Ihr Kind zwei Karten gleichzeitig aufdecken, um ein zusammenpassendes Paar zu finden. Wurden zwei unterschiedliche Karten aufgedeckt, werden sie wieder umgedreht.

Suchen und finden

Animieren Sie Ihr Kind, spezielle Dinge zu finden. Im Supermarkt zum Beispiel ein abgepacktes Brot oder zu Hause eine bestimmte Zeitschrift. Sagen Sie ihm, es solle systematisch in jedem Zimmer suchen und nicht planlos herumrennen.

Lieder lernen

Ihr Kind wird sich besser auf ein Lied konzentrieren, wenn es weiß, dass es nach und nach den Text lernen soll. Lassen Sie es zuerst das erste Wort jeder Zeile lernen und dann darauf aufbauen.

Geschmack und Geruch

Die Geschmacksknospen bilden sich im Mund Ihres Babys etwa acht Wochen nach der Zeugung, sein Geschmackssinn ist also lange vor seiner Geburt vorhanden. Die Geschmacksrichtungen und Aromen Ihrer Ernährung während der Schwangerschaft werden Ihrem ungeborenen Baby durch das Fruchtwasser übermittelt. Wissenschaftler glauben, dass dies Ihrem Baby nach der Geburt hilft, Sie zu erkennen, da es denselben Geschmack in Ihrer Brustmilch wiederentdeckt. Auch der Geruchssinn entwickelt sich schon früh, daher ist Ihr Baby nach der Geburt auch für Ihren Geruch empfänglich.

Der Mund und die Zunge Ihres Babys sind für Berührung und Geschmack empfänglich. Die meisten Babys ziehen direkt nach der Geburt einen süßen Geschmack einem sauren Geschmack vor – Ihr Baby wird ein mildes Getränk begierig trinken, aber bei allem, was bitter oder sauer schmeckt, den Kopf wegdrehen oder dieses Getränk wieder ausspucken. Ist Ihr Baby älter und an feste Kost gewöhnt, wird es sich für manche Speisen mehr interessieren als für andere. Knusprige und süße, salzige und saure oder bittere Speisen werden seine Geschmacksknospen stärker anregen als pürierte oder fade Speisen.

Saug- und Schluckreflex

Ihr Baby kommt mit Reflexen zur Welt, die ihm das Essen und Trinken ermöglichen. Wenn Sie sanft über seine Wange streichen, wird es sofort seine offenen Lippen Ihrem Finger zuwenden. Vielleicht beginnt Ihr Baby sogar, den Mund zu bewegen.

Sobald etwas Essbares oder eine „Futterquelle" (Brust oder Flasche) den Weg in den Mund Ihres Babys findet, beginnt es, Mund und Zunge gemeinsam zum Saugen zu bewegen.

Wird durch den Saugreflex Nahrung in Richtung der Kehle Ihres Babys transportiert, setzt der Schluckreflex ein, der es dem Baby ermöglicht zu schlucken, ohne zu ersticken. Die gute Koordination dieser Reflexe ist erstaunlich. Gäbe es sie nicht, könnte Ihr Baby nicht gedeihen.

Interessante Gerüche

Der Geschmacks- und der Geruchssinn Ihres Babys sind miteinander verbunden. Innerhalb einer Stunde nach der Geburt ist Ihr Baby für Ihren Geruch und, falls Sie stillen, für den Geruch Ihrer Brustmilch empfänglich. Auch aus diesem Grund wirkt es so beruhigend auf Ihr Baby, wenn Sie es nah am Körper tragen. Der Geruch fördert die Bindung an Sie.

Wie beim Geschmack hat Ihr Baby auch beim Geruch Vorlieben, die typischerweise mit Ihren eigenen Geschmacks- und Geruchsvorlieben übereinstimmen. Ihr Baby reagiert zum Beispiel zufrieden auf süße, milchige und fruchtige Gerüche (es lächelt, atmet tiefer und entspannt), aber ablehnend auf schlechte Gerüche (es strampelt mit den Beinen, verändert seine Atemfrequenz, weint). Ein starker Geruch kann den Geschmack Ihres Babys beeinträchtigen. Es wird sich vielleicht schlechter füttern lassen, wenn Sie ein starkes Parfüm aufgetragen haben.

Mit zunehmendem Alter reagiert Ihr Baby mit Begeisterung, wenn es riecht, dass gekocht wird. Es hüpft in seinem Stühlchen oder lacht. Es kann aber auch Nahrung ablehnen, wenn ihm der Geruch nicht zusagt.

Alles kommt in den Mund

Für Ihr kleines Baby ist die Welt ein faszinierender Ort, und es möchte alles, was es sieht, riecht, hört und berührt, erforschen. Jedes neue Spielzeug, jeder neue Haushaltsgegenstand, jedes Papier oder jedes Kleidungsstück erfüllt Ihr Baby mit Erregung und löst in ihm den Wunsch aus, alles zu erkunden. Eine der besten Möglichkeiten für Ihr Baby, die Qualitäten eines Gegenstands zu entdecken, ist, ihn in den Mund zu nehmen.

Lippen und Zunge Ihres Babys sind äußerst empfindlich und versorgen es mit vielen Informationen. Daher steckt sich Ihr Baby alles in den Mund. Es hat nichts damit zu tun, dass es unartig, ungezogen oder herausfordernd wäre, es möchte einfach mehr über diese Gegenstände erfahren, und dazu gehört auch ihr Geschmack!

In den ersten sechs Monaten seines Lebens ist das In-den-Mund-Nehmen die primäre Art Ihres Babys, seine Umwelt zu erkunden. Durch praktisches Herumprobieren erfährt es, dass bestimmte Dinge sich besser dafür eignen, in den Mund gesteckt zu werden als andere – Babys haben lieber leichte, formbare oder matschige Gegenstände als flauschige oder pelzige Spielsachen –, aber es wird auch versuchen, große Gegenstände in den Mund zu nehmen, die zum Hochheben zu schwer sind, indem es sich hinunterbeugt und daran saugt.

Gefahren durch das In-den-Mundnehmen

Für Ihr Baby sieht jedes Spielzeug aufregend aus, egal, in welchem Zustand es sich befindet. Es steckt daher ebenso begeistert einen schmutzigen, verstaubten Gegenstand in den Mund wie einen sauberen. Ihr Kind realisiert auch keine drohenden Gefahren, etwa wenn es ein Stück Elektrokabel abbeißen würde. Ihr Kind interessiert sich einzig und allein für das Aussehen: Daher kann es sich den Mund leicht mit einem scharfen oder spitzen Gegenstand verletzen. Ihr

Baby wird auch versuchen, ungeachtet der Größe alles hinunterzuschlucken, was es sich in den Mund steckt. An Knöpfen, Murmeln und anderen Kleinteilen kann es ersticken. Daher müssen Sie besonders darauf achten, welche Spielsachen Sie ihm geben (siehe S. 89). Schauen Sie sich ein Spielzeug immer mit den Augen Ihres Kindes an, und stellen Sie sich vor, was passieren könnte, wenn Ihr Kind es in den Mund steckt.

Die orale Phase nutzen

Da das In-den-Mund-Nehmen eine der Methoden ist, mit denen Ihr heranwachsendes Baby weiterlernt, nutzen Sie es einfach zu Ihrem Vorteil. Lenken Sie seine Aufmerksamkeit auf etwas, was seine Entwicklung fördert. Ihr Baby lernt mehr, wenn es ein Spielzeug in den Mund nimmt, das interessante und unterschiedliche Texturen aufweist, wenn es sich leicht halten und in den Mund nehmen lässt und wenn das darauf Kauen durch ein Geräusch oder sogar ein Licht belohnt wird. Solche Elemente werden Ihr Baby animieren, seine oralen Erkundungen fortzusetzen. Der Wunsch Ihres Babys, alles in den Mund zu nehmen, entstammt seinem Forscherdrang und es besteht kein Anlass zu schimpfen. Hat Ihr Baby nach einem gefährlichen oder schmutzigen Gegenstand gegriffen, intervenieren Sie schnell, damit es sich nicht selbst Schaden zufügen kann, und lenken Sie seine Aufmerksamkeit auf ein anderes Spielzeug oder eine andere Tätigkeit.

Baby bei der Arbeit
Es ist für Ihr Baby eine großartige Lernmöglichkeit, etwas in den Mund zu stecken. In diesem Alter besitzt der Mund normalerweise eine größere Sensibilität als die Finger und kann dem Baby viel über die Eigenschaften eines Gegenstandes beibringen.

Der Berührungssinn

Der Berührungssinn ist ein weiterer wichtiger Sinn, mit dem Ihr Baby seine Welt erkundet. Bereits sehr frühzeitig erwirbt es gewisse „Berührungsfertigkeiten", die ihm tagtäglich zu neuen Entdeckungen verhelfen. Die Berührung ist auch das erste Kommunikationsmittel mit Ihrem Baby beim Füttern, Tragen, Baden und Schmusen. Ein Neugeborenes wird durch nichts so schnell beruhigt wie durch das hautnahe Anschmiegen an seine Eltern.

Lernmittel
Was Ihr Baby durch seinen Berührungssinn über einen Gegenstand lernt, beeinflusst die Art, wie es nach diesem greift oder wie es ihn ergreift.

Forschungsstudien bestätigen, dass die Berührungsempfindung bereits in der Gebärmutter beginnt und die Haut eines Neugeborenen für Berührung empfänglich ist. Wissenschaftler haben herausgefunden, dass ein Embryo ab der siebten oder achten Woche nach der Empfängnis auf Berührung anspricht. Nach der Geburt reagiert das Baby auf einen Lufthauch auf seiner Haut, der so schwach ist, dass Sie ihn kaum spüren würden. Das Neugeborene zeigt

auch den Greifreflex (wenn Sie über seine Handfläche streichen, schließt es seine Finger um Ihren Finger) und kann einen Gegenstand sehr fest greifen, den man in seine Handfläche legt.

Die Entwicklung des Berührungsempfindens

Die Berührung in Kombination mit Hören und Sehen entwickelt die feinmotorischen Fertigkeiten weiter und versetzt Ihr Neugeborenes in die Lage, nach Gegenständen zu greifen, die seine Aufmerksamkeit erregen. Auch wenn das Greifen eine einfache Aufgabe zu sein scheint, ist es tatsächlich doch recht komplex. Daher ist in den ersten Lebensmonaten die Greifstrategie eines Säuglings nicht effektiv – seine Hand schließt sich entweder vor oder hinter dem Objekt, was ein Ergreifen in jedem Fall unmöglich macht.

Im Alter von vier bis fünf Monaten werden die Greiffertigkeiten Ihres Babys aber deutlich wirksamer, und die sich entwickelnde Koordination von Sehen, Greifen und Ergreifen verschafft ihm neue Möglichkeiten, zu entdecken und zu lernen.

Dadurch bilden sich Vorlieben und Abneigungen heraus. Die meisten Kleinkinder befühlen mit ihren Händen und Füßen gerne verschiedene Texturen – viele Baby-Spielsachen bestehen aus verschiedenen Materialien –, und

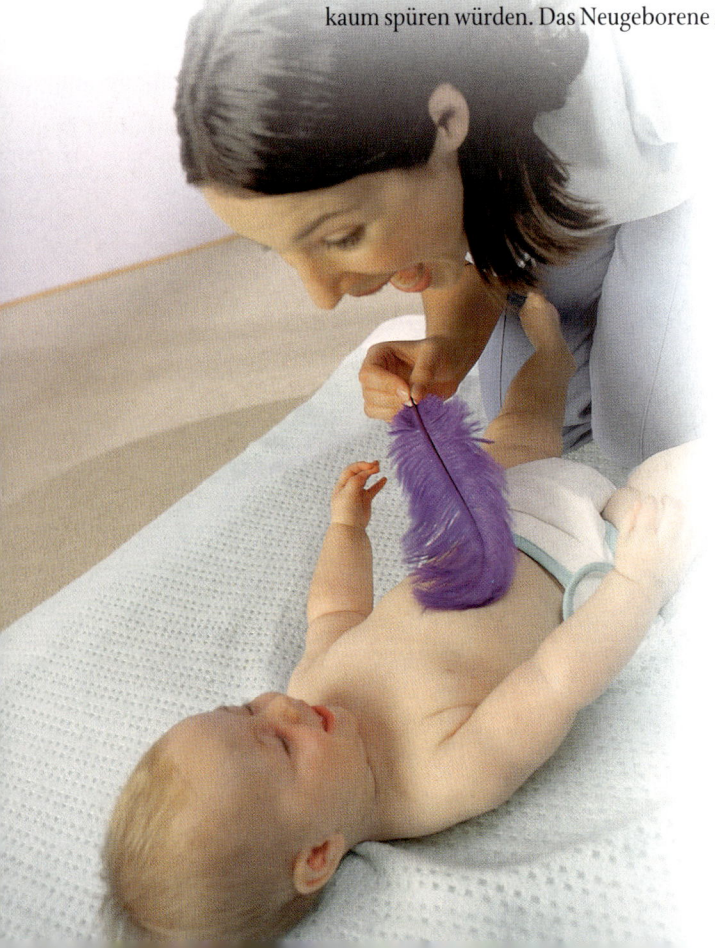

sie entwickeln Vorlieben für bestimmte Berührungsempfindungen. Ihr Baby kann aber auch plötzlich eine starke Abneigung gegen bestimmte Texturen entwickeln. Viele Kinder mögen beispielsweise das Gefühl von Sand oder Schlamm auf ihren Füßen nicht oder mögen keine Speisen, die zu kalt oder zu heiß sind.

Die verschiedenen Stadien der Berührungsempfindung

Auch der Berührungssinn entwickelt sich, wie die anderen Sinne, hauptsächlich im ersten Lebensjahr Ihres Babys.

✳ *Mit etwa 3 Monaten:* Die Hände Ihres Babys sind nun etwas geöffnet, es fühlt gerne etwas, was man ihm in die Hand legt und bemerkt auch den Unterschied zwischen weich und hart.

✳ *Mit etwa 4 Monaten:* Nun kann Ihr Baby seine Hände zur Mitte führen und seine Finger aktiv für Erforschungen benützen. Das In-den-Mund-Nehmen wird wichtiger, sobald Ihr Baby etwas in die Finger bekommt, steckt es sich dies in den Mund.

✳ *Mit etwa 5 Monaten:* Plantschen im Bad wird sehr beliebt.

✳ *Mit etwa 6 Monaten:* Nun bevorzugt Ihr Baby mehr denn je Spielsachen, mit denen es etwas tun kann, denen es lauschen oder die es berühren kann.

✳ *Mit etwa 7–8 Monaten:* Ihr Baby fängt an, etwas über Beziehungen im Raum zu lernen, den Unterschied zwischen flachen und runden Gegenständen, zwischen oben und unten. Es hat Freude an Gegenständen, die sich gut festhalten lassen, wie Etiketten, Griffe und Schnüre.

✳ *Mit etwa 9–10 Monaten:* Die Objektpermanenz (siehe S. 78) etabliert sich. Ihr Baby kann mit Spielsachen besser umgehen und spezielle Eigenschaften von Gegenständen berücksichtigen, also eine Rassel schütteln, eine Tasse an den Mund führen oder Papier zerknit-

SO KÖNNEN ELTERN MITMACHEN

Für die Entwicklung Ihres Babys sind taktile Anregungen (das Fühlen) sehr wichtig. Dies ermöglicht es Ihrem Baby, sensorische Reize zu integrieren und ein Körpergefühl zu entwickeln. Sie können Ihrem Baby auf verschiedene Art und Weise taktile Erfahrungen zukommen lassen.

Babymassage

Früher Körperkontakt ist für Ihr Baby sehr wichtig. Regelmäßiges sanftes Streicheln und Massieren von Anfang an kann Ihr Baby beruhigen und ihm Sicherheit geben. So können Sie ihm auf direktem Weg Ihre Liebe zeigen.

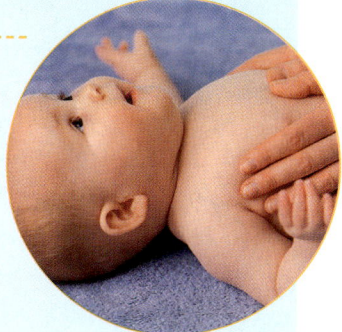

Erweitern Sie das Bewusstsein Ihres Babys

Immer unter Berücksichtigung der Sicherheit Ihres Babys animieren Sie es, verschiedene Empfindungen auszuprobieren. Lassen Sie es beispielsweise barfuß über Teppich, Kacheln und Holz laufen. Lassen Sie es Federn, Pelz und Stoff befühlen und gut beaufsichtigt mit Wasser, Sand und Ton spielen.

tern. Es isst auch gerne mit den Fingern.

✳ *Mit etwa 10–11 Monaten:* Ihr Baby lernt Begriffe wie „hinter" oder „in". Es steckt seine Finger gerne in Hohlräume und zerreißt mit Begeisterung Papier. Taktile Vorlieben und Abneigungen werden deutlicher.

✳ *Mit etwa 12 Monaten:* Ihr Baby experimentiert gerne mit allen Arten von Texturen – klebrig, schleimig, hart, kalt, matschig etc.

Spiel für die Sinne

Kinder spielen gerne – egal in welchem Alter. Durch Spielen werden ihre Fertigkeiten weiterentwickelt. Dabei ist es nicht immer nötig, Kinderspielsachen zu kaufen. Insbesondere in den ersten Jahren sorgen einfache ungefährliche Gegenstände, die sich im Haus finden, und selbst gemachte Spielsachen für beste Unterhaltung.

Bücher

Es ist nie zu früh, um mit Ihrem Kind Bücher anzuschauen. Reservieren Sie jeden Tag etwas Zeit zum Vorlesen. Ihr Baby wird es genießen, sich an Sie zu kuscheln und dem Klang ihrer Stimme zu lauschen, während Sie zusammen ein Buch durchblättern. Ab dem Alter von etwa sechs Monaten interessieren sich Kinder dann ernsthaft für Bücher, besonders für solche mit großen, bunten Bildern und einfachen Geschichten. Wenn Sie etwas älter sind, haben sie Freude an immer wieder überraschenden Büchern mit aufklappbaren Bildern und an Pop-up-Büchern. Gerne spielen sie auch in der Badewanne mit wasserfesten Büchern.

Spielen im Sand

Alle kleinen Kinder lieben es, im Sand zu graben, ihn mit Wasser zu Matsch zu verarbeiten und etwas daraus zu formen. Sie brauchen dafür keinen Sandkasten. Kaufen Sie einen kleinen Sack kinderfreundlichen Sand und füllen Sie ihn in eine Plastikkiste. Dann geben Sie einen Plastikeimer und einige Plastikschäufelchen dazu, ein Sieb, einen kleinen

---

TOP-SPIELZEUG

Die Altersempfehlungen auf den Spielzeugverpackungen sind wichtig. Sie berücksichtigen die Sicherheitsaspekte und Entwicklungsstufen der verschiedenen Altersgruppen.

- 1–3 Monate: Rasseln, Mobiles, stabile Kinderbücher aus Holz oder Karton in kräftigen Farben.
- 4–7 Monate: Spielzeug aus verschiedenen Texturen, das Geräusche von sich gibt, Babyspiegel, Babybücher aus Karton oder Kunststoff.
- 8 Monate bis 1 Jahr: Steckspielzeug, Badespielzeug, große Bauklötze, Schiebe- oder Nachziehspielsachen, Spielbox, bei der auf Druck Teile Geräusche von sich geben.
- 1–1½ Jahre: Steckpuzzles, Spielgeräte zum Graben, Autos, Lastwagen und Züge, Bücher aus Karton, Sortierspielzeug, Puppen, Stifte.
- 1½–2 Jahre: Hämmerchenspiele, einfache Puzzles, Spieltelefon, Musikspielzeug.
- 2–3½ Jahre: Spielzeug zum Bauen, Kostüme zum Verkleiden, Farben, Spielzeugwerkzeug und ungefährliche Haushaltsgegenstände (zum Beispiel Schaufel und Besen).
- 3½–5 Jahre: Magnettafel, Sportspielzeug, Kassettenrekorder, Pop-up-Bücher.

zeug, das schwimmt oder untergeht, oder lassen Sie es sein eigenes Geschirr oder Puppengeschirr spülen.

Spielzeug richtig ausgewählt

Bevor Sie sich für ein Spielzeug entscheiden, sollten Sie folgende Punkte bedenken:

✶ *Ist es für den Entwicklungsstand meines Kindes geeignet?* Meist ist es richtig zu überlegen, ob ein Spielzug für das jeweilige Alter geeignet und ungefährlich ist, da die meisten Kinder die Meilensteine ihrer Entwicklung etwa im selben Alter erreichen. Sie sollten aber auch bedenken, welches Stadium an Fertigkeiten Ihr Kind tatsächlich erreicht hat. Schlägt es Gegenstände gegeneinander? Versucht es, ein Teil auf ein anderes zu setzen? Versucht es, an Griffen zu drehen? Nimmt es Stifte und versucht zu kritzeln? Nehmen Sie kein Spielzeug, das noch zu anspruchsvoll ist – Ihr Kind würde rasch das Interesse daran verlieren und frustriert sein. Es könnte sich sogar mit Spielzeug verletzen, das für ältere Kinder gedacht ist.

✶ *Ist es ungefährlich?* Entscheiden Sie sich für robustes und strapazierfähiges Spielzeug. Meiden Sie Spielzeug, das aussieht, als könne es leicht kaputt gehen, oder das scharfe Kanten hat, kleines Spielzeug, das verschluckt werden könnte, oder Spielsachen, die etwa Kleinteile enthalten, die abgekaut werden oder abbrechen könnten – solche Teile bergen Erstickungsgefahren. Wichtig ist es auch, kein Spielzeug mit Schnüren oder Kordeln zu nehmen, die länger als 15 Zentimeter sind, dabei wäre die Gefahr der Strangulierung zu groß.

✶ *Vermittelt es Spielspaß?* Ihr Baby wird an einem Spielzeug Gefallen finden, bei dem seine Fähigkeiten genutzt und seine Sinne angeregt werden. Ihr Kind soll seine Fertigkeiten in seinem individuellen Tempo entwickeln können. Orientieren Sie sich auch daran, womit Ihr Baby oder Ihr Kleinkind in einer Babygruppe oder bei Ihren Freunden und Verwandten gerne spielt.

Bagger und einen Traktor. Ältere Kinder wiegen den Sand gerne mit einer einfachen Waage. Auch nasser Sand ist ein Riesenspaß. Geben Sie Ihrem Kind einige Förmchen und kleine Plastikbehälter dazu, mit denen es den Sand formen kann.

Wasserspiele

Es ist ein großes Vergnügen für Ihr Kind, wenn es drinnen oder draußen gut beaufsichtigt mit Wasser spielen darf. Ob es nun in der Badewanne planscht, unter dem Strahl eines Wasserschlauchs herumtollt, in der Küchenspüle Schiffchen fahren lässt oder einfach Seifenblasen pustet – jedes Kind ist vom Wasser fasziniert. Kinder haben dabei auch viele Gelegenheiten, etwas zu lernen – solange Sie es im Auge behalten. Lassen Sie Ihr Kind niemals mit Wasser alleine. Geben Sie Ihrem Kind Becher, mit denen es Wasser abmessen und umfüllen kann, Spiel-

Die mentale Entwicklung

Die Entwicklungsstufen verstehen

Zwischen der Geburt und dem Erreichen der Schulreife findet eine bemerkenswerte Entwicklung der mentalen Fähigkeiten Ihres Kindes statt. In dieser Zeit erwirbt es die Fertigkeiten, die Welt zu verstehen und mit ihr zu kommunizieren. Als Schulkind wird es besser in der Lage sein, komplizierte Informationen zu verarbeiten, umfangreichere Pläne zu fassen, Strategien abzurufen, die es bei früheren Lernaufgaben verwendet hat, Probleme durch Nachdenken zu lösen und Lösungen und Ideen mitzuteilen.

Problemlösung
Ihr Kind nutzt seine feinmotorischen und sensorischen Fertigkeiten zusammen mit seinen kognitiven Fähigkeiten, um die Herausforderungen eines Spiels zu bewältigen.

Was bedeutet mentale Entwicklung?

In der Realität gibt es viele Wege, die zum Verstand führen. Da wäre das „Verstehen" oder „Denken" zu nennen, das häufig als „kognitive" oder „intellektuelle" Entwicklung bezeichnet wird. Dazu gehören das Argumentieren, das Analysieren und die Problemlösung. Dahin gelangt das Kind, indem es etwas Neuem ausgesetzt wird und diese Erfahrung dann auf nachfolgende, neue und unbekannte Situationen anwendet. Bei einem Neugeborenen kann das Problem Hunger sein, und es wird schnell gelernt haben, dass es durch schrilleres Weinen schneller Milch bekommt als durch leises Wimmern. Für ein dreijähriges Kind mag die Herausforderung darin bestehen, dem Opa eine Süßigkeit abzuschmeicheln und zu erfahren, dass es gute Aussichten hat, das erwünschte Ziel zu erreichen, wenn es herzig dreinschaut und in einer bestimmten Art „bitte bitte" sagt. Die Erkenntnis entwickelt sich eindeutig vom Einfachen und Konkreten zum äußerst Komplizierten und Abstrakten hin.

Zur mentalen Entwicklung gehört auch die Kommunikation, die nicht nur aus Worten besteht, sondern auch aus Gesten, Mimik, Weinen und weiteren Lauten. Manchmal erfolgt sie auch über bestimmte Verhaltensweisen, wie Trotz. Dabei geht es darum, ein Angebot anzunehmen (oder nicht), zu gehorchen (oder nicht). Emotionen sind dabei ebenso im Spiel wie Tatsachen.

Als „emotionale Intelligenz" bezeichnet man die Fähigkeit, die Kommunikation von Gefühlen zu verstehen. Hierbei gibt es zwei Aspekte: Zum einen geht es darum zu verstehen, was „zwischen den Zeilen" gesagt wird. Dazu gehört das Erfassen der Körpersprache und des Tonfalls, die oft mehr aussagen als die Worte selbst. Zum anderen geht es um die Fähigkeit, sich in andere Menschen hineinzuversetzen. In diesem Fall ist der Informationstyp, der verarbeitet werden muss, ein völlig

anderer: Die Informationen sind abstrakt und doch von grundlegender Bedeutung, da Kinder lernen müssen, wie sie Beziehungen und Freundschaften aufbauen können. Dieser Prozess beginnt in den ersten Wochen nach der Geburt, wenn Säugling und Eltern in eine Wechselbeziehung treten, er setzt sich fort, wenn die Kinder beginnen, andere zu imitieren, und später, wenn Spiele aktuell werden, in denen sie mit anderen in einem Team zusammenarbeiten müssen. Die Fachleute kommen verstärkt zu der Ansicht, dass sich die emotionale Intelligenz vor dem Verstand und dem strukturierten Denken entwickelt.

Die Wahrnehmung ist eine für die Entwicklung besonders wichtige mentale Funktion. Das Gehör ist bereits vor der Geburt ausgebildet. Das Sehen entwickelt sich im ersten Lebensjahr rasch und ist im Alter von fünf oder sechs Jahren fertig ausgebildet. Die Art und Weise jedoch, wie die empfangenen Informationen behandelt und verarbeitet werden, ist zum Teil kulturell und gesellschaftlich bestimmt. Erwachsene können unwesentliche Informationen gut herausfiltern, aber Kleinkinder, die noch nicht gelernt haben, was unwesentlich ist, messen allem, was sich innerhalb ihres Blick- und Gehörfeldes abspielt, dieselbe Bedeutung bei. Auf Erwachsene kann dies wie ein Konzentrationsproblem oder leichte Ablenkbarkeit wirken, für das Kind ist es lediglich eine Frage unterschiedlicher Prioritäten.

Nun zum Spielen. Spiele beinhalten Kommunikation, Problemlösungen, Tatsachen und Gefühle sowie Vertrauen, Täuschung, Fantasie und Wettbewerb. Spiele sind für bestimmte Lernmuster wahrscheinlich entscheidend wichtig und entwickeln sich ebenfalls von sehr einfachen und konkreten Formen (wie bei Guckguck-Spielen) zu komplizierten und abstrakten Formen (einfachen Scharaden).

Dies sind nicht die einzigen mentalen Funktionen, und jede kann weiter unterteilt werden, sie geben aber eine erste Vorstellung davon, wie verschiedenartig der Geist arbeitet.

Eltern spielen eine wichtige Rolle

Babys gedeihen in einer Umgebung, in der sie Liebe und Aufmerksamkeit erfahren. Die Umgebung, die Sie Ihrem Kind bieten, beeinflusst die Art und Weise, wie es mit seinen Gefühlen und mit anderen Menschen umgehen wird, wie es denken und körperlich heranwachsen wird.

Sie fördern die normale Entwicklung des Gehirns, wenn Sie Ihrem Kind eine Umgebung schaffen, die reich an Anregungen ist. Eine solche Umgebung ist auf das Kind ausgerichtet und liefert ihm Lernmöglichkeiten, die auf seine Entwicklung, seine Interessen und seine Persönlichkeit abgestimmt sind. Zum Glück gehören zu einer guten Umgebung grundlegende Dinge, die den meisten Eltern bekannt sind und die sie ihrem Kind gerne zur Verfügung stellen: Geeignete Ernährung, eine warmherzige, aufmerksame und liebende Familie, aber auch weitere Bezugspersonen, Spielspaß, beständige und positive Unterstützung, Gespräche, gute Bücher zum Vorlesen und Selbstlesen, Musik zur Anregung der Gehirntätigkeiten und die Freiheit, die Umwelt zu erkunden und von ihr zu lernen.

Depressionen oder sonstige Erkrankungen der Mutter, die eine deutliche Veränderung im

Fürsorglichkeit
Bei einem etwas älteren Kind hängt die Befähigung, an der Versorgung eines Haustiers mitzuwirken, nicht nur damit zusammen, dass es gedanklich erfasst, was zu tun ist, sondern auch mit seiner emotionalen Intelligenz, durch die es spürt, was das Tier braucht.

Die mentale Entwicklung beginnt bereits vor der Geburt und ist mit anderen Entwicklungsformen verknüpft, insbesondere mit der sensorischen Entwicklung (siehe S. 68–89) und der Menge an Anregungen, die das Kind erhält. Vergessen Sie nicht, dass die folgenden Meilensteine nur als Richtwerte gelten.

4 Wochen:	Das Baby hört gut. Es scheint den Klang der Stimme seiner Mutter zu bevorzugen. Es schaut umher, um eine Geräuschquelle zu entdecken, und sein Blick ist bereits wachsam, wenn es gefüttert wird und man mit ihm spricht.
6 Wochen:	Das Baby lächelt Sie an und reagiert durch Gurren.
3 Monate:	Das Baby bewegt seine Finger absichtlich. Es kann verschiedene Laute und Gesten produzieren, um sich zu „unterhalten". Wird es mit der Flasche gefüttert, erkennt es seine Flasche. Es reagiert aufgeregt auf bekannte Situationen, wie Füttern und Baden.
4 Monate:	Das Baby zeigt Neugier bei neuen Dingen und Situationen. Es lässt eventuell erste Anzeichen eines Sinns für Humor erkennen.
5 Monate:	Das Baby beginnt, erste Spiele zu verstehen und verbringt viel Zeit damit, etwas zu untersuchen. Es lächelt sich im Spiegel selbst an.
6 Monate:	Das Baby gibt Geräusche von sich, um die Aufmerksamkeit auf sich zu ziehen, es streckt die Arme aus, damit man es auf den Arm nimmt. Es beginnt zu fremdeln und zeigt Angst. Es ergreift eine Rassel und schüttelt sie.
8 Monate:	Das Baby versteht die Bedeutung einiger Worte, insbesondere „nein". Es schaut einem heruntergefallenen Spielzeug nach.
9 Monate:	Das Baby erkennt bekannte Spiele und Reime. Es spielt Guckguck. Es lacht an passenden Stellen. Es dreht seinen Kopf, wenn es seinen Namen hört. Es unterscheidet bekannte von fremden Gesichtern.
10 Monate:	Das Baby winkt zum Abschied und streichelt eine Puppe oder ein Stofftier. Es hält nach Spielzeug Ausschau. Es lacht gerne und interessiert sich für Bücher.
1 Jahr:	Das Kind sagt ein paar Worte. Es erkennt einige Objekte in Büchern und zeigt darauf. Es beginnt, einfache Fragen zu verstehen. Es spielt Backe-Backe-Kuchen.
15 Monate:	Das Kind kann die Laute einiger Tiere nachmachen. Es kennt 4–6 Worte, darunter auch Namen. Es kennt einige Begriffe, wie Hund, und erkennt einen Hund in einem Buch oder im Park. Es erkundet die Eigenschaften von Spielzeug.
18 Monate:	Das Kind schaut Bücher wählerisch an. Es kann Malbewegungen imitieren. Es versucht sich an einigen Hausarbeiten – dabei imitiert es, was Sie tun. Es kann eine einfache Aufforderung erfüllen. Es kennt bestimmte Körperteile.
21 Monate:	Das Kind kann um etwas bitten: um Spielsachen, etwas zu essen oder sein Töpfchen. Es beginnt, kompliziertere Aufforderungen zu verstehen.

	Es kann Papier falten, wenn man es ihm vormacht.
	Es zieht an jemandem, dem es etwas zeigen möchte
2 Jahre:	Das Kind verfügt über einen rasch wachsenden Wortschatz.
	Es zeigt auf bekannte Objekte und benennt sie.
	Es kann die Eigenschaften bestimmter Gegenstände beschreiben.
	Es befolgt komplizierte Anordnungen.
2½ Jahre:	Das Kind kennt einige Kinderreime und Farben.
	Es erkennt sehr kleine Details in Bilderbüchern.
	Es spielt sinnvoll mit Spielautos und dem Puppenhaus.
3 Jahre:	Das Kind stellt ständig Fragen.
	Es baut komplizierte Dinge.
	Es kann sich an Vergangenes erinnern.
	Es kennt sein Geschlecht, seinen Vor- und Zunamen.
	Es kann einen Kreis abmalen.
4 Jahre:	Das Kind kann ein Kreuz abmalen.
	Es kann von 1–10 zählen.
	Es kann vier Farben zuordnen und benennen.
	Es kann vor kurzem stattgefundene Ereignisse und Erfahrungen zusammenhängend erzählen.
	Es hat Freude an Späßen.
	Es ist sich bewusst, was Vergangenheit, Gegenwart und Zukunft bedeuten.
5 Jahre:	Das Kind kann die Finger einer Hand abzählen.
	Es malt Bilder mit mehreren Gegenständen und einem Hintergrund.
	Es spricht fließend und kann seine Adresse und Telefonnummer lernen.
	Es spielt alleine oder mit Freunden.

Spielerisches Zählen

Die meisten Eltern bringen ihren Kindern Zahlen bei, aber das Rechnenlernen ist ein langer Prozess. Er beginnt, sobald ein Kind die Zahlen lernt, indem es seine Finger oder andere Objekte abzählt.

Verhalten oder in den Gefühlen der Mutter oder der Bezugsperson verursachen, können das Verhältnis zwischen Eltern und Kind beeinflussen und möglicherweise die normale Entwicklung des Kindes beeinträchtigen.

Die Rolle eines Elternteils oder der wichtigsten Bezugsperson hat entscheidende Bedeutung für die gesunde kindliche Entwicklung. Jedes Kind bringt in die Eltern-Kind-Beziehung aber auch seine eigenen, einmaligen, angeborenen Mentalitätsmerkmale ein. Die Kombination der Mentalität eines Elternteils oder einer Bezugsperson und der Mentalität des Kindes kann die kindliche Entwicklung stark beeinflussen.

Die Eltern oder die wichtigsten Bezugspersonen haben auch einen starken Einfluss auf das Lernverhalten eines Babys. Am einfachsten ist dies an der Sprache zu erkennen: Die Sprechlaute, mit denen Eltern (oder andere Bezugspersonen) auf das Baby reagieren, sind auch Teil ihrer Sprache. So verstärkt sich der Einfluss dieser Laute, die das Baby später in seiner Sprache verwenden wird, auch wenn es ein Repertoire unterschiedlicher Vokalisierungen entwickeln wird.

Über die Kommunikation und Wechselbeziehung mit Ihrem Baby können Sie Gefühle und Bedürfnisse teilen. Zwischen Kinderärzten und Entwicklungspsychologen herrscht wachsendes Einvernehmen darüber, dass die Mitteilung von Gefühlen für alle Bereiche der mentalen Entwicklung entscheidende Bedeutung haben dürfte. Daher braucht Ihr Baby Ihre reagierende Aufmerksamkeit nicht nur für den Aufbau einer langfristigen Bindung, sondern auch für sein alltägliches Glück und seine Zufriedenheit. Studien haben gezeigt, dass Babys von einer regelmäßigen, häufigen und positiven Wechselbeziehung mit ihren wichtigsten Bezugspersonen stark profitieren.

Auf das Gegenüber reagieren

Babys haben ein emotionales Bedürfnis nach einer engen, liebevollen Bindung an zumindest einen Erwachsenen in ihrem Leben. Eine solche Beziehung, die eine Wechselwirkung beinhaltet, verschafft dem Kind eine starke Basis, die ihm während seiner Kindheit und im Erwachsenenalter eine Stütze ist und einen aussagekräftigen Vorhersagewert für seine Reaktionen in Stresszeiten abgibt.

Inzwischen ist bekannt, dass Babys bereits in der ersten Stunde nach der Geburt reagieren. Videoaufzeichnungen zeigen, dass selbst leichte Veränderungen der mütterlichen Mimik und Sprache Veränderungen in der Mimik des Babys hervorrufen. Es gibt minutenlange Phasen, in denen das Baby mehr oder weniger mit seiner Mutter in Beziehung tritt und sensible Mütter folgen diesem Muster, indem sie die Beziehung nicht einfordern, wenn sie gerade schwächer ist, auf das Bedürfnis nach Nähe aber reagieren und es fördern, sobald sie es bei ihrem Baby spüren. Die Bewegungen von Mutter und Kind – von Kopf und Gliedern wie auch der Mimik – harmonieren wie bei Tanzpartnern, es ist ein Wechselspiel gegenseitiger Anregung und Verstärkung.

Mit dem Heranwachsen wird das Repertoire an möglichen Reaktionen größer, nachdem sich die körperlichen Grundfertigkeiten, wie die Kopfkontrolle, verbessert haben und daher mehr Bewegungen ermöglichen. Eltern und andere Bezugspersonen passen ihr Zugehen auf das Baby dessen emotionaler Befindlichkeit an, sie prüfen, ob das Baby ernst schaut, zum Spielen aufgelegt zu sein scheint oder bekümmert wirkt.

Je besser Sie und Ihr Baby sich kennenlernen, desto leichter wird es beiden fallen, ohne großes Nachdenken die jeweiligen Reaktionen zu koordinieren. Beispiele: Ihr Baby weint, Sie nehmen es auf den Arm. Ihr Baby kuschelt sich an Sie, Sie legen den Arm um das Baby. Ihr Baby gibt gurrende Geräusche von sich, weil es glücklich ist, Sie machen dieses Gurren nach und sprechen zärtlich mit ihm. Diese Empfänglichkeit für die psychischen Signale und emotionalen Bedürfnisse des anderen – wobei jeder auf den anderen reagiert – baut eine Beziehung auf und stärkt sie.

Sie sollten sich aber darüber im Klaren sein, dass Babys von Geburt an unterschiedlich auf andere Menschen reagieren. Das bedeutet, dass sich einige Eltern mehr anstrengen müssen als andere, um Ihrem Baby eine Reaktion zu entlocken. Die Reaktionsbereitschaft kennt zwei Extreme (wobei die meisten Babys mit ihrer Fähigkeit im Mittelbereich liegen):

* *Aktiv.* Das Baby ist sehr ausdrucksstark und sendet häufig starke soziale Signale aus (wie Augenkontakt, Greifen, Lächeln und Vokalisieren).
* *Passiv.* Die Mimik des Babys ist sehr passiv und gibt nichts über seine Gefühle preis.

Es ist möglich, dass zwischen Ihnen und Ihrem Baby nicht sofort eine starke Bindung entsteht. In vielen Familien dauert es Wochen oder sogar Monate, bis dieser Prozess der Wechselwirkungen zwischen Eltern und Kind funktioniert, versuchen Sie daher nicht, ihn zu beschleunigen: Diese Bindung wird sich von selbst einstellen, wenn Sie einander Zeit lassen. Instinktiv schaut Ihr Baby

Sie an, stellt sich auf Ihre Stimme ein und kuschelt sich an Sie. Man muss ihm nicht sagen, wie es Ihnen nahe kommt – und Ihnen muss man nicht sagen, wie Sie liebevoll mit ihm umgehen können. Folgen Sie einfach Ihrer Intuition.

Was ist ausschlaggebend für die Reaktionsbereitschaft?

Ein kleines Baby reagiert manchmal stärker und manchmal schwächer auf Sie. Es gibt Zeiten, in denen seine Augen weit offen sind und es sehr wach und begierig alles aufnimmt, was in seiner Umgebung vor sich geht. Zu anderen Tageszeiten hat es die Augen fest geschlossen, und Sie hören es tief atmen. Gelegentlich werden Sie nicht einmal mit Sicherheit sagen können, ob es schläft oder nicht! Nachdem Ihr Baby am meisten lernt, wenn es wach und munter ist, sollten Sie seine individuellen Gewohnheiten und Schlafmuster kennen und berücksichtigen. So finden Sie für jedes Spielzeug den richtigen Zeitpunkt heraus.

Alleine die Tatsache, dass Ihr Baby wach ist, bedeutet aber noch nicht, dass es bereit ist, Anregungen aufzunehmen. Hierbei sind weitere Faktoren im Spiel. Liegt Ihr Baby still und ruhig in seiner Wiege und Sie nähern sich, lächelt es und bewegt vielleicht begeistert Arme und Beine; ist es jedoch sehr aufgebracht und erregt, wird es auf diese Art Stimulation nicht reagieren.

Bedenken Sie auch, dass Ihr Baby, wenn es mit Spielzeug spielt, die Hände vor seinem Gesicht bewegt oder Geräusche von sich gibt, instinktiv für seine eigene Unterhaltung sorgt. Es braucht nicht ständig Anregungen durch Sie. Ein Zuviel an Anregung kann das Baby sogar zu stark aufregen, so dass es „abschaltet" und weniger empfänglich ist. Sie werden bald herausgefunden haben, welche Art von Anregung Ihr Kind am liebsten hat. So werden Sie beispielsweise merken, dass beim Füttern nicht der geeignete Zeitpunkt ist, dem Baby ein Spielzeug zu zeigen, da

es sich völlig auf das Essen konzentriert, während das Füttern durchaus gefördert werden kann, wenn Sie ihm dabei etwas vorsingen. Desgleichen werden Sie feststellen, dass es vielleicht frühmorgens oder spätabends am wachsamsten ist. Je vertrauter Ihnen der natürliche Aufmerksamkeitsrhythmus Ihres Babys wird, desto besser können Sie beurteilen, wie viel Anregung und Einbeziehung es gerade verträgt.

SO KÖNNEN ELTERN MITMACHEN

Sie können einiges tun, um eine enge Bindung zu Ihrem Baby aufzubauen.

Schenken Sie Ihrem Baby Aufmerksamkeit

Manchmal lassen Eltern ihr Baby weinen, weil sie befürchten, sein Wunsch nach Aufmerksamkeit könnte zunehmen, wenn sie bei jedem Weinen zu ihm gehen. Erfolgt aber auf das Weinen eines Babys in den ersten sechs Monaten häufig keine Reaktion von den Eltern, kann das Baby sehr verunsichert werden, weil es sich alleine fühlt und Angst hat.

Trösten Sie Ihr Baby

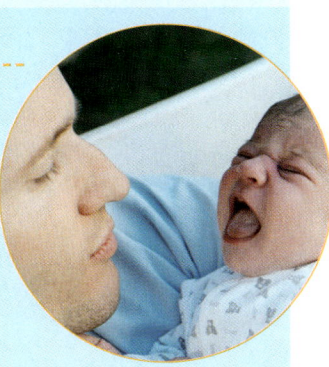

Die Bindung zwischen Ihnen und Ihrem Baby wird gestärkt, wenn es glaubt, dass es von Ihnen verstanden wird, und Sie in einer Art und Weise reagieren, die seinen Kummer lindert. Sanftes Schaukeln im Arm oder ein paar beruhigende Worte können Ihnen und Ihrem Baby sehr helfen.

Haben Sie Spaß mit Ihrem Baby

Die Beziehung zwischen Ihnen und Ihrem Baby wird sehr viel glücklicher sein, wenn Sie gemeinsam Spaß haben. Zugegeben, das Aufziehen eines Babys ist eine ernsthafte Angelegenheit, aber auch die Freude soll nicht zu kurz kommen. Sorgen Sie dafür, täglich mit Ihrem Baby zu spielen – und behalten Sie dies bis ins Kleinkindalter und noch länger bei.

Informationsverarbeitung

Die Denkfähigkeit wird als „kognitive Fähigkeit" bezeichnet. Alltägliche Begriffe wie „Intelligenz", „IQ" (Intelligenzquotient) und „Intellekt" werden häufig zur Beurteilung der kognitiven Fähigkeiten herangezogen. Bei Vorschulkindern kann die Beurteilung schwierig sein, weil die erforderlichen Fertigkeiten noch nicht weit entwickelt sind.

Begriffliches Denken
Das Austüfteln, welcher der Ringe als nächster dran ist, kann durch praktisches Herumprobieren gelöst werden oder durch genaues Betrachten der Ringe.

Die meisten Eltern stellen fest, dass sie gegen Ende des ersten Lebensjahrs Ihres Babys eine Vorstellung davon bekommen, wie gut es sich Menschen oder Gegenstände merken kann. In den folgenden Jahren, wenn sich Ihr Kind mit immer mehr Aktivitäten beschäftigt, haben Sie mehr Gelegenheiten, sich über das Lerntempo Ihres Kindes und über sein Gedächtnis für das Erlernte eine Meinung zu bilden.

Aufbau von Fertigkeiten

Die Lernentwicklung der Kinder (auch bekannt als „Denkfähigkeit", „kognitive Fähigkeit", „intellektuelle Fähigkeit" und „mentale Fertigkeit") beinhaltet mehrere verschiedene Dimensionen, wie:

★ *Problemlösung*. Babys, die mit einem Problem konfrontiert werden, haben nur begrenzte Ideen, um es zu lösen. Fünfjährige hingegen können bereits mehrere Möglichkeiten in Betracht ziehen und deren Erfolg durch wiederholtes Probieren testen.

★ *Konzentration*. Die Konzentrationsfähigkeit eines kleinen Babys ist recht begrenzt, es bleibt nie lange bei einer Sache. Ein älteres Kind kann sich konzentrieren, bis das Spiel zu Ende oder die Aufgabe gelöst ist.

★ *Gedächtnis*. Das Gedächtnis wird im Verlauf der Kindheit immer besser. Das Erinnerungs-

> ### Bescheid wissen ... *Früher IQ*
> *Bei kleinen Kindern steht nur das Tempo des Spracherwerbs in enger Beziehung zu seinen kognitiven Fähigkeiten, hat aber mit seiner späteren Intelligenz nicht viel zu tun.*

vermögen eines kleinen Babys ist begrenzt und beschränkt sich auf Gegenstände oder Menschen, die es täglich sieht. Ein älteres Kind kann Informationen wieder abrufen, die es Tage, Wochen oder sogar Monate zuvor gelernt hat.

✱ *Symbolisches Denken*. Bis zum Alter von einem Jahr ist es typisch, dass Kinder nur über das nachdenken, was sie vor sich sehen. Im zweiten Lebensjahr fangen sie an, auch über etwas nachzudenken, was sie nicht sehen. So entsteht das symbolische Denken.

✱ *Wissbegierde*. Ein Baby hat nur begrenzte Fähigkeiten, etwas zu erkunden und Informationen zu gewinnen. Im Alter von fünf Jahren kann ein Kind hingegen Fragen stellen, um seine Wissbegierde zu befriedigen – so kann es von anderen sehr viele Informationen bekommen.

Denkweisen

Jedes Kind geht anders an das Lernen heran. Ähnlich wie bei der Reaktionsbereitschaft (siehe S. 96) haben Psychologen zwei Hauptdenkweisen festgestellt, wobei die Mehrheit der Kinder auch hier wieder im Mittelbereich liegt.

Ihr Kind nimmt sich viel Zeit zum Nachdenken und Planen, bevor es tatsächlich etwas tut? Dann arbeitet es nach dem Prinzip des reflektierten Lernens. Es stellt sich verschiedene Möglichkeiten vor und geht alle durch, indem es das Für und Wider sorgfältig abwägt. Erst wenn es überzeugt ist, setzt Ihr Kind die Ideen in die Praxis um. Reflektiertes Lernen verlangt Geduld, Planungstalent und die Fähigkeit, warten zu können.

Packt Ihr Kind hingegen ein Problem sofort mit großem Elan an und findet manches lieber erst heraus, wenn es schon mitten drin ist, lernt es nach dem so genannten impulsiven Lernansatz. Ihr Kind lässt sich durch erste Misserfolge nicht sonderlich stören – es lernt daraus und kommt rasch voran. Bevor das Kind, das reflektiert lernt, auch nur einen Finger gehoben hat, hat der impulsive Lerner bereits mehrere Lösungsmöglichkeiten ausprobiert.

Jeder Lernstil hat seine Vorteile. So ist das reflektierte Lernen nützlich, wenn man viel Zeit, aber nur einen Lösungsversuch zur Verfügung hat, während impulsives Lernen bei Zeitnot von Vorteil ist, wenn eine rasche Lösung benötigt wird. Wahrscheinlich zeigt Ihr Kind zu unterschiedlichen Zeiten Elemente beider Lernstile.

Der Denkprozess

Die bekannteste psychologische Theorie zur mentalen Entwicklung besagt, dass ein Kind mentale „Schemata" benützt, um seine Erfahrungen darzustellen, zu organisieren und zu verstehen. Ein Baby beginnt mit einigen wenigen Grundschemata, um seiner Umgebung einen Sinn zu geben, diese erweitern sich aber mit zunehmendem Alter. Die kindlichen Schemata – und damit die mentale Entwicklung des Kindes – verändern sich als Ergebnis dieser Prozesse.

Sobald ein Kind neue Informationen erhält, passt es diese in seine bestehenden Schemata ein. Sieht beispielsweise ein zweijähriges Kind, dem der Begriff „Hund" bereits vertraut ist, ein anderes vierbeiniges Tier, wie ein Pferd, denkt es, dies könnte ebenfalls ein Hund sein. Es verwendet sein vorhandenes Schema für „Hund" und integriert das Bild des Pferdes in dieses Schema.

Ihr Kind kann seine vorhandenen Schemata aber auch auf der Basis neuer Informationen verändern. Es sieht vielleicht ein Pferd und bemerkt, dass es zwar wie ein Hund vier Beine hat, jedoch eine andere Größe, ein anderes Fell, einen längeren Schwanz usw. Als Ergebnis passt es das neu Erlernte in das bestehende Schema ein, erweitert dieses Schema aber, sodass es eines für Hunde und ein anderes für Pferde gibt.

Es ist Ihrem heranwachsenden Kind ein emotionales Bedürfnis, dass seine Welt im Gleich-

SO KÖNNEN ELTERN MITMACHEN

Das Gedächtnis schulen

Sie können dazu beitragen, das Gedächtnis Ihres Kindes zu verbessern, indem Sie Ihr Kind an Dinge erinnern, die es gerade gemacht hat – sprechen Sie mit ihm über Ereignisse und Erlebnisse. Auch Gedächtnisspiele, bei denen es gleiche Objekte erkennen muss, sind nützlich.

Zahlenspaß

Beziehen Sie Zahlen in alles ein, was Sie tun. Zählen Sie beim Einkaufen die gekauften Waren, die Teile eines Spiels, die Kleidungsstücke, die Ihr Kind anzieht, die Häuser in Ihrer Straße.

Halten Sie Ausschau nach Mustern

In der Welt Ihres Kindes lassen sich alle Arten von Muster finden – visuelle, auditive und motorische Muster. Animieren Sie Ihr Kind, solche Muster wahrzunehmen, indem Sie seine Aufmerksamkeit auf entsprechende Dinge lenken, die in der Landschaft auftauchen, in einem Lied oder Text zu hören sind oder verfolgt werden können wie beim Zusammensetzen von Puzzleteilen.

gewicht bleibt, es möchte seine Umwelt sicher verstehen. Um dieses Gleichgewicht zu erhalten, verändert sich seine mentale Entwicklung beim Lernen ständig. Die Motivation für seine Wissbegierde ist der Wunsch, einer Sache Sinn zu verleihen, die es nicht versteht, um dieses Gleichgewicht wiederherzustellen.

So helfen Sie Ihrem Kind, Fortschritte zu machen

Sie können die Lern- und Denkfähigkeiten Ihres Kindes während der Kindheit am besten fördern, indem Sie ihm ein „Gerüst" zur Verfügung stellen. So wie ein Baumeister vorübergehend ein Gerüst aufstellt, um von dort aus den eigentlichen Bau anzufertigen, kann man Kindern ein intellektuelles Gerüst zur Verfügung stellen, auf dem sie von einer Stufe ihrer Erkenntnisse auf die nächste gelangen. Angenommen, Ihr vierjähriges Kind kommt mit einem Puzzle nicht zurecht und weiß nicht einmal, wo es überhaupt anfangen soll, so können Sie ihm zeigen, dass es am besten erst die vier Eckstücke heraussucht und dann nach den Verbindungsteilen schaut. Diese Hilfe kann bereits ausreichen, damit Ihr Kind das weitere Puzzle selbst zusammensetzen kann. Indem Sie Ihrem Kind dieses „Lerngerüst" zur Verfügung stellen, helfen Sie ihm, ein neues Lernniveau zu erreichen. Sie werden merken, dass Sie Ihrem Kind immer weniger Lerngerüste anbieten müssen, bis es schließlich ganz selbstständig lernt.

Kommunikation

Ihr Kind kommuniziert mit Ihnen verbal (durch weinen, Sprechlaute und Wörter) und nonverbal (durch seinen Gesichtsausdruck, seine Kopf- und Körperbewegungen, Arm- und Beinbewegungen und durch Augenkontakt). Die Kommunikation ist unabhängig vom Alter Ihres Kindes ein wechselseitiger Prozess – sie umfasst den Austausch von Gefühlen und Gedanken zwischen Ihnen und Ihrem Kind.

Die Entwicklung der Kommunikationsfähigkeit

✳ *Bei der Geburt:* Die wichtigste Kommunikationsform Ihres Babys ist normalerweise das Weinen – so teilt es Ihnen mit, dass es unglücklich oder hungrig ist oder dass ihm etwas wehtut. Ihr Baby setzt auch seine Mimik und seine Körperbewegungen dazu ein, Ihnen seine Gefühle mitzuteilen.

✳ *Mit 3 Monaten:* Ihr Baby wird bereits mitbekommen haben, dass Weinen eine gute Möglichkeit ist, Ihre Aufmerksamkeit zu bekommen, und es beginnt zu begreifen, dass sein Verhalten Ihrerseits eine Reaktion hervorruft (lächelt es beispielsweise, lächeln Sie zurück).

✳ *Zwischen 4 und 6 Monaten:* Ihr Baby beginnt, erkennbare Sprechlaute unterschiedlich zusammenzustellen wie „m" oder „b" und versucht, diese Geräusche in rascher Abfolge zu wiederholen. Mit diesem Brabbeln scheint es mit Ihnen sprechen zu wollen.

✳ *Mit 6 Monaten:* Obgleich Ihr Baby noch nicht selbst spricht, verhält es sich so, als verstehe es die sozialen Regeln einer Unterhaltung. Sie werden vielleicht beobachten, dass es mit seinem Brabbeln aufhört, sobald Sie sprechen, und wieder anfängt, wenn Sie zu Ende gesprochen haben.

✳ *Mit 1 Jahr:* Ihrem Baby eröffnen sich völlig neue Kommunikationsmöglichkeiten, sobald es ungefähr in dieser Zeit sein erstes Wort spricht – normalerweise „Mama" oder „Papa". Erstmals verwendet es die Verbindung von zwei Lauten (ein Wort), um damit ein spezifisches Objekt zu bezeichnen.

✳ *Mit etwa 18 Monaten:* Nun wird Ihr Kleinkind anfangen, zwei oder mehr Wörter zu einem sinnvollen Satz zusammenzusetzen (beispielsweise „Milch haben", um Ihnen mitzuteilen, dass es gerne Milch trinken möchte).

✳ *Mit 2 Jahren:* Mit der wachsenden Fähigkeit, sich in Sätzen oder kurzen Aussprüchen zu äußern, lernt Ihr Kleinkind die Macht des Wörtchens „nein" kennen und benutzt es mit Nachdruck, um zu erreichen, dass Sie mit etwas aufhören, was ihm nicht gefällt. Obgleich es nun

Da ist deine Nase
Bereits sehr frühzeitig deuten Babys auf etwas. Diese Form der Kommunikation zeigt, dass sie sehr viel mehr verstehen, als sie sagen können.

sprechen kann, teilt es seine Gefühle auch weiterhin zusätzlich nonverbal mit. Da ihm nun eine breitere Palette an Gesten zur Verfügung steht – es kann weggehen, seine Faust ballen, jemanden direkt fixieren und kuscheln –, verstehen Sie auch ohne Worte, was es ausdrücken möchte.

Zwischen 3 und 5 Jahren: Die Kommunikation erweitert sich rasch, und Ihr Kind schließt andere in seine Welt mit ein, insbesondere seine Freunde. Es unterhält sich gerne mit ihnen, während sie einträchtig zusammen spielen und Gedanken und Bemerkungen austauschen.

Seine Körpersprache wird komplexer, denn es kann nun einzelne Gesten kombinieren, um ihnen eine neue Bedeutung zu geben. Wenn es sich beispielsweise am Ohr zieht, seine Wangen sich röten und es fest nach unten auf seine Füße schaut, können Sie davon ausgehen, dass es etwas vor Ihnen zu verbergen hat.

Mit 6 Jahren: Mit seinen inzwischen recht guten Sprechfertigkeiten kann Ihr Kind Ihnen sehr viel erfolgreicher über angenehme oder unangenehme Ereignisse berichten. Es wird allmählich die emotionalen Vorteile erkennen, mit anderen Menschen über bestimmte Dinge sprechen zu können. An diesem Punkt seiner Entwicklung wird Ihr Kind auch erkennen, dass es seine Körpersprache bewusst einsetzen kann, um seine Absichten mitzuteilen. So lächelt es beispielsweise jemanden an, der mit ihm spielen soll oder es schaut finster drein und stampft mit seinem Fuß auf, um Ihnen zu zeigen, dass es wütend ist.

Weinen

Von Geburt an ist Weinen die vorherrschende Lautäußerung Ihres Babys, und dessen Bedeutung kann nicht genügend betont werden. Ein Baby ist darauf angewiesen, dass seine Eltern es ernähren, wärmen und schützen. Da die Betreuung eines Babys Schwerarbeit ist, hat das Baby ein berechtigtes Interesse, bei seinen Eltern diese Bereitschaft zu wecken. Weinen löst bei Eltern und nahestehenden Erwachsenen starke Gefühle aus, sie empfinden das Bedürfnis, zu dem Baby zu gehen und ihm zu helfen. Die Art, wie ein Baby weint, besonders die Tonlage dieses Weinens, entscheidet stark darüber, wie groß bei den Erwachsenen die Hilfsbereitschaft wird.

Jedes Baby weint etwas anders, daher können viele Mütter bereits wenige Tage nach der Geburt oft (aber nicht immer) Ihr Baby an seinem Weinen erkennen. Auch hat nicht jedes Weinen dieselbe Bedeutung. Unter den Fachleuten herrscht Einigkeit darüber, dass eine bestimmte Art von Weinen durch Schmerzen verursacht wird. Ob es aber auch unterschiedliches Weinen bei Hunger, Wut oder auch Freude gibt, wird kontrovers diskutiert. Manche Eltern entwickeln ein sehr gutes Gespür dafür, ob ihr Baby Hunger hat, wütend ist, Schmerzen oder Angst hat oder eine neue Windel möchte, ob es sich unbehaglich fühlt (ihm ist zu warm oder zu kalt) oder sich einfach nur langweilt. Die Unterschiede werden deutlicher, je älter das Baby ist.

Während seiner ersten Lebensjahre wird Ihr Kind das Weinen weiterhin als wichtiges Ausdrucksmittel für gegensätzliche Gefühle benützen – Wunsch, Wut und Frustration – und dieses häufig mit Worten begleiten, um zu versuchen, die Ursache für dieses Weinen absolut verständlich zu machen. Ihr Kind wird auch weinen, wenn ihm tatsächlich die Worte fehlen, es aber den starken Wunsch hat, ein Bedürfnis oder ein Gefühl mitzuteilen.

Vokalisierung

Weinen ist aber nicht die einzige Lautäußerung Ihres Babys. Es gibt viele weitere Laute und Geräusche, die Ihr Baby von sich geben kann, auch wenn diese erst nach einigen Wochen auftauchen, normalerweise nachdem sich das soziale Lächeln entwickelt hat.

Gurren und Glucksen hört man etwa im zweiten Monat. Gurren ist eine Verbindung aus Lachen und dem Klang von Vokalen, es teilt Ihnen typischerweise mit, dass Ihr Baby glücklich und zufrieden ist. Gurren ist eine lange Folge desselben Vokals. Es ist aber abwechslungsreicher als Weinen und beansprucht verschiedene Mundmuskeln. Die meisten Eltern finden diese Laute hinreißend und beschäftigen sich gerne länger mit ihrem Kind, wenn es sich in dieser Art äußert. Im Gegensatz zum Weinen teilt das Gurren die positiven Gefühle des Kindes mit. Auch wenn das Gurren manchmal Wörtern ähnelt, ist dies reiner Zufall, denn das Gurren hat keine Bedeutung.

Ab dem dritten Lebensmonat kann Ihr Baby sein Geräuschrepertoire erweitern, es umfasst nun quietschen, brummen und schnauben. Gleichzeitig fängt das Baby auch an, mit Konsonanten zu experimentieren. Diese Stimmäußerungen sind eindeutig mit Wohlbehagen oder Unbehagen verknüpft, haben aber nichts mit Weinen zu tun und vermitteln daher nicht dessen Dringlichkeit.

Das Lachen folgt etwa einen Monat nach dem sozialen Lächeln und entwickelt sich aus dem bisherigen Gurren und Glucksen. Anfangs brauchen die Babys eine Stimulation durch Mimik, Stimme oder Berührung, um zu lachen, mit fünf oder sechs Monaten jedoch können neue Situationen oder Anregungen, die in jüngerem Alter vielleicht dazu geführt hätten, dass das Baby weint, das Baby zum Lachen bringen. Ältere Geschwister können ein Baby oft leichter zum Lachen bringen als Erwachsene. Im Alter von einem Jahr ist das Lachen eine Reaktion auf viele Situationen, wie Späße oder Schwindeleien.

Im Alter zwischen 7 und 10 Monaten bilden Babys vermehrt Folgen von Konsonanten und Vokalen (BaBaBa, DaDaDa), die sich allmählich zu unterschiedlichen Vokal- und Konsonantenmustern erweitern (BaDa, BaBi).

Bescheid wissen ... *Einflüsse auf das Brabbeln*

Es gibt Hinweise darauf, dass das Brabbeln sowohl angeboren ist als auch von außen beeinflusst wird. So haben Wissenschaftler festgestellt, dass das Babygebrabbel unabhängig von der Sprache der Eltern bei allen Babys in etwa gleich ist. Demnach scheint es dafür eine biologische Komponente zu geben. Andere Forschungsarbeiten haben aber auch gezeigt, dass Babys, die (auf Grund eines Hörverlustes) keine Sprache hören, erst später zu brabbeln beginnen und auch weniger Brabbellaute äußern. Hatte ein Baby keine Gelegenheit zu brabbeln, beispielsweise wegen eines Beatmungsgeräts, dauert es nach der Entfernung dieses Gerätes lange, bis es diesen Rückstand aufgeholt hat. Daraus lässt sich schließen, dass auch äußere Einflüsse eine Rolle spielen.

Nähert sich Ihr Baby seinem ersten Geburtstag, produziert es bei seinem Gebrabbel keine Wiederholungen mehr, sondern verbindet stattdessen verschiedene Konsonanten und Vokale, beispielsweise „Ba-Li". Bei dieser anspruchsvolleren Form des Brabbelns könnten Sie hin und wieder denken, Ihr Baby spreche tatsächlich mit Ihnen, weil es seinen Tonfall verändert und die Tonhöhe steigt und fällt wie bei einem sprechenden Erwachsenen. Sie werden auch bemerken, dass Ihr Kind gelegentlich dieselbe Lautfolge jeweils im selben Zusammenhang benützt. Dies zeigt, dass es eine Verbindung zwischen dem Brabbellaut und dessen Bedeutung herstellt. Viele der Brabbellaute, die es in dieser Zeit benutzt, werden schließlich ein Teil seines ersten gesprochenen Wortes sein.

Nachdem Kleinkinder ihre ersten Wörter sprechen können, experimentieren sie weiterhin mit Lautbildungen, die nicht unbedingt stimmlich sein müssen, wie beim Flüstern, Singen und Skandieren. Die Reaktionen Erwachsener auf anfangs unwillkürliche Laute, wie Rülpsen oder Pupsen, ermuntern Kleinkinder häufig dazu, diese Geräusche zu imitieren, um sich selbst und andere damit zu unterhalten.

So helfen Sie Ihrem Kind, Fortschritte zu machen

Bedenken Sie, dass Ihr kleines Baby Vokalisierungen recht häufig zu einem bestimmten Zweck einsetzt. Manchmal gibt es Geräusche von sich, um sich wie bei einem Spiel selbst damit zu vergnügen, ein anderes Mal brabbelt es, um eine Verbindung zu Ihnen herzustellen, eine Reaktion bei Ihnen auszulösen. Reagieren Sie positiv auf sein Gebrabbel, lernt es den Wert dieser Kommunikationsform schätzen. Wenn Sie Ihrem Baby antworten, als wüssten Sie, was es Ihnen sagen möchte, werden Sie feststellen, dass es häufig aufhört zu brabbeln und Ihnen lauscht. Daher sehen Psychologen diese verbale Wechselbeziehung zwischen Eltern und Kind als eine frühe Form der Unterhaltung, die sich innerhalb weniger Jahre zu vollständigen Sätzen anstelle reiner Laute entwickelt.

Vokalisierungen sind wichtig, denn sie bilden die Grundlage der Sprache, sind zugleich aber auch für sich genommen ein wichtiges Kommunikationsmittel. Wenn Ihr Baby mit einer breiten Palette von Lauten experimentiert, werden Sie solche Laute aufgreifen, die in Ihrer Muttersprache existieren und ihm damit antworten. So erhält Ihr Kind eine positive Rückmeldung für die Bildung von Lauten, die später Teil seiner Sprache werden.

Kinder reagieren sehr unterschiedlich auf Kommunikation. Während das eine Baby vor Vergnügen zappeln und quietschen wird, wenn ein Elternteil ihm etwas vorsingt, wird ein anderes Baby passiv daliegen und dem Lied zuhören. Das eine vierjährige Kind wird alles heraussprudeln, wenn es aus dem Kindergarten nach Hause kommt, weil es ganz versessen darauf ist, seine Erlebnisse mitzuteilen, während ein anderes

Kind beim Heimkommen kaum etwas erzählen wird. Solche individuellen Unterschiede in den Kommunikationsgewohnheiten sind absolut normal.

Sollte Ihr Kind eine eher stille Natur sein, sollten Sie es nicht zu sehr bedrängen. Lassen Sie ihm Raum und Zeit, Ihnen dann etwas mitzuteilen, wenn es den Wunsch dazu hat. Es wird mit Ihnen sprechen, wenn es dazu bereit ist und nicht früher. Es könnte eine Barriere zwischen

---

Bescheid wissen ... Babysprache

Erwachsene sprechen mit einem Baby üblicherweise die „Babysprache". Dieses Phänomen ist vielen Kulturen gemeinsam. Ein Merkmal dieser Sprache ist der höhere Tonfall als bei der normalen Erwachsenensprache, wobei der Wortanfang besonders betont wird. Zusätzlich sprechen die Erwachsenen in einem fragenden Ton, heben die Stimme also am Ende des Satzes, statt sie wie bei den meisten Äußerungen gegenüber Erwachsenen zu senken. Viele Erwachsene benützen auch „Babywörter", bei denen sie die falsche Aussprache imitieren, die für Zwei- und Dreijährige typisch ist. Die Babysprache ist einfacher strukturiert und verwendet weniger Laute. Sie weckt speziell das Interesse von Babys und beschäftigt sie. So beginnt eine wechselseitige „Unterhaltung", zu der auch Berührung, viel Augenkontakt, eine ausgeprägte Mimik und einfache Spiele gehören. Im Gegenzug lernen Babys, mit welchem Verhalten sie die Aufmerksamkeit nahestehender Erwachsener am besten erlangen.

Ihnen errichten, wenn Sie Ihr Kind dazu drängen, mehr zu sprechen. Achten Sie außerdem auf sein nonverbales Verhalten – Sie werden erkennen, in welcher Stimmung es sich befindet und wie sein Tag verlaufen ist, wenn Sie seine Körpersprache aufmerksam beobachten. Sie werden auch feststellen, dass Ihr Kind Phasen durchläuft, in denen es mehr (oder weniger) mitteilsam ist als zuvor.

Die nonverbale Kommunikation

Ihr Baby kann nonverbale Mittel benutzen, um Ihnen Informationen über seine Gedanken und Gefühle zukommen zu lassen. Diese sogenannte „Körpersprache" ist eine wichtige Form der Kommunikation – ebenso wichtig wie die gesprochene Sprache. Sie werden sich möglicherweise besser in Ihr Kind einfühlen können, wenn Sie seine Körpersprache verstehen.

Die wichtigste Mitteilung per Gesichtsausdruck ist das Lächeln. Sogar noch vor der Entwicklung des Lächelns wird ein sehr kleines Baby möglicherweise den Augenkontakt suchen, es wird mit den Augen ein Gesicht absuchen, das sich über es beugt, wird bedeuten, dass es satt ist, indem es sich weigert, mehr zu essen und wird Anspannung oder Ruhe durch einen veränderten Muskeltonus mitteilen.

Obgleich ein kleines Baby die Bedeutung gesprochener Wörter noch nicht erfassen und sich noch nicht unterhalten kann, versteht es doch die nonverbalen Signale, von denen das Sprechen begleitet wird, wie Ihr Lächeln, der freundliche Ton Ihrer Stimme und die Art und Weise, wie es von Ihnen gehalten wird, während Sie mit ihm sprechen. Es antwortet darauf in seiner eigenen Weise, vielleicht indem es aufmerksam in Ihr Gesicht schaut, Sie anlächelt oder leise gurrende Geräusche von sich gibt, um sein Vergnügen zu äußern.

Lächeln

Lächeln gehört zu den reizvollsten und wichtigsten Äußerungen eines Babys. Sobald sich das soziale Lächeln entwickelt hat, beginnt eine neue Phase, denn nun können Eltern und Baby einander positive Gefühle signalisieren. Bis dahin konnte das Baby seine positiven Emotionen am besten ausdrücken, indem es nicht weinte, konnte aber noch nicht deutlich lächeln.

Vor über 30 Jahren wurde festgestellt, dass Babys ihre Fähigkeit zu lächeln allmählich aufbauen. In den ersten Tagen erscheint ein Lächeln in den Mundwinkeln. Mit einer Woche lächeln Babys häufig während der „aktiven" Schlafphase, in der sie auch andere Körperteile bewegen. Dies kann mit einer Verzögerung von mehreren Sekunden als Reaktion auf ein leichtes Geräusch, wie eine menschliche Stimme auftreten. Ab der zweiten Woche ist schon ein größerer Teil des Mundes daran beteiligt, dieses leichte Lächeln wird häufig nach dem Füttern beobachtet. Mit etwa drei Wochen ist auch ein Teil des übrigen Gesichts

Erstes Lächeln
Ihr Baby fängt fast direkt nach der Geburt an zu lächeln – vermutlich werden Sie dieses Lächeln aber erst wahrnehmen, wenn es ungefähr sechs Wochen alt ist. Babys, die etwa zum errechneten Termin geboren sind, lächeln früher als solche, die deutlich nach (oder vor) dem errechneten Geburtstermin geboren sind.

beteiligt, insbesondere die Augen, und die Reaktion erfolgt auf eine größere Vielfalt von Geräuschen. Die Babys lächeln besonders während ihrer stillen Wachphase, die nun deutlich länger ist, und die Reaktion tritt mit weniger Verzögerung ein – bereits innerhalb von vier oder fünf Sekunden. Mit etwa einem Monat kann dieses Lächeln sowohl nach Berührung als auch durch den Klang einer Stimme auftreten und überzieht nun das ganze Gesicht. Irgendwann zwischen fünf und acht Wochen (bei Frühgeborenen auch später) zeigt sich erstmals ein echtes, emotionales und interaktives Lächeln als Reaktion auf das Lächeln eines Erwachsenen. Dies bezeichnet man als soziales Lächeln. In diesem Stadium

> *Bescheid wissen* ... Spaß muss sein
>
> *Kinder hören vorgelesenen Geschichten aufmerksamer zu, wenn diese humoristische Elemente enthalten – Humor ist eine wirksame Möglichkeit, das Interesse und die Aufmerksamkeit eines Kindes zu wecken. Tendenziell erkennen Jungen visuellen Humor schneller und reagieren stärker darauf als Mädchen. Zeigt man kleinen Mädchen und Jungen Witzzeichnungen, lachen die Jungen normalerweise schneller als die Mädchen.*

wird das Lächeln zu einer Möglichkeit, mit der Kinder ihre Beziehung zu Erwachsenen erkunden. Sie erfahren, dass ihr Lächeln möglicherweise belohnt wird, und verstehen, dass ihr eigenes Lächeln auch für die Erwachsenen eine Belohnung darstellt.

Das Naturell

Lächeln und Lachen werden bald zu Merkmalen, die wir als Naturell beschreiben. Einige Kinder lachen viel, andere sind ernster. Lachen, fehlendes Lachen oder Weinen werden in das Spektrum möglicher Reaktionen auf neue oder unterschiedliche Situationen und andere Menschen aufgenommen. Ihr Baby reagiert damit auf andere Menschen, benutzt sie aber auch, um bei anderen Menschen eine Reaktion hervorzurufen, anders gesagt, um die Beziehungen zu anderen Menschen zu testen und zu erforschen. Lachen kann ebenso wie das Weinen von sehr kleinen und kleinen Kindern als Reaktion auf Angst erfolgen, zeigt also nicht immer Glücksgefühle an.

Körpersprache

Mit dem Reifen der Kontrolle über die oberen Gliedmaßen wird Ihr Baby auch in die Lage versetzt, sinnreiche Armbewegungen auszuführen.

Streckt Ihnen Ihr Baby eindringlich seine Arme entgegen, zeigt es damit, dass es Ihre Aufmerksamkeit wünscht. Das Hinunterwerfen von Gegenständen wird schnell zu einem Spiel, aber auch zu einer Möglichkeit, Langeweile oder Unmut zu äußern.

Kinder verstehen sich besonders gut darauf, ihren Körper für den Ausdruck von Abneigung und negativen Gefühlen einzusetzen. Ein gutes Beispiel dafür sind Wutanfälle (siehe S. 108), Kinder drücken aber auch durch ihre Mimik Abscheu aus und machen abwehrende oder ablehnende Gesten. Auf diese Weise betonen sie

Gefühle begleitend oder als Ersatz für verbale Äußerungen oder Weinen.

Die Imitation ist eine Form der Körpersprache, die ausdrücklich zur Interaktion einlädt. Normalerweise wird angenommen, dass ein Kleinkind einen Erwachsenen nachmacht, aber wenn man Eltern und Kinder zusammen beobachtet, wird klar, dass manchmal der Erwachsene derjenige ist, der die Bewegung oder das Verhalten des Babys imitiert und es dadurch ermuntert, wiederum ihn nachzumachen. Aus der Imitation werden schnell wechselseitige Spiele, wie Guck-guck-Spiele, und mit etwa einem Jahr beginnen Kinder, etwas pantomimisch darzustellen, das heißt, sie beschreiben mit den Händen Gegenstände, halten beispielsweise ein imaginäres Telefon ans Ohr oder nehmen einen Ersatzgegenstand, wie einen Löffel, um ihn wie ein Telefon ans Ohr zu halten. Das Telefon als Symbol ist besonders interessant, da es häufig dazu dient, eine Unterhaltung mit einem Elternteil oder einer anderen Bezugsperson zu beginnen.

Ein weiteres frühes Element der Körpersprache ist das Winken zum Abschied. Kleine Kinder verwenden diese Geste nicht nur, um „Auf Wiedersehen" zu sagen, sondern auch, um Dinge

Ich mag nicht
Diese Mutter erkennt, dass ihr Kind sein Frühstück nicht mag. Sowohl sein Gesichtsausdruck als auch seine Haltung zeigen, dass es jetzt nicht essen möchte.

STARTHILFE FÜR IHR BABY
LIEBEVOLLE, SANFTE BERÜHRUNG

Psychologische Studien haben ergeben, dass in den meisten Familien die Häufigkeit des zärtlichen und warmherzigen Körperkontakts zwischen Eltern und Baby im zweiten Lebensjahr des Babys nachlässt. Das Kleinkind steht dann auf seinen eigenen Füßen und ist nicht mehr so sehr darauf angewiesen, herumgetragen oder beim Füttern gehalten zu werden, sodass die Gelegenheiten für einen liebevollen Körperkontakt weniger werden. Sanfte Berührungen zwischen Ihnen und Ihrem Kleinkind haben nun jedoch eine größere emotionale Bedeutung, da sie nicht mehr so häufig vorkommen. Daher wird eine unerwartete Liebkosung, ein überraschendes Streichen über seinen Kopf oder eine unvorhergesehene Umarmung ein warmes Lächeln auf sein Gesicht zaubern.

auszudrücken wie „Ich möchte jetzt gehen", „Ich habe genug" oder auch „Geh weg", je nach dem Zusammenhang und der Befindlichkeit des Kindes. Diese ausdrucksstarke Geste kann sehr viel mehr mitteilen, als das Kind verbal ausdrücken könnte, und stellt daher eine fortgeschrittenere Art der (Körper-)Sprache dar, als Worte es sein könnten.

Wutanfälle

Die wahrscheinlich kraftvollste Form der nonverbalen Kommunikation, die Ihr Kind während seiner Vorschuljahre zur Schau stellen kann, ist der Wutanfall – die unmissverständliche Kombination der Körpersprache bei einem Wutanfall sagt Ihnen sofort, dass Ihr Kind frustriert und wütend ist. Ausgelöst wird ein Wutanfall meist dadurch, dass die Wünsche Ihres Kindes abgeblockt werden. Ihr Kind möchte beispielsweise noch spielen, während Sie darauf bestehen, dass es aufhört, weil es Zeit ist, ins Bett zu gehen, oder es möchte noch etwas trinken, und Sie sagen ihm, dass es genug hatte. Seine Laune kann sich innerhalb von Sekunden ändern, und es explodiert.

Auch hier gilt, dass vorbeugen besser ist als heilen. Nutzen Sie Ihre Erfahrungen über seine nonverbale Kommunikation, um zu erkennen, dass sich ein Wutanfall anbahnt, und schreiten Sie ein, um es zu beruhigen, bevor es den Siedepunkt erreicht hat. Achten Sie auf verräterische Zeichen dafür, dass sich etwas zusammenbraut. Vielleicht rötet sich das Gesicht Ihres Kindes, oder es fängt an, schwer zu atmen, es beginnt zu quengeln oder zu jammern – Sie werden die Vorzeichen eines Wutanfalls erkennen, denn Sie haben sie bereits mehrfach zuvor erlebt. Sobald Ihr Frühwarnsystem durch sein nonverbales Verhalten in Alarmbereitschaft ist, tun Sie Ihr Bestes, um seine Energie und Aufmerksamkeit auf etwas anderes zu lenken.

Bescheid wissen ... *Zeichensprache*

Man kann Babys bereits im zarten Alter von sechs bis acht Monaten expressive Sprachfertigkeiten beibringen und mit etwa neun Monaten beginnen, Grundbedürfnisse durch Gestik und Mimik auszudrücken. Ein Vorteil, wenn Sie sich mit Ihrem Baby durch Gebärden verständigen: Es entstehen weniger Frustrationen, weil Ihr Baby sich nicht verständlich machen kann. Die bessere Kommunikation durch expressive Sprache kann das emotionale Band zwischen Ihnen und Ihrem Baby stärken, zudem fördert es häufig die Kommunikation, wenn Ihr Baby sich auch nonverbal ausdrücken kann. Es ist jedoch wichtig, auch auf die gesprochene Sprache Wert zu legen. Bevor Ihr Baby sprechen kann, äußert es sich durch Brabbeln. Selbst wenn Sie es animieren, eine Art Zeichensprache zu verwenden, ist es doch wichtig, dass Sie auf die frühen sprachlichen Bausteine achten. Für die meisten Babys ist das Deuten einfacher als eine Zeichensprache, und Forschungsergebnisse bestätigen, dass Deuten die Aufmerksamkeit, aber auch die Sprachentwicklung verbessert. Eine Zeichensprache kann das spontane Hineinwachsen in die gesprochene Sprache aber auch beeinträchtigen, da sich das Baby anfangs stärker auf seine Gesten als auf seine Worte verlassen wird. Ob Sie Ihrem Kind nun eine Zeichensprache beibringen oder nicht, die Zeit, die Sie bei irgendeiner Art der Kommunikation gemeinsam mit Ihrem Baby verbringen, wird seiner sprachlichen Entwicklung förderlich sein.

Sprechen

Die Sprechfähigkeiten Ihres heranwachsenden Kindes erleben während der „Wunderbaren Babyjahre" einen gewaltigen Aufschwung. Es verwandelt sich von einem gurrenden und brabbelnden Baby in ein selbstsicheres und redegewandtes Kind, das sich vor seine Klasse stellen und flüssig über die letzten Ferienerlebnisse berichten kann.

Diese Verwandlung ist eine Kombination aus dem angeborenen Drang zur Sprachbeherrschung Ihres Kindes und der Anregung und Förderung, die Sie ihm angedeihen lassen. Unabhängig vom Alter Ihres Kindes kann man sagen, je mehr Sie mit ihm sprechen, mit ihm diskutieren, ihm Fragen stellen und seinen Erzählungen zuhören, desto besser wird es seine Sprache und sein Sprechen entwickeln. Bedenken Sie, dass nach dem Brabbelstadium die rezeptive Sprache Ihres Kindes (die Sprache, die es versteht) seiner expressiven Sprache (den Wörtern, die es sagen kann) voraus ist, Ihr Kind versteht also bei weitem mehr, als es selbst schon in Worte fassen kann.

Die Stadien des Spracherwerbs

∗ Mit 12–15 Monaten: Einige Kinder können vielleicht drei oder vier Worte deutlich sprechen, bei anderen Kindern dauert es noch einige Monate. Einfache Anordnungen können die Kinder nun befolgen. Das Gehör ist in diesem Alter normalerweise sehr gut ausgebildet.

∗ Mit 18–24 Monaten: Ihr Kind benutzt etwa 50 verschiedene Wörter, entweder einzeln oder in Zweiwortsätzen. Die meisten Wörter sind Substantive und beziehen sich auf spezifische vertraute Objekte oder auf Menschen, die dem Kind gut bekannt sind (zum Beispiel die Geschwister, den Hund der Familie oder Freunde des Kindes).

∗ Mit 2–3 Jahren: Das Vokabular umfasst nun fast 200 Wörter, zumeist immer noch Substantive, von denen viele aber eher allgemein als spezifisch sind (zum Beispiel „Auto", „Puppe"). Das Kind verwendet nun auch Fürwörter, wie „mein" oder „dein". Es macht noch geringfügige Fehler, sagt beispielsweise „Tatze" statt „Katze".

∗ Mit 3–4 Jahren: Das Kind verwendet über 1000 verschiedene Wörter, versteht aber sehr viel mehr. Die Sätze sind nun länger, enthalten viele Verben und Adjektive. Die meisten früheren Baby-Angewohnheiten hat es nun abgelegt. Es stellt viele Fragen.

∗ Mit 4–5 Jahren: Ihr Kind verfügt über ein gesprochenes Vokabular von fast 1500 Wörtern. Es drückt seine Gefühle und Gedanken sprachlich nun ähnlich aus wie ein Erwachsener. Es verwendet die Vergangenheitsform und weitere Wortendungen. Ihr Kind sollte nun so deutlich sprechen, dass jemand, der ihm aufmerksam zuhört, das meiste versteht.

Erstes Sprechen

Erstes Sprechen in einfacher Sprache bezeichnet das Entwicklungsstadium, in dem ein Kind nicht nur seine ersten Wörter spricht, sondern zwei oder drei Wörter zu einem Satz zusammensetzen kann. Diese Sprachentwicklung erfolgt über einen sehr weit gespannten Zeitrahmen. Während beispielsweise etwa die Hälfte der Kinder mit 12 Monaten die ersten Wörter spricht und

Lesespaß

„Liest" Ihr Kind zusammen mit Ihnen ein Bilderbuch, setzt es sich mit den Wörtern für Objekte auseinander, die außerhalb seiner direkten Erfahrung liegen. So erhält nicht nur seine Sprache, sondern auch seine Fantasie Nahrung. Wenn Ihr Kind mit Ihnen zusammen Bücher anschaut, wird nicht nur seine Aufmerksamkeitsspanne belohnt, sondern Ihr Kind beginnt auch, Wörter, Sprache und Fantasie mit einem emotional angenehmen und schönen Erlebnis zu verbinden.

die meisten Babys mit 15 Monaten so weit sind, gibt es auch viele Kinder, die erst nach ihrem zweiten Geburtstag einen sprachlichen Fortschritt machen. Normalerweise zeigt sich die Sprachentwicklung Ihres Kindes besser an dem, was es versteht, als an den Wörtern, die es selbst spricht. Sprechen Sie mit Ihrem Arzt, falls Sie wegen einer Sprachverzögerung unsicher sind. Gelegentlich wird das Kind lediglich mehr Zeit brauchen, bis sich seine Sprache ganz von selbst entwickelt. Oft wird der Arzt eine logopädische Behandlung verordnen, danach macht das Kind normale Fortschritte und hat die Gleichaltrigen rasch eingeholt. Es gibt auch einige Fälle, in denen das „verzögerte" Sprechen in der Familie liegt.

Die ersten Laute, die sich aus dem Brabbeln entwickeln und denen eine Bedeutung zugeordnet ist, sind normalerweise „Mama" und „Papa". Darauf folgen zeitnah je nach Kulturkreis und je nachdem, was die Kinder in ihrer Umgebung hören, Grußwörter wie „hallo", Abschiedswörter wie „winke winke" und Namen für Geschwister, gute Freunde, nahe Verwandte oder Haustiere. Spricht das Kind erstmals diese Wörter, wird es dafür mit großer Aufmerksamkeit seiner Eltern

und anderer Familienmitglieder belohnt, wodurch sich das Kind sehr bestärkt fühlt.

Anfangs wird Ihr Baby nach der Methode „zeigen und rufen" vorgehen, wenn es etwas haben möchte. Sobald es aber einzelne Wörter spricht, kann es für wichtige Objekte die Sprache einsetzen. Diese Worte spricht es bald nach „Mama" und „Papa". Zuerst wird das einzelne Wort benutzt, und die Lautstärke spiegelt die Dringlichkeit wider. Danach wird das Wort mit einem anderen kombiniert, damit die Äußerung spezifischer wird, also beispielsweise „hallo Papa". Es fällt auf, dass Wörter mit zwei verschiedenen Silben (wie „Oma") sehr häufig auf das Wort mit Silbenverdopplung („Mama") folgen. Es ist nur ein kleiner Schritt bis zur Kombination verschiedener Wörter, für das Kind besteht noch kein Unterschied zwischen einem Wort mit zwei Silben und zwei einsilbigen Wörtern.

Große Unterschiede bestehen darin, wie die einzelnen Kinder Wörter erlernen. Einige erweitern ihre ursprüngliche Wortzahl sehr rasch, erlernen aber hauptsächlich Wörter für Objekte und Personen (Substantive). Andere lernen neue Wörter langsamer, die erworbenen Wortarten sind aber ausgewogener: Sie lernen nicht nur Substantive, sondern auch Eigenschaftswörter (Adjektive), Tunwörter (Verben) und weitere. Zu Beginn des Sprechens dient die Sprache überwiegend dazu, Bedürfnisse und Wünsche zu äußern, wobei normalerweise zuerst das Objekt genannt wird, um das es geht („Teddy tragen").

Das passive und aktive Erlernen neuer Wörter wird durch eine anregende Umgebung wesentlich gefördert. Dabei geht es nicht nur darum, einzelne Wörter zu hören, sondern auch darum, sie als Teil einer Wechselbeziehung mit anderen Menschen zu erleben. Es geht um die Bestärkung und die Belohnung des Kindes im Zusammenhang mit Sprache und um das Hören der Wörter in einem Zusammenhang.

Wachsender Wortschatz

Bei den meisten Kindern vergrößert sich der Wortschatz in den Monaten, die auf ihr erstes gesprochenes Wort folgen, sehr rasch. Bald werden Sie mit dem Zählen neuer Wörter, die Ihr Kind aufgeschnappt hat, nicht mehr nachkommen. Die Art und Weise, wie Kinder ihren Wortschatz erwerben, ist jedoch unterschiedlich. Je nach ihrer Persönlichkeit scheinen manche Kinder bestimmte Wörter anderen vorzuziehen.

Da nicht alle Kinder gleichzeitig dieselben Wörter erlernen, überrascht es nicht, dass auch unter Kindern unterschiedlich gesprochen wird. Einige Kinder sind „Ausdruckstypen", die ihre Sprache hauptsächlich verwenden, um ihre Bedürfnisse und Gefühle auszudrücken, während andere, die als „Zuordnungstypen" bezeichnet werden können, durch ihre Sprache überwiegend Objekte und Personen identifizieren. Diese unterschiedlichen Wesenszüge sind oft bereits in einem sehr frühen Stadium des Spracherwerbs zu erkennen.

Sobald die ersten Wörter in einem größeren Wortschatz aufgehen, verändert sich auch der Gebrauch der „Schlüsselwörter" für bestimmte Objektgruppen. Ein Beispiel ist der Begriff „Wauwau" oder „Hund", den das Kind anfangs zur Bezeichnung jedes Fell tragenden Vierbeiners verwendet. Hat das Kind weitere spezifische Wörter gelernt, wird es nur noch einen Hund „Wauwau" nennen und für andere Tiere nach und nach die richtigen Bezeichnungen wie „Katze", „Pferd" oder „Kuh" verwenden. Nun besteht kein Grund mehr, sie alle als „Wauwau" zu bezeichnen.

So helfen Sie Ihrem Kind, Fortschritte zu machen

Kinder lernen die Wörter, die sie hören, daher spielen Sie eine sehr wichtige Rolle dabei, Ihrem Kind diese Wörter nahezubringen. Typischerweise schnappt das Kind einer sehr stillen Bezugsperson die Wörter nicht so rasch auf, wie das Kind einer Bezugsperson, die ständig mit dem Kind spricht. Dennoch imitieren sehr kleine Kinder Sprechlaute und Wörter ihrer Eltern oder Bezugspersonen meist nicht. Wichtig scheint zu sein, dass die Eltern sich mit ihrem Kind beschäftigen, sich mit ihm unterhalten und sich bemühen, die ersten Sprechversuche ihres Kindes zu verstehen, auch wenn dies manchmal fast unmöglich ist. Der Schlüssel zum Spracherwerb scheint zu sein, auf die ersten Wörter des Kindes zu hören und sie zu wiederholen. Kinder kämpfen manchmal mit bestimmten Sprechlauten und brauchen Ermunterung und Belohnung, um sie richtig aussprechen zu lernen. Das Wiederholen von Wörtern und die unterstützende Begleitung durch Handlungen oder Bilder helfen kleinen Kindern, sowohl neue Wörter als auch neue Bedeutungen zu lernen.

Kinder werden zum Testen neuer Wörter animiert, wenn man ihnen vorliest, selbst wenn es die einfachsten Kinderbücher sind. Dabei erleben sie auch direkte Aufmerksamkeit und emotionale Wärme. Einige Kinder reagieren am besten auf bereits bekannte Bücher, während andere Kinder neue Bücher bevorzugen. Es ist unwichtig, was Sie lesen – oder ob Sie Wörter verwenden, die überhaupt auf den Seiten stehen. Das gemeinsame „Lesen" versetzt Kinder in die Lage, Wörter miteinander in Verbindung zu setzen und zu lernen, dass eine Veränderung der Wortendung auch die Wortbedeutung verändern kann, dass also beispielsweise aus „Hund" „Hunde" werden und aus „Pferd" „Pferde". Sie versuchen es dann vielleicht mit „Maus" „Mause" und stellen rasch fest, dass die Sprache in manchen Fällen anderen Regeln folgt. Sie lernen auch, dass Wörter durch eine andere Reihenfolge auch einen anderen Sinn ergeben, dass beispielsweise „Das ist eine Katze" etwas anderes bedeutet als „Ist das eine Katze?".

Der Aufbau eines Wortschatzes und das Erlernen der Sprachregeln gehen Hand in Hand. In ähnlicher Weise verbinden sich auch Sprache und Wortschatz zu einer Unterhaltung.

Bei einer Unterhaltung geht es darum, sich auszutauschen, sie ermöglicht es Kindern aber auch, nicht nur mit neuen Wörtern zu experimentieren, sondern auch mit der Art und Weise, wie sie diese Wörter aussprechen und miteinander kombinieren, um ihnen eine andere Bedeutung zu geben. Bei einer Unterhaltung geht es auch ums Zuhören. Sie können Ihrem Kind dabei demonstrieren, wie wichtig das Zuhören ist, und Ihr Kind belohnen, wenn es selbst zuhört. Es gilt sowohl für Eltern wie für Kinder, dass einige besser und andere schlechter zuhören können. Eine wichtige Hilfe für die Vergrößerung des Wortschatzes Ihres Kleinkinds ist gutes Zuhören und viel Übung.

Der Spracherwerb braucht wie alle anderen Meilensteine der Entwicklung Zeit und verlangt

viel Lernarbeit. Unterstützen Sie Ihr Kind dabei. Fehler sind ein wichtiger Bestandteil des Spracherwerbs, machen Sie deshalb kein Aufhebens davon. Versuchen Sie Ihrem Kind zuzuhören, wenn es etwas sagen möchte. Auch wenn Sie gerade mit etwas anderem beschäftigt sind, sollten Sie sich die Zeit dafür nehmen. Kleinkinder sind oft unsicher, wie ein Wort richtig heißt, oder können noch nicht gut sprechen und brauchen daher länger, um etwas auszudrücken. Ein vierjähriges Kind kann leicht den Faden verlieren, wenn Sie ihm keine behutsame Gedächtnisstütze liefern.

Schauen Sie Ihr Kind beim Sprechen an, stellen Sie Augenkontakt her. So kann sich Ihr Kind besser auf Ihre Bemerkungen konzentrieren. Animieren Sie Ihr Kind auch dazu, Sie anzuschauen. Erinnern Sie ein älteres Kind immer wieder daran, dass es denjenigen, mit dem es spricht, anschaut. Die soziale Komponente der Sprache wird zunehmend wichtig.

Helfen Sie Ihrem Kind dabei, seinen Wortschatz zu erweitern, indem Sie ihm die Namen verschiedener Objekte nennen und ihm Fragen zu dem stellen, was es gerade macht – beispielsweise was es malt. Äußern Sie sich so genau wie möglich. Statt zu sagen „räume deine Spielsachen weg" also besser „räume deine Spielsachen bitte in die Spielzeugkiste". Erklären Sie Ihrem Kind Wortbedeutungen. Seine Fragen über Wortbedeutungen mögen Sie als lästig empfinden, nur so kann Ihr Kind aber seinen Wortschatz weiter ausbauen.

Hat Ihr Kind das Kleinkindalter erreicht, sprechen Sie in Ihrer normalen Sprache mit ihm. Versuchen Sie aber, etwas langsamer zu sprechen und weniger komplizierte Satzstrukturen zu verwenden, sodass Ihr Kind Sie leichter verstehen kann. Seien Sie sprachlich immer ein gutes Vorbild. Wenn Ihr Kind beispielsweise sagt „Papa Auto" können Sie antworten „Ja, das stimmt. Da draußen steht Papas Auto."

Redezeit
Lassen Sie Ihrem Kind die Zeit, die es braucht, um sich verständlich zu machen, auch wenn es dafür nur Laute und Gesten benützt.

Das Verstehen setzt ein

Während der Vorschuljahre können Babys und Kleinkinder Sprache und folglich Aufforderungen verstehen, die ihre Fähigkeiten, sich sprachlich selbst auszudrücken, weit übersteigen. Selbst kleine Babys verstehen einen Tonfall und daher den emotionalen Inhalt einer Aussage, auch wenn sie die Wörter nicht verstehen. Kleine Babys sind für emotionale Signale empfänglich und können darunter leiden, wenn sie spüren, dass ein Erwachsener Kummer oder Angst empfindet. Andererseits sind sie durch beruhigende Laute oder Klänge leicht zu trösten.

Die Entwicklung des Verstehens

✱ Bis zu 8 Monaten: Obgleich die Verbindung zwischen Tonfall und Emotion dem Sprachverständnis Ihres Babys weit voraus ist, scheint es bereits wenige Wochen bevor es sein erstes sinnvolles Wort spricht, über ein gewisses sprachliches Verständnis zu verfügen.

✱ Mit etwa 8–9 Monaten: Ihr Kind kann nun allmählich Aufforderungen befolgen. Es kann etwas tun, worum Sie es bitten, solange Sie die Bitte durch eine einfache Handbewegung unterstreichen, die es sehen kann und die eine Interaktion mit Ihnen verlangt. So kann es beispielsweise versuchen, Ihnen ein Spielzeug zu geben, das es gerade in der Hand hat, wenn Sie spielerisch darum bitten und ihm Ihre Hand hinstrecken.

✱ Mit etwa 13–14 Monaten: Ihr Kleinkind beginnt, einfache Aufforderungen zu verstehen, die nicht mit einem Objekt zu tun haben, das es direkt vor sich hat. Es versteht beispielsweise was gemeint ist, wenn Sie sagen „Nein, du kannst nicht noch mehr davon haben" – der wahrscheinlich sofort folgende Wutanfall beweist, dass es Sie genau verstanden hat.

✱ Mit 18 Monaten: Ihr Kleinkind kann eine einfache einteilige Aufforderung befolgen wie „Bitte lege den Ball in die Kiste!"

✱ Ab 3 Jahre: Ihr Kind sollte nun etwas kompliziertere Aufträge verstehen und erfüllen können, die zumindest zwei Informationen enthalten, da seine Denk- und Merkfähigkeiten bereits besser entwickelt sind, also beispielsweise „Bitte bring mir das Buch und leg die Puppe in dein Zimmer".

✱ Ab 4 Jahre: Ihr Kind beginnt, Fragen zu stellen, auch wenn es erst mit etwa fünf Jahren sorgfältig über Fragen wird nachdenken können, die es gerne stellen würde.

Etwas erklären

Die meisten Aufträge, die Sie Ihrem Kind erteilen, werden nicht zur Diskussion stehen, und Sie werden deren Ausführung erwarten. Manchmal wird Ihr Kind aber nicht tun wollen, worum Sie es bitten, vielleicht weil es gerade mit etwas anderem beschäftigt ist oder weil es Ihren Auftrag als uninteressant oder unwichtig empfindet. Daher ist es hilfreich, ihm die Situation zu erklären. Lassen Sie Ihr Kind wissen, dass es mit dem Spielen aufhören soll, weil es Zeit zum Einkaufen ist und Sie möchten, dass es sich fertig macht. Geben Sie Ihrem Kind solche Erklärungen, sobald es kein Baby mehr ist – selbst wenn es die Begründung nicht wirklich versteht, wird ihm dies helfen, seine eigenen Wünsche zurückzustellen. Erklärungen helfen Ihrem Kind zu begreifen, warum Sie es um ein bestimmtes Verhalten bitten.

Erklären Sie ihm zudem die emotionalen Folgen, wenn es Ihrer Aufforderung Folge leistet. Sie können ihm beispielsweise sagen, dass Sie sich freuen, wenn es seine Kleider in den Schrank legt oder dass sein Bruder traurig sein wird, wenn es nicht sorgfältig mit den Spielsachen umgeht. Wird der Auftrag mit einem emotionalen Ergebnis verknüpft, empfindet Ihr Kind ihn als bedeutsamer und wird eher positiv darauf reagieren.

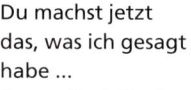

Du machst jetzt das, was ich gesagt habe ...
Sorgen Sie dafür, dass Ihr Kind nicht nur eindeutig versteht, was es tun soll, sondern auch, warum es dies tun soll.

Fragen stellen

Mit Fragen kann ein Kind eine Unterhaltung sehr gut beginnen. Solche Fragen ergeben sich auch aus seiner natürlichen Neugier bezüglich seiner Umgebung und allem, was dort vor sich geht. Für ein Kleinkind ist der Wunsch, etwas über die Welt zu erfahren, kein Luxus, sondern eine Notwendigkeit. Wie alle Eltern bald feststellen, ist es sehr viel einfacher für das Kind, Fragen zu stellen, als für die Eltern, eine gute Antwort darauf zu geben. Auf manche Fragen gibt es keine Antwort, und manche Antworten kann ein Kleinkind einfach noch nicht verstehen. Aber schon sehr junge Kinder müssen ernst genommen werden und auch die schwierigste Frage muss in irgendeiner Form beantwortet werden. Beantworten Sie die Fragen Ihres Kindes so gut Sie können, Sie dürfen ihm aber auch sagen, dass manche Fragen sich nicht leicht beantworten lassen (zum Beispiel „Was passiert, wenn du stirbst"?). In solchen Fällen sollte die Antwort möglichst einfach ausfallen und nur so viel an Information enthalten, wie es für das jeweilige Alter des Kindes angemessen ist.

Die Fähigkeit, Fragen zu stellen, hängt mit der Fähigkeit zusammen, kompliziertere Sätze bilden und in abstrakten Begriffen denken zu können. Fragen können sich daraus ergeben, dass das Kind eine Herausforderung, die sich ihm durch Ereignisse in seiner Umgebung gestellt hat, nicht erfolgreich bewältigen konnte: Es versteht diese Ereignisse vielleicht nicht und braucht mehr Informationen, um den Sinn zu begreifen.

Kinder stellen ab etwa vier Jahren Fragen. Zu dieser Zeit haben sie genügend sprachliche und intellektuelle Fertigkeiten, um eine Frage zu formulieren. Zwischen vier und sechs Jahren liegt meist die Zeit, in der die Kinder ständig etwas zu fragen haben. Ab etwa fünf Jahren beginnen sie, über das Problem, das zu lösen ist, und über die Frage nachzudenken, die sie stellen möchten, bevor sie diese in Worte fassen. Aber bereits früher wägen Kinder typischerweise verschiedene Möglichkeiten ab und stellen Fragen dazu. Bietet man einem Kind beispielsweise an, entweder mit Papa einkaufen zu gehen oder zu Hause bei Mama zu bleiben, stellt sich ihm die Frage, ob Papa Süßigkeiten kaufen wird oder ob Mama mit ihm spielen wird. Von der Beantwortung dieser Frage wird es abhängen, ob das Einkaufen oder das Zuhausebleiben die bessere Wahl zu sein scheint. Das Kind bedenkt die Möglichkeiten jedes Szenarios und stellt sich vor, wie es sich dabei fühlen wird, bevor es sich entscheidet. Dies erfordert bereits ein hohes Maß an abstraktem Denken.

Es werden Fragen in allen erdenklichen Größenordnungen auf Sie zukommen. Die wirklich großen Fragen beziehen sich auf Geburt und Tod („Woher kommen die Babys"? oder beim Tod eines Haustiers „Wo ist es jetzt"?). Es gibt Fragen in der Art „Was ist, wenn …"? („Was ist, wenn das Geschäft geschlossen hat"?) und sehr viele beginnen mit „Warum"?, sei es in Zusammenhang mit einem Verhalten („Warum hast du mit Anni geschimpft"?) oder einem Ereignis („Warum regnet es"?). Es ist wichtig, Kinder nicht vom Fragen abzuhalten und ehrlich zu antworten, selbst wenn die Antwort lautet „Ich weiß es nicht".

So helfen Sie Ihrem Kind, Fortschritte zu machen

Sie können Ihrem Kind helfen, sein Denken und die Art seiner Fragestellungen zu entwickeln, indem Sie es selbst fragen „Was ist, wenn …"? und „Wie …"? So kann Ihr Kind verschiedene Formen der Interaktion entwickeln, aber auch die Welt in abstrakter Form erforschen. Normalerweise versuchen Erwachsene, Ihr Kind dazu zu animieren, zu fragen, wie etwas funktioniert und sehen es nicht sehr gerne, wenn das Kind etwas kaputt macht, um das Innenleben zu erforschen.

Um das Denken Ihres Kindes zu erweitern, ist es oft besser, Fragen mit vielen Antwortmöglichkeiten zu stellen wie „Warum magst du deinen Freund?" Diese Frage stellt eine größere Herausforderung dar als die sehr eingeschränkte Frage „Magst du deinen Freund"?, auf die es nur mit „ja" oder „nein" antworten kann. Wenn Sie sich beispielsweise auf den Weg zum Postamt machen, könnten Sie sagen „Was machen wir denn, wenn die Post geschlossen hat"? – auf diese Frage gibt es eine Menge Antwortmöglichkeiten. Würden Sie andererseits fragen „Sollen wir gleich wieder nach Hause gehen, wenn die Post geschlossen hat"? – wird die Antwort nur „ja" oder „nein" lauten können. Es gäbe zwar weitere Antwortmöglichkeiten, aber Ihr Kind wird sicher nicht animiert sein, nach ihnen zu suchen, wenn die Fragestellung so eng gefasst ist.

Nahrung fürs Gehirn

Gute Ernährung zusammen mit regelmäßiger körperlicher Aktivität ist sehr wichtig, damit Ihr Kind sich voll entfalten kann. Um es Eltern zu erleichtern, ihre Kinder „richtig" zu ernähren, haben Wissenschaftler den Begriff der Nahrungspyramide auf den neuesten Stand gebracht, der den Nährstoffbedarf von Kindern ab dem Alter von vier Jahren einfach darstellt. Die neueste Version nennt sechs Lebensmittelgruppen, die täglich in unterschiedlichen Mengen auf dem Speiseplan stehen sollten.

Getreide

Dies ist die größte Lebensmittelgruppe, bestehend aus Weizen, Reis, Gerste, Hafer, Roggen und Hirse sowie aus Brot, Müsli und Nudeln, die daraus hergestellt sind. Vollkorn ist reich an Vitaminen und Mineralstoffen und sollte raffinierten Produkten vorgezogen werden, auch wenn diese mit Nährstoffen angereichert sind. Getreide liefert Kindern komplexe Kohlenhydrate, die sie brauchen, um sich ihre Energie zu erhalten und um den Blutzuckerspiegel zu regulieren. Schwankende Blutzuckerspiegel führen zu Konzentrations- und Gedächtnisschwäche, wofür Kinder besonders anfällig sind. Die Hälfte der Getreideportion sollte aus Vollkornprodukten bestehen.

Bescheid wissen … *Stillen*

Die Fachleute sind sich darüber einig, dass Frauen dazu ermuntert werden sollten, möglichst lange zu stillen – mindestens während der ersten sechs Monate – da die Muttermilch das Baby optimal mit Nährstoffen versorgt und vor Infektionen schützt.

Gemüse

Gemüse hat viele wichtige Nährstoffe und eine breite Palette an Vitaminen und Mineralstoffen zu bieten und sollte daher einen Großteil der täglichen Ernährung ausmachen. Da die verschiedenfarbigen Gemüsesorten (also grünes Gemüse wie Brokkoli und Spinat oder orangefarbenes Gemüse wie Karotten und Süßkartoffeln) unterschiedliche Nährstoffe enthalten, sollten Sie Ihrem Kind beide Sorten anbieten.

Milch

Der Kalziumgehalt in Milch und Milchprodukten, wie Joghurt und Käse, ist lebenswichtig für den Aufbau kräftiger Knochen, hat aber auch positive Auswirkungen auf das Gehirn, die Nerven und die Hormonfunktionen. Milch und weitere kalziumreiche Produkte einschließlich milchfreiem Soja können die geistige Aufgewecktheit und die Motivation verbessern. Kindern über zwei Jahren kann Halbfettmilch gegeben werden, solange sie ansonsten gesund und ausgewogen ernährt werden.

Obst

Diese Lebensmittelgruppe enthält wie Gemüse essenzielle Vitamine und Mineralstoffe. Wie beim Gemüse bieten auch beim Obst die unterschiedlichen Farben unterschiedliche Nährstoffe. Sorgen Sie also dafür, dass Ihr Kind verschiedene Obstsorten bekommt. Obstsäfte sollten auf höchstens 200 Milliliter pro Tag beschränkt werden, und es sollte nur Obstsaft mit 100 Prozent Fruchtgehalt und ohne Zuckerzusatz gegeben werden.

Fleisch, Fisch, Nüsse und Bohnen

Diese proteinreiche Gruppe besteht aus magerem oder fettarmem Rind-, Lamm- und Schweinefleisch, aus Hühnchen, Truthahn und Eiern, Fisch, Nüssen, Samenkernen, Linsen, Erbsen und Bohnen. Eiweißreiche Lebensmittel enthalten Aminosäuren, die wichtig sind, um die chemischen Substanzen zu bilden, die das Gehirn benötigt. Rotes Fleisch ist besonders reich an Eisen, dieses wiederum wird für die Funktion aller Körpergewebe und Organe benötigt.

Es wird empfohlen, Kleinkindern nur Fisch und Meeresfrüchte zu geben, die wenig Quecksilber enthalten, wie Krabben, fettarmen Thunfisch aus der Dose und Bio-Lachs. Nüsse und Samenkerne sollte man Kindern unter vier Jahren nicht geben, da sie sehr allergen sind und ein großes Risiko besteht, daran zu ersticken. Falls es in Ihrer Familie Lebensmittelallergien gibt, geben Sie Ihrem Kind Fisch, Meeresfrüchte, Nüsse oder Samenkerne erst nach Rücksprache mit Ihrem Arzt.

Öl

Öl ist zwar keine eigene Lebensmittelgruppe, eine kleine Menge Öl pro Tag ist aber für eine gute Funktion des Nervensystems erforderlich. Außer in flüssiger Form zum Kochen, wie in Maisöl, Olivenöl, Distelöl und Sonnenblumenöl, sind wertvolle Öle auch in Fisch und Nüssen enthalten.

Wasser

Zu den wichtigsten Dingen, die Sie für die Gesundheit Ihres Kindes tun können, gehört, es bereits frühzeitig daran zu gewöhnen, Wasser zu trinken. Wasser ist wichtig, um den Körper Ihres Kindes gesund und fit zu erhalten.

Koffein streichen

Koffein ist ein Aufputschmittel, das in bestimmten Produkten enthalten ist, die bei Kindern sehr beliebt sind, wie Limonaden, Schokolade und Eis. Der Verzehr solcher Produkte kann unter anderem zu Überspanntheit, Konzentrationsschwierigkeiten, Schlaflosigkeit, Kopfschmerzen, Zahnproblemen und Dehydrierung führen.

Das Meistern zunehmend komplizierter Aufgaben

Hat das Kind mit zunehmendem Alter bessere intellektuelle Fähigkeiten erworben, entwickelt sich auch die Bewältigung komplizierterer Tätigkeiten. Zur Lösung komplexer Aufgaben werden Gedächtnis, Planungstalent und die Fertigkeiten zur Erfüllung bestimmter Aufgaben verlangt, und es sollte die Fähigkeit vorhanden sein, aus dem gesamten Prozess zu lernen. Ab dem zweiten Lebensjahr entwickeln sich diese Fähigkeiten Ihres Kindes sehr rasch.

Das praktische Herumprobieren als normale Vorgehensweise zur Erkundung bestimmter Dinge wird ab dem Alter von zwei Jahren deutlich anspruchsvoller. Ihr Kind ist nun sehr viel ausdauernder bei seinen Versuchen, Objekte zu verstehen und in Gang zu setzen. Daher dauern die meisten Aktivitäten, auch wenn es sich noch um recht einfache Vorgänge handelt, meist deutlich länger als früher, als es noch jünger war.

Nun kommt auch die Zeit, wo sich die Aktivitäten in verschiedene Bereiche aufteilen: Manches wird mit Papier und Stiften gemacht, anderes mit Spielsachen oder Büchern.

Anziehen, waschen, Zähne putzen, kämmen und essen – all diese Dinge gehen nun besser und schneller. Ihr Kind hat gelernt, dass waschen und anziehen aus bestimmten kleinen Aufgaben besteht, die mehr oder weniger in der richtigen Reihenfolge erledigt werden müssen, damit der gesamte Vorgang gelingt – so müssen die Socken vor den Schuhen angezogen werden. Gelegentlich wird Ihr Kind Ihre Hilfe zurückweisen, auch wenn alles dadurch schneller ginge, und Sie werden feststellen, dass Ihr Kind sein Tun manchmal fortlaufend kommentiert.

Mit zunehmender Körpergröße und -kraft wird Ihr Kind auch geschickter, sodass es im Freien mit mehr Ausdauer auch komplizierte Spiele bewältigen kann, ob auf einem Spielplatz oder bei der Erkundung verschiedener Lebensräume, wie einem Strand oder einem Park. Ein ebenfalls komplexeres Spiel ist das erfinderische Rollenspiel, beispielsweise das Zubettbringen einer Puppe oder die Pflege eines „kranken" Teddys.

Ist Ihr Kind etwa drei Jahre alt, kann es länger bei einer Sache bleiben. Dies ist die Voraussetzung dafür, dass es komplexer als bisher tätig sein kann, sich also von äußeren Einflüssen weniger ablenken lässt und besser auf seine momentane Aufgabe konzentriert, auch wenn sie schwierig ist.

Bleibt Ihr Kind besser bei der Sache, kann es auch eine Frage formulieren, die ihm hilft, mit dem Problem fertig zu werden und verschiedene Lösungen zu finden. Beim Spiel mit einfachen Bauklötzen verschiedener Größe beispielsweise wird es vielleicht fragen, wie es die jeweils passende Größe findet.

Eine Unterhaltung mit Älteren – der Kindergärtnerin oder älteren Verwandten – erhält eine neue Dimension, da Ihr Kind über sehr viel mehr sprachliche Möglichkeiten verfügt und daher kompliziertere Geschichten erzählen kann. Gleichzeitig wird sein Spielen fantasievoller und komplexer: Es spielt vielleicht die Rolle von Mama oder Papa oder entwirft raffinierte Szenarien mit Stofftieren.

Ohne Ihr Kind zu überfrachten oder ihm zu schwierige Aufgaben zu stellen, können Sie ihm dabei helfen, zunehmend anspruchsvoller und aufwendiger zu spielen. Aber selbst wenn es sich beim Spielen selbst überlassen bleibt, wird es Wege finden, sich weiterzuentwickeln und fantasievolle neue Wege zur eigenen Unterhaltung zu finden.

Neugier

Ihr Kind ist von Natur aus wissbegierig. Instinktiv möchte es alles, was es sieht, hört und berührt, verstehen. Diese natürliche Neugier – sein Wunsch, das Unentdeckte zu entdecken – spornt es an, bei jeder Gelegenheit dazuzulernen. Als Baby schaut es, berührt, riecht und kaut an allem, was es in die Finger bekommt. Alles, was es sieht, bietet ihm eine neue und aufregende Gelegenheit, etwas zu erkunden und zu lernen. Diese dem Kind innewohnende Motivation nach neuen Höhen zu streben bleibt während der gesamten Kindheit seine Triebkraft.

Sie sollten Ihr aktives Kleinkind immer gut im Blick haben, denn es durchsucht jeden Schrank, öffnet jede Kiste und leert jeden Behälter aus. Das heißt aber nicht, dass es absichtlich ungezogen ist, es möchte lediglich herausfinden, wie alles funktioniert.

Hat Ihr Kind das Schulalter erreicht, wird seine Neugier in geregeltere Bahnen gelenkt und kontrollierter. Nun bieten ihm die neuen Lernmöglichkeiten wie Lesen und Rechnen Möglichkeiten, seinen Wissensdurst zu stillen.

Die Lernbereitschaft frühzeitig fördern

Der Wissensdurst Ihres Kindes mag dazu führen, dass es sich für das Lesen und für Zahlen interessiert, bevor es zur Schule geht. Lassen Sie sich vom Interesse und den Fähigkeiten Ihres Kindes leiten. Wenn Sie den Eindruck haben, dass Ihr Kind weit genug ist, bringen Sie ihm Buchstaben und Zahlen bei, bevor es in die Schule kommt.

Im Alltag des Kindes gibt es viele natürliche Gelegenheiten, zu lesen und zu rechnen. So wird es die Namen von Geschäften erkennen, in denen Sie häufig mit ihm einkaufen. Oder es wird seine Weintrauben zählen, bevor es sie verspeist. Loben Sie Ihr Kind, wenn es frühzeitig Lernbereitschaft zeigt – es wird durch Ihre Anerkennung aufblühen. Sie werden sehen, dass ihm die Informationen, die es durch seinen natürlichen Wissensdurst erwirbt, zu einem guten Schulstart verhelfen werden.

Spielmeister
Die bessere Konzentration und Ausdauer zusammen mit der Fähigkeit, verschiedene Arten des Spielens voneinander zu trennen, zeugen davon, dass die mentalen Verarbeitungsfertigkeiten Ihres Kindes gereift sind.

Die Selbstwahrnehmung

Im Verlauf der Kindheit verändert sich das Selbstbild Ihres Kindes. Als Kleinkind begreift Ihr Kind sich als ein Individuum, geht aber davon aus, dass Sie die Welt genauso sehen wie es selbst. Sobald Ihr Kind fünf oder sechs Jahre alt ist, kann es sich jedoch ziemlich genau selbst beschreiben, es hat ein Gefühl dafür, wer es ist und in welcher Beziehung es zu den Menschen in seiner Umgebung steht.

Die persönliche Intelligenz umfasst die Fähigkeit, über Gefühle nachzudenken und zwischen Gefühlen zu unterscheiden, sie als eigenständige Emotionen wahrzunehmen und dann zur Verhaltenssteuerung zu benützen. Diese Form der Intelligenz ist einer der wichtigsten Schlüssel unserer Kinder für den Erfolg im Leben. Sie wird Ihrem Kind nicht nur dabei helfen zu verstehen, worin es gut (und worin es schlecht) ist, sondern es später auch in die Lage versetzen, sich realistische Ziele zu setzen.

Das System gerät ins Wanken
Die Ankunft eines Geschwisterchens kann das Selbstbild eines Kindes in Frage stellen, da es nicht mehr denselben Platz in der Familie einnimmt wie bisher.

Ich bin ich

Einen ersten Hinweis darauf, dass Ihr Baby weiß, dass es eine eigenständige Person ist, erhalten Sie, wenn es beginnt, über sein eigenes Verhalten zu entscheiden. Das Lächeln ist ein gutes Beispiel. Wenn Ihr Baby Ihnen als Antwort auf Ihr Lächeln ein breites Grinsen schenkt, beweist dies, dass ihm klar ist, dass Sie und es nicht dasselbe sind, dass es die sensorische Information verarbeiten kann, die ihm sagt, dass Sie es anlächeln, und dass es fähig ist zu entscheiden, seinerseits mit einem strahlenden Gesichtsausdruck zu reagieren.

Es ist ein wesentlicher Schritt in der Entwicklung seiner eigenen Wahrnehmung, wenn Ihr Baby realisiert, dass es seinen Körper kontrollieren kann. Forschungsergebnisse legen nahe, dass diese Einsicht bereits mit drei Monaten auftaucht.

Die Entwicklung der Selbstwahrnehmung

Von Geburt an merkt Ihr Baby, dass es etwas hervorrufen kann, dass sein Handeln andere Menschen beeinflusst. Man bezeichnet dies als „persönliche Instanz", sie entwickelt sich allmählich etwa in folgenden Altersstufen:

✱ *Neugeborenes:* Ihr Baby braucht nicht lange, um eine Verbindung zwischen seinem lauten Weinen und Ihrem Auftauchen herzustellen.

Innerhalb weniger Wochen hat es gelernt, dass Weinen eine wirksame Strategie ist, um Sie herbeizuzaubern.

✶ Mit etwa 3 – 6 Monaten: Mit zunehmender Kontrolle seiner Hand kann das Baby eine Rassel halten und diese kräftig schütteln, sodass sie ein Geräusch erzeugt. Das Baby erlebt begeistert, dass es den Gegenstand unter Kontrolle hat.

✶ Mit etwa 6 – 9 Monaten: Wenn Ihr Kind ohne Hilfe frei sitzt, kann es sich überlegen, dass es ein bestimmtes Spielzeug haben möchte, und danach greifen. Die Fähigkeit, seine Wahrnehmung, seinen Wunsch und die Kontrolle in einer Aktion zusammenzufassen, verstärkt seine Freude.

✶ Mit etwa 1 Jahr: Die sich entwickelnden Denkfähigkeiten Ihres Kleinkindes ermöglichen es ihm, anspruchsvollere Handlungen vom Typ Ursache und Wirkung zu planen. Sieht es beispielsweise ein Spielzeug außerhalb seiner Reichweite auf einem Handtuch liegen, zieht es das Handtuch zu sich, um an das Spielzeug zu gelangen.

✶ Mit etwa 2 – 3 Jahren: Das Selbstbewusstsein des Kindes ist so ausgeprägt, dass es Überlegungen anderer beiseite schiebt. In diesem Alter treten viele Wutanfälle auf, weil Ihr Kind nicht akzeptieren will, dass Ihr Wunsch wichtiger ist als sein eigener Wunsch.

✶ Mit etwa 3 – 4 Jahren: Ihr Kind weiß nun sehr viel mehr über sich, beispielsweise ob es ein Junge oder ein Mädchen ist, es kennt seinen Namen und sein Alter. Fragt man es, kann es diese Angaben machen.

Der Umgang mit Gefühlen

Erkennt Ihr Kind bei sich selbst und bei anderen Menschen bestimmte Gefühle, so kann es diese Gefühle ausdrücken und wird verstehen, warum es selbst oder andere Menschen diese Gefühle haben. So kann es mit schwierigen Situationen besser umgehen und wird mit zunehmendem Alter angemessener und wirksamer reagieren. Statt einen Wutanfall zu bekommen, wenn ihm eine Süßigkeit verweigert wird, kann es eine günstigere Abmachung „aushandeln", wenn es lernt, seine Gefühle unter Kontrolle zu halten.

Ein sehr kleines Baby hat Zeiten, wo es weint und Zeiten, in denen es nicht weint. Allmählich erwirbt es eine Auswahl an Lauten, die seine Zufriedenheit oder seine Unzufriedenheit widerspiegeln. Im zweiten Lebensjahr wird Ihr Baby anfangen, unterschiedliche Gefühle verständlicher auszudrücken. Am deutlichsten wird es vielleicht seinen Stolz über seine Errungenschaften zeigen können. Das hindert es aber nicht daran, ständig Ihre positive Bestärkung zu suchen, wenn es, unter anderem, Krabbeln, Stehen und schließlich Laufen lernt.

Sie werden bald subtilere Reaktionen bemerken, sobald Ihr Kind verschiedene Stufen des Vergnügens und der Wut und Frustration ausdrücken kann.

Bescheid wissen … *Ich heiße …*

Ein weiteres Anzeichen für das wachsende Selbstbild Ihres Kindes ist seine Erkenntnis, dass sich sein Name tatsächlich nur auf es selbst bezieht. In den ersten Lebenswochen und -monaten wird der Name des Babys ständig genannt, wenn jemand mit ihm spricht, spielt oder es liebkost. Das bedeutet aber nicht, dass das Baby weiß, dass mit diesem Wort nur es selbst gemeint ist und nichts und niemand anderes. Erst im Alter zwischen 12 und 15 Monaten versteht Ihr Baby wirklich, dass dieser Name niemand anderen als es selbst bezeichnet.

Freies Spiel und Spiel nach Regeln

Der kleine Wörtchen „Spiel" wird weder der Tatsache gerecht, dass Spielen nicht nur für Babys und Kleinkinder, sondern lebenslang wichtig ist, noch seiner grundlegenden Rolle beim Lernen und in der Entwicklung. Spielen umfasst viele Aspekte: erkunden, die Neugier befriedigen, testen, ausprobieren, experimentieren, beeinflussen und jede Menge Spaß! Kinder spielen aus eigenem Antrieb, für sie ist spielen bedeutungsvoll. Verlangt das Spiel definierte Reaktionen, Sieg oder Niederlage und die Teilnahme anderer Mitspieler, so wird daraus ein Spiel mit Spielregeln.

Rollenspiel
Kinder spielen, um mit Gefühlen zu experimentieren und ihre Fantasie zu üben.

In der Zeit, in der Kinder wach sind, ist Spielen ihre vorherrschende Aktivität. Spielen ist die Grundlage für Konkurrenzkampf und Zusammenarbeit, für lernen, abstrahieren und argumentieren. Es führt die Kinder zu der Erkenntnis, wer sie sind, wie sie sich verhalten, wie sie denken und was sie tun.

Ihr Kind lernt von dem Augenblick an spielerisch, in dem es erstmals versucht, die Rassel zu erreichen, die vor ihm baumelt. Spielen bietet ihm die Möglichkeit, mit der Welt in Beziehung zu treten, ob nun in einem kreativen Spiel (mit Bastelmaterial), beim Erforschen (es untersucht einen Schrank), einem Körperspiel (beim Rollen, Krabbeln, Gehen oder Klettern) oder einem Fantasiespiel (wenn es spielt, jemand anders zu sein).

Frühes Spielen

Spielzeug und andere zum Spielen geeignete Dinge werden im Alter von etwa sechs Monaten wichtig. Ausgesprochenes Kinderspielzeug ist nicht wirklich entscheidend, damit Ihr Kind etwas lernt, da Kinder ihre eigenen Spiele und Spielsachen erfinden. Gutes Spielzeug kann jedoch Anregungen geben, etwas Neues zu erkunden und zu entdecken. Andererseits können ungefährliche, übliche Haushaltsgegenstände wie große Holzlöffel und Topfdeckel viele Stunden lang für Spielspaß sorgen. Bauklötze, weiche Spielsachen und Holzbücher sind eine gute Wahl, da die Kinder damit tatsächlich etwas anfangen können.

Ihr kleines Baby sollte Spielzeug bekommen, das alle seine Sinne anregt. Es sollte aus

verschiedenen Materialien, Farben und Formen sein und interessante Geräusche produzieren – insbesondere, wenn Ihr Baby sie hält oder schüttelt.

Ihr Kleinkind wird gerne etwas in ein Behältnis ein- und auspacken, es wird gerne mit Steckspielzeug spielen und verschiedene Formen sortieren, seine Hauptaufgabe aber besteht darin, die Welt zu entdecken, indem es seine neu erworbene Größe und Mobilität einsetzt.

Ihr Kleinkind wird auf einfache, körperliche und nonverbale Mittel zurückgreifen, um etwas zu tun. Es wird einfache Gegenstände körperlich erkunden. So wird es zum Beispiel versuchen, ein Spielzeugauto durch eine zu schmale Lücke zu schieben und wird neue Objekte daraufhin „testen", ob sie Räder haben, ob sie in eine Kiste passen und wie sie schmecken.

Ist Ihr Kind etwas älter geworden und hat die Fertigkeit erlernt, sein Handgelenk zu drehen, wird es mit Begeisterung Dinge aufschrauben und öffnen und sich mit Fantasiespielen beschäftigen, sich verkleiden, zeichnen, malen oder modellieren.

Regelspiele

In den ersten Jahren spielt Ihr Kind die meiste Zeit alleine, eventuell neben einem anderen Kind oder mit einem Erwachsenen – nur einen Teil seiner Spielerfahrung gewinnt es durch Regelspiele. Im Gegensatz zu anderen Spielformen verlangen die meisten Regelspiele eine Wechselbeziehung mit mindestens einer anderen Person. Durch Regelspiele entwickelt Ihr Kind neue Fertigkeiten, erlernt neue soziale Regeln und verbessert sein Verständnis. Diese Spielform hat sehr viele Vorteile – und bringt zudem eine Menge Spaß!

Regelspiele beginnen frühzeitig. Die Interaktion und Kommunikation, die zuerst zwischen einem Elternteil und dem Baby entsteht, ist

selbst eine Art Regelspiel. Schon sehr frühzeitig erforscht Ihr Baby, welche Effekte seine Verhaltensweisen und Geräusche auf Sie oder eine andere Bezugsperson haben. Dies ist eine besondere Form des erforschenden, experimentellen Spielens. Ihr Baby versucht herauszufinden, womit es die Aufmerksamkeit seiner Eltern am besten gewinnen kann – es „fragt" sich selbst „Wie oft muss ich lächeln? Welche Geräusche muss ich produzieren?" Da das Spielen mit Lauten die Grundlage des Sprechens ist, lernt Ihr Kind durch den spielerischen Umgang mit den Reaktionen und Emotionen seiner Eltern etwas über Beziehungen.

Zu einem richtigen Spiel gehören mehrere Komponenten. Erforderlich ist das Bewusstsein für die Reaktion des anderen – es wäre kein Spiel, wenn Ihr Kleinkind auf Ihr Verhalten nicht reagieren würde. Ihr Baby macht das instinktiv. Wenn Sie es beispielsweise anlächeln und kitzeln, kichert es als Reaktion – sein Verhalten wird davon beeinflusst, was es von Ihnen sieht und spürt. Es ist noch zu klein, um von sich aus in diesem Spiel etwas zu tun, aber schließlich wird es auch dazu in der Lage sein.

Die meisten Spiele verlangen, dass eine Person etwas Bestimmtes tut, und die anderen warten, bis sie an der Reihe sind. Da dieses Abwechseln Geduld und ein Verständnis der Spielstruktur verlangt, wird ein Kind wahrscheinlich erst mit zwei oder drei Jahren ohne Tränen dazu in der Lage sein. Solange es diese Reife noch nicht hat, wird es das Interesse an dem Spiel verlieren oder in Tränen ausbrechen, wenn es merkt, dass jemand vor ihm an der Reihe ist.

Schließlich hat jedes Spiel Regeln – Guck-guck-Spiele haben einfache Regeln (Ihr Kind liegt da, Sie verstecken Ihr Gesicht hinter den Händen und nehmen die Hände dann plötzlich wieder weg), während Bingo bereits komplizierter ist. Ihr Kind wird wahrscheinlich erst mit vier oder fünf Jahren richtig an einem Regelspiel teilnehmen können.

Die verschiedenen Stadien der Fähigkeit zu Regelspielen

★ *Bis etwa 18 Monate:* Ihr Kleinkind wird geringes Interesse an Spielen zeigen, bei denen es mit Gleichaltrigen interagieren soll. Es ist sich selbst genug und achtet wenig auf andere Kinder, die in seiner Umgebung spielen. Es konzentriert sich ganz auf sein Spiel und ignoriert alles andere.

★ *Zwischen 18 Monaten und 3 Jahren:* Ihr Kind spielt neben anderen Kindern seines Alters, aber jedes spielt für sich allein. Ihr Kind beobachtet neugierig, was andere tun, bewegt sich vielleicht auch zu ihnen hin und setzt sich daneben, ohne jedoch tatsächlich mitzuspielen.

★ *Ab 3 Jahre:* Nun dürfte Ihr Kind bereit sein, an Spielen mit seinen Spielkameraden voll und ganz teilzunehmen. Es wird mit anderen zusammen spielen, Ideen und Spielzeug austauschen, die Vorschläge anderer anhören und seine eigenen Aktionen abändern, damit sie mit denen der anderen Kinder zusammenpassen.

★ *4–5 Jahre:* Ihr Kind hat ein starkes Bedürfnis, mit Gleichaltrigen zu spielen. Regelspiele ermöglichen es ihm, Teil der sozialen Gruppe zu werden.

Regelspiele und Lernen

Ihr Kind lernt sehr viel durch Regelspiele mit seinen Freunden und Geschwistern. Dabei lernt es nicht nur die Spielregeln – die sein Verständnis, sein Gedächtnis und seine Denkfähigkeiten verbessern –, sondern es entwickelt auch ein

Gemeinsam spielen
Dies ist ein lebenswichtiger Schritt in der Entwicklung Ihres Kindes, denn es ist nie zu früh, um von Gleichaltrigen zu lernen.

Bewusstsein für die Gefühle anderer Menschen. Es lernt, was Wechselseitigkeit bedeutet. Als es für sich alleine gespielt hat, traf es alle Entscheidungen selbst. Bei Regelspielen muss Ihr Kind sich jedoch mit den anderen absprechen, damit das Spiel stattfinden kann. Daher verbessern Regelspiele mit Gleichaltrigen die sozialen Beziehungen Ihres Kindes und fördern sein Einfühlungsvermögen.

Bei Regelspielen mit Gleichaltrigen lernt Ihr Kind anders. Es lernt direkt. Ist Ihr Kind an der Reihe zu würfeln, lernt es etwas über die Form des Würfels und wie er sich anfühlt, welches Geräusch er macht, wenn er ihm aus der Hand fällt, und dass es ihn fest genug werfen muss, damit er rollt, aber nicht so fest, dass er vom Tisch fällt.

Dann gibt es das beiläufige Lernen. Während eines Regelspiels lernt Ihr Kind ständig. Es lernt beispielsweise, dass alle Spielteile in die Schachtel passen und dass die Spielmarken genau aufgestapelt werden können.

Drittens lernt Ihr Kind zweckgebunden. Dies geschieht, wenn alle Kinder, die gemeinsam ein Regelspiel spielen, auf ein gemeinsames Problem stoßen, das sie lösen müssen, um weitermachen zu können. So stellen sie beispielsweise fest, dass sie, um Fangball spielen zu können, das Zubehör finden müssen.

SO KÖNNEN ELTERN MITMACHEN

Sorgen Sie für die richtige Umgebung, um Ihr Kind beim Lernen zu unterstützen.

Das „richtige" Spielzeug für Ihr Kind

Dazu zählt alles, was ungefährlich und interessant ist, ohne das Kind zu überfordern und womit das Kind sich aktiv beschäftigen kann. Dabei sollten Spielsachen nicht fehlen, mit denen sich Ihr Kind alleine beschäftigen kann, ohne Hilfe zu benötigen, also Puppen, Bälle und Bauklötze. Versuchen Sie herauszufinden, womit Ihr Kind sich gerne beschäftigt, und ermöglichen Sie ihm entsprechende Aktivitäten. Vielleicht setzt es mit Begeisterung Puzzles zusammen, malt dafür aber nicht so gerne.

Sorgen Sie für Abwechslung

Wechseln Sie immer wieder einmal die Spielsachen, die Sie Ihrem Kind anbieten. Räumen Sie alles weg, womit Ihr Kind nicht spielt, wofür es vielleicht schon zu alt ist oder was kaputt ist. Bringen Sie ihm bei, dass es gut ist, Spielzeug wegzugeben oder zu verschenken, das für sein Alter nicht mehr passt. Lesen Sie Ihrem Kind jeden Tag eine Geschichte vor und versuchen Sie, es für neue Aktivitäten zu begeistern.

Spielen Sie mit

Ihr Kind lernt von Ihnen mehr als von irgendwelchen Spielsachen. Lassen Sie es daher an Ihren Aktivitäten teilhaben, auch wenn dies nicht nach Spielen aussieht. Widerstehen Sie aber der Versuchung, Ihrem Kind zu viele Anweisungen zu erteilen. Lassen Sie ihm Raum, so zu spielen, wie es möchte.

Die soziale und emotionale Entwicklung

Die Entwicklungsstufen verstehen

Bei ihrem ersten Kind sind Eltern oft überrascht, dass ihr Baby offenbar bereits sehr frühzeitig eine starke Persönlichkeit hat. Noch mehr überrascht es sie, wenn sie ein zweites Kind bekommen, dessen Persönlichkeit völlig anders ist. Forschungsergebnisse zeigen, dass unterschiedliche Persönlichkeitsmerkmale bereits im Alter von drei Monaten erkennbar sind. Die Fähigkeit, soziale Beziehungen aufzunehmen und zu erhalten (Soziabilität) ist Teil der Persönlichkeit und ist, wie andere Persönlichkeitsmerkmale auch, stark genetisch beeinflusst.

Kein Zweifel, Ihr Kind ist bereits sehr früh eine Persönlichkeit. Es wird seine eigenen Möglichkeiten finden, Ihnen zu zeigen, wie es sich fühlt, was es mag und was es verabscheut. Ihr Baby wird direkt ab der Geburt mit Ihnen kommunizieren.

Die erste Äußerung ist das Weinen, aber bereits mit etwa zwei Wochen kann Ihr Baby weitere Geräusche von sich geben und wird Ihnen bald durch verschiedene Lautäußerungen antworten. Mit etwa sechs Wochen wird Ihr Baby Sie auch anlächeln. Wenn Sie mit Ihrem Gesicht auf etwa 20 Zentimeter an das Gesicht Ihres Babys herangehen, wird es Ihre Lippenbewegungen beobachten und bald anfangen, seine Lippen ähnlich zu bewegen.

Bereits mit drei Monaten kann Ihr Baby etwas vorhersehen, es lächelt und bewegt sich aufgeregt, wenn es bemerkt, dass Sie etwas vorbereiten, was es besonders schätzt. Mit etwa vier Monaten dreht es den Kopf von Dingen weg, die es nicht mag.

Babys sind sehr gesellig und gerne mit Erwachsenen und Kindern zusammen. Bald wird Ihr Baby sich auf seine ganz eigene Art mit Ihnen unterhalten und gerne mit Ihnen spielen. Es gibt eine Menge Dinge, an denen Sie zusammen mit Ihrem Baby sehr viel Freude haben werden.

Die Entwicklungsschritte und ihre Reihenfolge

Innerhalb nur eines Jahres verwandelt sich Ihr zartes, kleines Baby in ein kräftiges, liebevolles Kleinkind, das seine beginnende Selbstständigkeit zeigt, indem es versucht, selbst mit dem Löffel zu essen oder Ihnen zu helfen, wenn Sie es anziehen.

Mit zunehmender Aufgewecktheit und Entwicklung seiner Sinne nimmt Ihr Baby mehr

Winke-winke
Mit etwa einem Jahr machen Babys „winke-winke", wenn jemand weggeht.

und mehr auch seine Mitmenschen wahr. Anfangs wird es kontaktfreudig und zutraulich reagieren, es wird sich freuen, sowohl Unbekannte als auch Bekannte zu sehen. In den folgenden Monaten jedoch unterscheidet es zwischen bekannten und fremden Gesichtern und wird bei Ihnen Trost und Sicherheit suchen, wenn es mit unbekannten Menschen zu tun bekommt.

Kann Ihr Baby laufen, wird es vergnügt zu Ihnen kommen, anfangs noch auf unsicheren Beinen, später im Eiltempo. Bald wird es auch von Ihnen wegrennen! Durch diese neu entdeckte Mobilität kann es seine ersten wichtigen Schritte in die Selbstständigkeit tun, auch wenn es bereits vorher versucht hat, manches alleine zu bewältigen.

Wie Sie beobachten werden, entwickeln sich die Soziabilität und Persönlichkeit Ihres Kindes parallel zu seiner Bewegungsgeschicklichkeit und anderen Fertigkeiten. Jedes Kind durchläuft eine Phase, in der es selbstständig sein möchte. Diese Phase fällt in dieselbe Zeit, in der Eltern versuchen, ihm aus erzieherischen Gründen Grenzen zu setzen. Das Ergebnis sind Wutanfälle. Kleinkinder dieses Alters wollen vieles tun, können es aber häufig nicht, entweder, weil sie die entsprechenden Fähigkeiten noch nicht haben oder weil die Eltern es verbieten. Unabhängig von der Ursache drücken Zweijährige ihre Frustration und ihre Wut häufig durch aggressives Verhalten aus (s. S. 145).

Alle Kinder durchlaufen diese Trotzphase, bei einigen beginnt sie vor dem zweiten Geburtstag, bei anderen etwas später. Schließlich hört dieses Verhalten von selbst wieder auf, und Eltern stellen fest, dass Ihre Kinder wieder zugänglicher und fügsamer werden.

In den kommenden Jahren testen Kinder weiterhin ihre Grenzen aus und versuchen, ihre Selbstständigkeit durchzusetzen, gleichzeitig

STARTHILFE FÜR IHR BABY
ERINNERUNGEN FESTHALTEN

Schreiben Sie die soziale Entwicklung Ihres Kindes zusammen mit der zeitlichen Entwicklung seiner Bewegungsfertigkeiten, seines Gehörs und seiner Sehfähigkeiten auf. Ihre Beobachtungen und Erfahrungen mit Ihrem Kind werden immer einen wichtigen Teil bei jeglicher Untersuchung ausmachen. Es lohnt sich festzuhalten, wann Ihr Kind die jeweiligen Meilensteine seiner Entwicklung erreicht – beispielsweise, wann es Sie das erste Mal angelächelt hat. In der jeweiligen Situation glauben Sie, Sie würden es nie vergessen, aber später möchten Sie vielleicht genau nachlesen können, wann etwas gewesen ist. Dies gilt besonders, wenn Sie mehrere Kinder haben. So haben Sie nicht nur eine schöne Erinnerung, sondern die Aufzeichnungen könnten auch sehr wertvoll werden, falls Ihr Baby einmal weitere Untersuchungen benötigen sollte.

können Eltern aber vernünftiger mit ihnen reden und ihren abweichenden Standpunkt erklären. Allerdings wird dies nicht immer erfolgreich sein. Kleinkinder möchten oft selbst entscheiden – Sie werden sich manchmal nach der Zeit zurücksehnen, wo Ihr Kind ohne Diskussionen angezogen hat, was Sie ihm hingelegt hatten, statt sich seine eigene, unpassende Kleidermixtur zusammenzustellen!

Ein weiteres Thema, für dessen Bewältigung kleine Kinder Zeit brauchen, ist das Teilen. Sie müssen nicht nur lernen, ihre kleinen

Anzeichen von Sozialverhalten und Persönlichkeitsmerkmale zeigen sich etwa in folgenden Altersstufen.

1 Monat: Das Baby ist wacher und reagiert. Es hört auf zu weinen, wenn es auf den Arm genommen wird und man mit ihm spricht. Bald wird es Ihr Gesicht, Ihre Stimme und Ihren Geruch erkennen.

5–6 Wochen: Das Baby antwortet erstmals mit einem Lächeln. Es fängt an, Geräusche von sich zu geben, um seine Zufriedenheit oder Unzufriedenheit zu äußern.

2 Monate: Das Baby zeigt Freude, wenn es seine Eltern erkennt, indem es lächelt und mit Armen und Beinen strampelt. Es hat längere Wachphasen und beginnt, sich für das zu interessieren, was in seiner Umgebung vorgeht. Es antwortet durch Lautäußerungen, wenn es angesprochen wird.

3 Monate: Das Baby schaut gezielter, wenn es gefüttert wird. Es kann angenehme Dinge vorhersehen – es ist aufgeregt, wenn es sieht, dass sein Fläschchen vorbereitet oder sein Badewasser eingelassen wird. Es ist gerne mit seinen Eltern zusammen, freut sich, seine Geschwister und andere Verwandte zu sehen, und ist wahrscheinlich kontaktfreudig, es trifft gerne mit anderen Menschen zusammen.

4 Monate: Das Baby fängt an, Abneigungen zu zeigen, indem es sich von unerwünschten Dingen abwendet. Es zeigt nun unterschiedliche Gesichtsausdrücke, lächelt und zeigt Gefühle.

5 Monate: Das Baby schaut sein Gesicht im Spiegel an, erkennt sich aber nicht. Es fängt an zu brabbeln, um Zufriedenheit oder Unzufriedenheit zu äußern. Es wird nun sehr liebevoll – tätschelt seine Eltern und wird ganz aufgeregt, wenn es sie kommen sieht, und traurig, wenn sie fortgehen.

6 Monate: Das Baby spielt gerne mit seinen Eltern. Erste Anzeichen von Fremdeln können sich zeigen.

7–8 Monate: Das Baby realisiert stärker, wenn es mit Fremden zu tun hat, es schaut sie eher ernst an, anstatt sie breit anzulächeln.

9 Monate: Das Baby zeigt nun deutliche Vorlieben und Abneigungen. Bei manchen Dingen wird es sich steif machen und wehren, anderes hingegen mit Begeisterung tun. Es kommuniziert nun durch vielerlei Lautäußerungen mit Ihnen, zufriedenen und unzufriedenen.

10 Monate: Das Kind beginnt, mit Gesten zu kommunizieren. Es streckt seine Arme aus, wenn es auf den Arm genommen werden möchte. Das Fremdeln ist ausgeprägter.

12 Monate: Das Kind zeigt erste Bestrebungen zur Selbstständigkeit, es trinkt vielleicht aus einer Tasse und isst selbst mit den Fingern.

15 Monate:	Das Kind ist sehr liebevoll und anhänglich, hat die Eltern gerne um sich, damit Sie ihm Sicherheit geben und es ermutigen.
	Es schleppt vielleicht eine Kuscheldecke mit sich herum.
	Es wird hilfsbereit und hilft beim Anziehen mit.
15–18 Monate:	Das Kind isst selbst mit einem Löffel.
	Es kann frustriert sein, wenn ihm etwas nicht gelingt, in dieser Zeit treten möglicherweise die ersten Wutanfälle auf.
18 Monate:	Das Kind ist selbstständiger und kann kürzere Zeit alleine spielen.
	Es hilft gerne im Haushalt.
2 Jahre:	Das Kind kann mehr alleine erledigen, es kann sich beispielsweise seine Schuhe anziehen.
	„Tun als ob" wird eine wichtige Spielform.
	Es spielt neben, aber noch nicht mit anderen Kindern.
	Es kann noch nicht teilen und hält Spielzeug fest, das andere nehmen möchten.
2–3 Jahre:	Das Kind fängt an, mit anderen Kindern zu spielen.
3 Jahre:	Wutanfälle werden nun selten.
	Es befolgt Anweisungen besser.
4 Jahre:	Das Kind fängt an zu teilen, versteht das Abwechseln besser.
	Seine Selbstständigkeit wird deutlicher.
	Zwischen willensstarken Freunden kommt es öfter zu Streitigkeiten.
	Es hat bevorzugte Freunde und geht liebevoll mit ihnen um.
	Es zeigt vielleicht Sinn für Humor.
	Es ist geduldiger und kann etwas besser warten.
5 Jahre:	Das Kind wirkt erwachsener.
	Es zeigt Mitgefühl.
	Es sorgt sich um Geschwister und kümmert sich oft um sie.

Besitztümer zu teilen, sondern auch ihre Eltern, sei es mit Geschwistern oder anderen Menschen.

Im Verlauf der „Wunderbaren Babyjahre" wird Ihr Kind in den verschiedenen Altersstufen bestimmte definierte Meilensteine erreichen, gleichzeitig wird aber sein Charakter durchscheinen. Ist Ihr Kind fünf Jahre alt, sind Sie mit seiner Persönlichkeit recht gut vertraut. Es wird nun selbstständiger und gleichzeitig mitfühlender. Es wird verstehen, dass auch andere Menschen Gefühle und Bedürfnisse haben.

So helfen Sie Ihrem Kind, Fortschritte zu machen

Jedes Kind braucht eine liebevolle, fördernde Umgebung, in der es wachsen und sich entwickeln kann. In den kommenden Jahren wird die kindliche Persönlichkeit stark dadurch geprägt, wie Eltern auf Erfolge und Enttäuschungen reagieren.

Tun als ob
Rollenspiele, bei denen häufig das Verhalten Erwachsener imitiert wird, fangen mit etwa zwei Jahren an und sind viele Jahre lang beliebt.

Es ist sehr wichtig, dass Sie immer eine möglichst positive Einstellung behalten, auf die Bedürfnisse Ihres Kindes rasch reagieren und sich für alles interessieren, was es tut. Gleichzeitig müssen Sie ihm aber auch Grenzen setzen, damit es den Unterschied zwischen richtig und falsch erkennen lernt.

Sehr wichtig ist, ein Kind charakterlich nie abzustempeln, beispielsweise als „schüchtern" oder „rechthaberisch". Ihr Kind sollte seine Persönlichkeit und seine Fertigkeiten entwickeln dürfen, ohne durch eine vorgefasste Sichtweise oder bestimmte Erwartungen anderer beeinträchtigt zu werden. Sie sollten es vor allem vermeiden, in Anwesenheit Ihres Kindes mit anderen über seine Persönlichkeit oder sein Verhalten zu sprechen. Selbst sehr kleine Kinder können den Sinn einer Unterhaltung auffassen, auch wenn sie nicht jedes Wort verstehen.

Nehmen Sie Ihr Kind so an, wie es ist – selbst wenn Sie sehr selbstsicher sind, kann Ihr Kind weniger kontaktfreudig sein. Sie sollten Ihr Kind nie anhand Ihres eigenen Sozialverhaltens beurteilen, sondern es dabei unterstützen, zu sich selbst zu finden und auf seine eigene Art Freunde und Kontakte zu finden.

Eine weitere Schlüsselfunktion von Eltern ist ihre Vorbildfunktion – Ihr Kind verbringt mit Ihnen mehr Zeit als mit jedem anderen.

Paralleles Spiel
Jedes dieser Babys spielt mit seinem eigenen Spielzeug – auch wenn noch nicht jedes seinen Schatz festhalten kann. Obgleich sie nah beieinander sitzen, kommt es zu keiner Interaktion.

Zeigen Sie ihm am Beispiel Ihres eigenen Verhaltens, wie es mit anderen spielen und interagieren kann, indem Sie freundlich sind, mit ihm teilen und ihm zeigen, wie man sich bei einer Tätigkeit abwechselt.

Bindung

Sobald Sie Ihr Baby zum ersten Mal sehen, entwickelt sich zwischen Ihnen beiden eine Bindung, die mit jedem gemeinsam verbrachten Tag stärker wird und ein Leben lang anhält. Diese Bindung setzt wahrscheinlich sogar schon vor der Geburt ein, wenn Sie mit Ihrem Baby sprechen und Ihren Bauch streicheln. Obgleich die Bindung anfangs von den Eltern ausgeht, wird das Baby in diesem Prozess bald eine aktive Rolle übernehmen.

Die Bindung ist ein lebenswichtiger Teil der kindlichen Entwicklung. Wenn Ihr Kind eine sichere und erfüllte Beziehung mit Ihnen als Eltern aufbauen kann, wird es später in der Lage sein, befriedigende Freundschaften und Liebesbeziehungen einzugehen und ein gern gesehenes Mitglied einer Gruppe zu werden. Die Bindung hat auch wesentlichen Anteil daran, in Ihrem Kind das Grundvertrauen in andere entstehen zu lassen. Dieses Grundvertrauen wird ihm helfen, sich ein Modell von den sozialen Funktionen zu bilden und zu verstehen, wie es selbst in dieses Modell passt. Lernt ein Kind in den ersten Jahren keine feste Bindung kennen, hat dies ernsthafte Konsequenzen für sein weiteres Leben. Es wird weder körperlich noch emotional gut gedeihen können.

So entsteht eine Bindung

Die Bindung ist ein natürlicher Prozess, der bei allem stattfindet, was Sie für Ihr Baby tun. Das fängt beim Windelwechseln an und geht über das Trösten, wenn es weint, bis zum Vorlesen einer Geschichte. Wenn Sie ihrem Baby das Gefühl geben, geliebt, sicher und gut aufgehoben zu sein, stärkt dies seine Liebe zu Ihnen und umgekehrt. In den ersten Wochen und den kommenden Monaten und Jahren gibt es zahllose Dinge, die Sie für Ihr Baby tun werden und die alle für eine enge und starke Bindung zwischen Ihnen beiden sorgen.

Komm, tanz mit mir
Körperkontakt ist für die Mutter-Kind-Bindung wichtig. Versuchen Sie, Ihr Baby in Ihr tägliches Übungsprogramm zu integrieren oder tragen Sie es bei der Hausarbeit nah am Körper.

Wichtig ist, nicht zu vergessen, dass die Bindung zwischen Eltern und Kind nicht nur in den ersten Lebensstunden des Babys aufgebaut wird. Die Nähe zwischen einem Baby und seinen Eltern entwickelt sich langsam über die Zeit.

Es gibt Frauen, die in den ersten Tagen keine Bindung zu Ihrem Baby spüren können. Sie sind vielleicht durch eine anstrengende Geburt erschöpft oder müssen erst den Schock über die künftige Verantwortung verkraften, die das Neugeborene mit sich bringt. Sollten Sie auch so empfinden, lassen Sie sich die Dinge natürlich entwickeln. Sie stehen erst am Beginn einer Beziehung, die sich im Lauf der kommenden Jahre stets weiterentwickelt.

Sollten Sie sich jedoch Sorgen machen, weil sich auch weiterhin keine Gefühle für Ihr Baby einstellen, holen Sie sich Rat bei Ihrem Arzt oder Gesundheitspfleger. Es könnte sein, dass Sie einfach mit jemandem sprechen müssen und etwas Bestärkung brauchen oder unter dem „Baby Blues" leiden, einer leichten Form der Wochenbettdepression, die sehr häufig vorkommt. Falls Sie unter einer schweren Wochenbettdepression leiden, ist eine Behandlung erforderlich.

Die Bindung gründet auf Kommunikation und diese wiederum wird im Wesentlichen auf zwei Wegen erreicht. Die eine Form der Kommunikation erfolgt verbal durch Sprechen und Singen, die andere durch Körperkontakt.

Sprechen Sie mit Ihrem Baby, während Sie Ihren alltäglichen Tätigkeiten nachgehen. Selbst ein sehr kleines Baby hört gerne die Stimme seiner Mutter, also kommentieren Sie, was Sie gerade tun und was in seiner Umgebung vor sich geht.

Sprechen Sie ganz natürlich mit Ihrem Baby. Selbst sehr kleine Babys haben ein Gespür für den Klang und den Rhythmus von Worten und von einer normalen Unterhaltung. Vergessen Sie auch nicht, dass Kommunikation kein einseitiger Prozess ist. Geben Sie Ihrem Baby Gelegenheit, Ihnen zu antworten, auch wenn es im ersten Lebensjahr oder auch länger noch nicht wirklich sprechen kann. Reagieren Sie auf seine Lautäußerungen mit Antworten wie „Tatsächlich?" oder „Ich weiß". Solche positiven Reaktionen werden die ersten Sprechversuche Ihres Kindes fördern.

Babys lieben Lieder und andere Musik. Ein besonderes Vergnügen, das Sie mit Ihrem Kind teilen können ist, es zu wiegen und mit ihm zu Musik zu tanzen. Wenn Sie Ihr Baby in einer Bauchtrage oder einem Tragetuch tragen, haben Sie es bei allem, was Sie tun, nah bei sich.

Wenn Sie Ihr Baby anschauen und anlächeln, fühlt es sich Ihnen nahe und damit geborgen und zufrieden. Hautkontakt und viel Schmusen fördern ebenfalls das Gefühl von Nähe und Geborgenheit.

Viele Frauen empfinden beim Stillen ein besonders inniges Gefühl. Aus diesem Grund und wegen weiterer Vorteile wird das Stillen von Fachleuten empfohlen. Falls Sie sich aber für die Fläschchenfütterung entscheiden wollen oder müssen, brauchen Sie nicht das Gefühl haben, Ihr Baby zu vernachlässigen oder eine weniger starke Bindung zu ihm zu haben. Sie können das Erlebnis des Stillens sehr ähnlich nachempfinden, wenn Sie Ihr Baby an der nackten Haut halten und viel Augenkontakt mit ihm suchen.

Ihr Baby kommuniziert mit Ihnen nicht nur durch Geräusche und Weinen, sondern fängt auch an, verschiedene Gesten zu vollführen, also beispielsweise seine Arme auszustrecken, wenn es von Ihnen hochgehoben werden möchte. Reagieren Sie auf diese Gesten, so zeigen Sie Ihrem Baby, dass Sie es verstanden haben und lieben.

So wirkt Ihr Baby mit

Von seinen ersten Lebenstagen an sucht Ihr Baby Wärme, Trost und Geborgenheit. Es ist sozusagen darauf „vorprogrammiert", um Ihre Reaktionen zu werben. Ab der Geburt kommuniziert ein Baby mit den Menschen, die für es

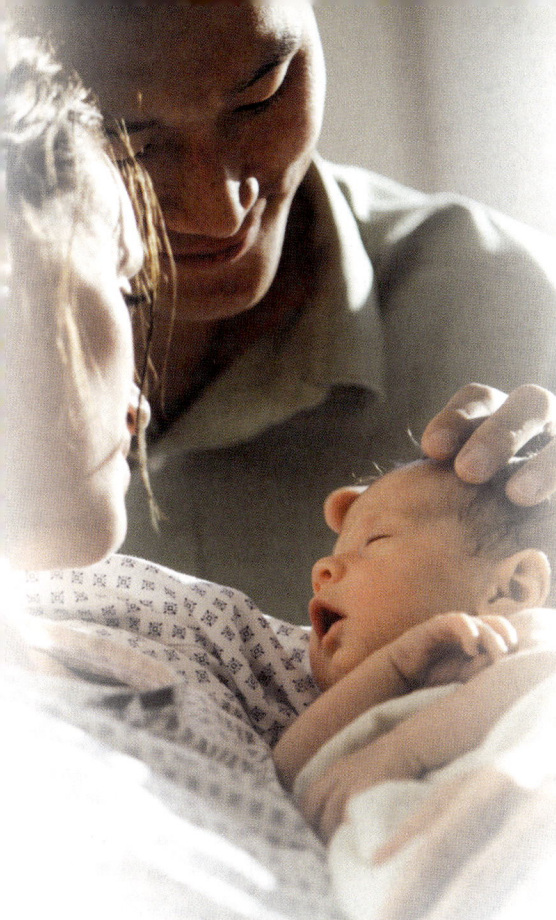

haben. Neun Monate lang haben sie das Baby ausgetragen und verbringen anfangs fast jede Minute mit ihm, insbesondere, wenn sie stillen. Als Vater können Sie auch während der Schwangerschaft bereits mit Ihrem Baby sprechen, seine Bewegungen spüren und bei der Geburt dabei sein, so dass auch Sie eine enge Bindung zu Ihrem Kind aufbauen können. Bei allem, was Sie anschließend mit Ihrem Kind tun und durch die Zeit, die Sie mit ihm verbringen, wird diese Bindung stärker.

Nehmen Sie sich nach Möglichkeit Urlaub, wenn Ihr Baby geboren ist. So wird gewährleistet, dass Sie sich einbezogen fühlen, wenn die frühe Bindung beginnt, nicht nur zwischen Ihnen und Ihrem Baby, sondern auch zwischen Ihnen dreien als Familie. Können Sie keinen Urlaub nehmen, versuchen Sie, trotzdem so viel Zeit wie möglich mit Ihrem Baby und Ihrer Partnerin zu verbringen. Bindung ist nichts, was nur in den ersten Lebenswochen Ihres Babys zustande kommt, sondern eine Nähe, die sich in den kommenden Monaten und Jahren allmählich verstärkt.

sorgen und es lieben. Seine Ausdrucksmöglichkeiten hierfür sind Weinen und weitere Lautäußerungen, Mimik, Körperbewegungen und Berührungen.

Ist Ihr Baby etwas älter geworden, kann es Ihr Verhalten voraussehen und wird herausfinden, womit es Sie zum Lächeln bringen oder erreichen kann, dass Sie sich mit ihm beschäftigen. Es lächelt Sie an, streckt Ihnen seine Arme entgegen, damit Sie es hochheben und kuschelt sich an Sie, wenn Sie mit ihm schmusen.

Sobald es etwas beweglicher geworden ist, sind Sie noch immer sein „sicherer Hafen" und es wird immer Körperkontakt mit Ihnen suchen, wenn es besorgt oder ängstlich ist oder auch einfach aus der puren Lust an Ihrer Reaktion.

Weitere wichtige Bezugspersonen
Väter haben oft das Gefühl, dass Ihre Frauen einen Vorsprung bei der Bindung an das Baby

Bescheid wissen ... *Geboren, um zu gefallen*
Mutter- und Vatergefühle sind angeboren und müssen normalerweise nicht erlernt werden. Ausgelöst werden diese Gefühle durch bestimmte Merkmale eines Babys (die auch bei Erwachsenen und bei Tieren anzutreffen sind) und denen wir schwer widerstehen können. Wissenschaftler haben festgestellt, dass folgende Merkmale eine starke Anziehungskraft haben: ein im Verhältnis zum Körper großer Kopf, eine breite, vorstehende Stirn, große, tief liegende Augen, runde, vorstehende Wangen, kurze, schwerfällige Gliedmaßen mit tollpatschigen Bewegungen, eine allgemeine Plumpheit und Rundlichkeit des Körpers – kurz gesagt alles, was ein Baby ausmacht!

Verbundenheit

Die Bindung, die sich in den ersten Lebensmonaten zwischen Ihrem Baby und Ihnen entwickelt, bedeutet, dass Ihr Baby sich bald darauf verlassen wird, dass Sie da sind. Kleine Babys kommen gut damit zurecht, von einem begeisterten Verwandten zum nächsten gereicht zu werden. Allmählich wird Ihr Baby sich jedoch am sichersten fühlen, wenn es bei Ihnen oder jemandem ist, mit dem es eine enge Bindung aufgebaut hat. Sie werden feststellen, dass Ihr Baby es nicht gerne hat, wenn es von Ihnen getrennt wird, und vielleicht weint, wenn Sie weggehen, und lächelt, wenn Sie zurückkommen. Diese Trennungsangst beginnt typischerweise im Alter von etwa sieben Monaten.

Die Verbundenheit oder Anhänglichkeit kann als ein Mechanismus betrachtet werden, der das empfindliche Gleichgewicht regelt zwischen dem Überleben des Kleinkindes und seinem Bedürfnis, seine Umwelt zu erforschen. Die Form, in der Trennung und Wiedersehen mit den Bezugspersonen ablaufen, führt zu einer besonderen Art von Verbundenheit zwischen dem Kind und jeder dieser Bezugspersonen. Wie stark Ihr Kind an Ihnen hängt, kann oft anhand dessen beurteilt werden, was Ihr Kind alles veranstaltet, um eine Trennung von Ihnen zu vermeiden, zeigt sich aber auch an der Ausprägung seines Forschungsdrangs oder Rückzugsverhaltens, wenn Sie anwesend sind und an der Begeisterung, die es zeigt, wenn es wieder mit Ihnen vereint ist.

Anzeichen von Verbundenheit

Die Verbundenheit entwickelt sich im gleichen Tempo wie die mentalen Fertigkeiten.

✳ *Mit etwa 3 Monaten:* Ihr Baby ist daran gewöhnt, dass Sie da sind und weint wahrscheinlich, um Ihre Aufmerksamkeit zu gewinnen. Sie werden darauf reagieren, indem Sie es trösten und beruhigen.

✳ *Mit etwa 4 Monaten:* Ihr Baby weint vielleicht, wenn Sie aus dem Zimmer gehen. In den kommenden Monaten wird es zunehmend darauf angewiesen sein, dass Sie da sind, um es zu beruhigen.

✳ *Mit etwa 6 – 8 Monaten:* Ihr Baby zeigt Anzeichen von Fremdeln. Es möchte vielleicht auch mehr geherzt und geküsst werden.

✳ *Mit etwa 9 – 10 Monaten:* Ihr Baby wird im Zimmer umherschauen, um sicher zu sein, dass Sie da sind.

ZEIT FÜR EINEN CHECK-UP

Schüchternheit ist weit verbreitet, und wie bereits gesagt, verlieren viele Kinder sie nie vollständig. Meist jedoch wird sie so weit überwunden, dass soziale Situationen mit Freude gemeistert werden und das Leben in vollen Zügen genossen werden kann. Ist Ihr Kind drei Jahre alt und leidet unter seiner Schüchternheit – vielleicht ist es in der Kinderbetreuung immer nur stiller Zuschauer, ohne an Aktivitäten teilzunehmen, oder tut sich schwer, Freundschaften zu schließen – wenn Sie also glauben, Ihr Kind sei aufgrund der Schüchternheit nicht wirklich glücklich, sollten Sie sich von Ihrem Kinderarzt beraten lassen. Er kann Ihnen verschiedene Vorgehensweisen empfehlen oder Sie in einigen Fällen zu einer psychologischen Beratung schicken.

★ *Mit etwa 18 Monaten:* Ihr Baby wird anhänglich sein und nicht gerne von Ihnen getrennt werden. Auch noch ungefähr ein Jahr später wird es auf Ihre Beruhigung angewiesen sein und Sie gerne in seiner Nähe haben und bis zum Alter von etwa drei Jahren in gewissem Ausmaß noch immer auf Ihre Zustimmung und Beruhigung angewiesen sein.

★ *Zwischen 3 und 4 Jahren:* Nun wird Ihr Kind selbstständiger. Kinder dieses Alters müssen mit der zeitweiligen Trennung von ihren Eltern fertig werden, sei es im Kindergarten oder später in der Schule. Die Art, wie Ihr Kind auf diese Trennung reagiert, hängt zum Teil von seiner Persönlichkeit ab, aber auch von seinen bisherigen Erfahrungen mit seinen Bezugspersonen oder beim Spielen mit anderen Kindern.

★ *Mit etwa 4 Jahren:* Die Kinder sind jetzt selbstständiger, die meisten verbringen gerne eine gewisse Zeit mit anderen vertrauten Bezugspersonen, später dann im Kindergarten und in der Schule.

So helfen Sie Ihrem Kleinkind bei diesem Übergang

Es bewährt sich, Großeltern und gute Freunde von früh an bei der Babybetreuung einzubeziehen, damit Ihr Baby daran gewöhnt wird, verschiedene Menschen um sich zu haben. Das gilt auch für Babysitter. Wenn Sie mit der ersten Babysittererfahrung warten, bis das Baby sechs Monate oder älter ist und bereits ein Bewusstsein für Fremde hat, machen Sie sich und Ihrem Baby das Leben schwerer.

Auch der Besuch eines Kindergartens wird einfacher, wenn Ihr Kind bereits die Erfahrung gemacht hat, von anderen betreut zu werden.

Wichtig ist zudem, andere Kinder zum Spielen einzuladen. Die meisten Kinder freuen sich, wenn andere Kinder zum Spielen kommen und besuchen diese Spielkameraden dann auch gerne.

SO KÖNNEN ELTERN MITMACHEN

Es ist wichtig, dass Ihr Baby Gelegenheit bekommt, Zeit mit anderen Babys zu verbringen – ab dem Alter von etwa sechs Monaten wird es daran richtig Freude haben. Kontakte werden Ihrem Baby auch dabei helfen, sich in Gesellschaft anderer souverän und sicher zu fühlen.

In eine Spielgruppe gehen

Viele Einrichtungen und Zentren bieten Kindern die Gelegenheit, gemeinsam zu spielen. Zu den Vorteilen gehört das Angebot von mehr Aktivitäten, als Sie Ihrem Kind zu Hause bieten könnten, wie Sandkasten und Plantschbecken. Sie haben aber auch Gelegenheit, sich mit anderen Eltern auszutauschen.

Einen Kurs belegen

Baby- und Kinderturnen, Musizieren, Babymassage und Bewegungskurse sind nur einige der Aktivitäten, die für kleine Kinder und deren Eltern angeboten werden.

Laden Sie anfangs mit einem Kind auch ein Elternteil zu sich ein, aber sobald das Kind mit Ihnen und Ihrer Wohnung vertraut ist, wird es gerne auch einmal alleine bei Ihnen bleiben. Fördert man Freundschaften unter Kindern, trägt dies zu deren Selbstsicherheit bei und fördert die Vorfreude auf Kindergarten und Schule.

Ihre eigene Trennungsangst

Nicht nur Ihr Kind wird eine Trennung als schwierig empfinden. Egal, wann dies geschieht, ob Sie wieder zu arbeiten anfangen und Ihr

Baby erstmals bei einer Tagesmutter oder einer anderen Betreuungsperson lassen oder ob die erste längere Trennung zu einem späteren Zeitpunkt ansteht – es wird auch für Sie schwierig sein. Sprechen Sie mit der Betreuungsperson, bitten Sie sie aufzuschreiben, was Ihr Kind den Tag über macht, womit es spielt, was es isst und über welche neuen Errungenschaften es verfügt. Wirken Sie so viel wie möglich am Alltag Ihres Kindes mit, machen Sie ihm sein Frühstück, baden Sie es, lesen Sie ihm eine Gute-Nacht-Geschichte vor oder essen Sie mit ihm zu Abend.

Schüchternheit

Mit drei Monaten ist ein Baby von Natur aus kontaktfreudig und trifft gerne mit anderen Menschen zusammen. Das bleibt so bis zum Alter von etwa sechs Monaten. In diesem Alter sind Babys noch immer freundlich, aber vielleicht nicht mehr so kontaktfreudig wie zuvor. Sie brauchen eventuell auch die Sicherheit, dass ein Elternteil im Hintergrund ist, wenn sie

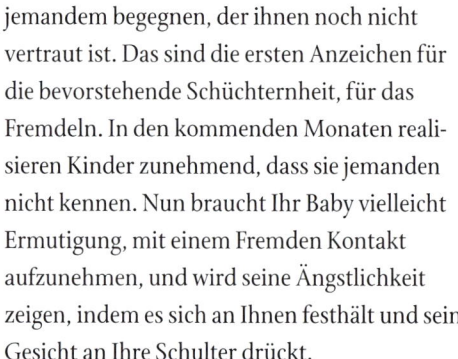

jemandem begegnen, der ihnen noch nicht vertraut ist. Das sind die ersten Anzeichen für die bevorstehende Schüchternheit, für das Fremdeln. In den kommenden Monaten realisieren Kinder zunehmend, dass sie jemanden nicht kennen. Nun braucht Ihr Baby vielleicht Ermutigung, mit einem Fremden Kontakt aufzunehmen, und wird seine Ängstlichkeit zeigen, indem es sich an Ihnen festhält und sein Gesicht an Ihre Schulter drückt.

Diese Schüchternheit hält meist einige Zeit an – mit 18 Monaten kann ein Kind noch immer sehr anhänglich sein und sich bei Mutter oder Vater Sicherheit holen. Im Alter von drei Jahren sind viele Kinder noch gehemmt und still gegenüber Unbekannten oder in größeren Gruppen.

Mit zunehmendem Alter werden viele Kinder wieder kontaktfreudiger. Bei anderen hält hingegen eine gewisse Schüchternheit an, und bis zur Hälfte der Fünf- oder Sechsjährigen zeigt noch Anzeichen von Schüchternheit.

So helfen Sie Ihrem Kind, Fortschritte zu machen

Sie können Ihrem Kind dabei helfen, seine Schüchternheit zu überwinden, indem Sie sein Selbstvertrauen und sein Selbstwertgefühl stärken. Dafür gibt es nichts Besseres als die elterliche Liebe und Anerkennung seiner Bemühungen. Sie sollten Ihrem Kind daher viel Aufmerksamkeit schenken und es häufig loben.

Natürlich gibt es Gelegenheiten, wo Sie Ihr Kind zur Ordnung anhalten und ihm Grenzen setzen müssen. Versuchen Sie aber, insgesamt immer für eine positive Atmosphäre zu sorgen, sodass Ihr Kind in einer guten, aufbauenden Umgebung aufwachsen kann.

Machen Sie aus seiner Schüchternheit kein Problem. Dies würde seine Befangenheit nur verstärken, und es würde an seinen sozialen Fähigkeiten zweifeln.

Erste Gefühlsregungen

Ein Neugeborenes weint, wenn es frustriert ist oder sich unwohl fühlt, und gibt gurrende Geräusche von sich, wenn es glücklich und zufrieden ist. Mit der Zeit lernt Ihr Baby, seine Gefühle auch auf andere Art und Weise auszudrücken: durch Körperbewegungen und Mimik und letztendlich durch Sprache.

US-Amerikanische Verhaltensforscher haben festgestellt, dass es von frühester Kindheit an in den Gefühlen und Verhaltensweisen einen Wechsel zwischen Ausgeglichenheit und Unausgeglichenheit gibt. Dieser Wechsel beruht in erster Linie auf Veränderungen im Körper, wobei Umweltfaktoren die Situation verbessern oder verschärfen können. Mit anderen Worten: Ihr Kind wird phasenweise ruhig, glücklich und zufrieden, dann aber auch launisch, aufsässig und kritisch sein. Vielleicht können Sie mit diesen Stimmungsschwankungen Ihres Kindes besser umgehen, wenn Sie die wissenschaftlichen Erkenntnisse berücksichtigen, wonach diese Schwankungen für das emotionale Reifen des Kindes nötig sind.

Die Entwicklung des emotionalen Verhaltens

* *Ab etwa 1 Monat:* Ihr Baby weiß, dass Sie seine Eltern sind, und ist beruhigt, wenn Sie es hochheben und mit ihm sprechen. Sie werden feststellen, dass es sich dadurch oft beruhigen lässt, wenn es weint. Es wird Ihnen auch sein Gesicht zuwenden, wenn Sie aus der Nähe mit ihm sprechen und wird sich ebenfalls äußern, indem es strampelt, Zunge und Mund bewegt und mit dem Kopf wackelt.

* *Mit etwa 6 Wochen:* Ihr Baby fängt an, seine Zufriedenheit zu zeigen, indem es spontan lächelt. Es kann nun auch etwas vorhersehen

und sich darauf freuen, beispielsweise wird es lächeln und zufriedene Geräusche von sich geben, wenn es sieht, dass Sie sein Bad bereiten.

* *Mit etwa 3 Monaten:* Ihr Baby gickelt und quietscht, es strampelt mit den Beinen und bewegt seine Arme, wenn ihm etwas gefällt. Auch wenn es glücklich oder aufgeregt ist, gibt es gurrende Geräusche von sich und stößt Schreie aus.

STARTHILFE FÜR IHR BABY
LÄCHELN

Neben vielen anderen Dingen wird Ihr Baby von Ihnen das Lächeln lernen. Versuchen Sie, oft zu lächeln. Sprechen Sie behutsam und positiv, wenn Ihr Baby in der Nähe ist. Sorgen Sie dafür, dass es sich in einer glücklichen Umgebung befindet. Vergessen Sie nicht, dass der strenge Klang einer Stimme für ein Baby beunruhigend ist, auch wenn es damit nicht gemeint ist.

✷ *Mit 4 – 5 Monaten:* Ihr Baby zeigt seine Freude, wenn es andere Menschen erkennt, indem es lächelt. Es trifft gerne mit unbekannten Menschen zusammen und lächelt sie ebenfalls an. Etwa in diesem Alter lernen Babys auch andere Gesichtsausdrücke, um ihren Eltern zu zeigen, wie sie sich fühlen. Ihr Baby wird auf ein Lächeln anders reagieren, als wenn Sie ihm etwas verbieten.

✷ *Mit etwa 6 Monaten:* Ihr Baby zeigt allmählich eine gewisse Schüchternheit Fremden gegenüber, indem es sein Gesicht oder seinen Körper abwendet oder sich an Sie klammert. Es verfügt nun über umfassende Äußerungsmöglichkeiten, sodass es durch Lächeln, Weinen, Gurren und Quietschen, aber auch durch seine Körpersprache mit anderen kommunizieren kann.

✷ *Mit etwa 9 Monaten:* In diesem Alter sind Trennungsangst und Fremdeln am stärksten.

Ihr Baby ist verunsichert, wenn Sie weggehen und Fremde kommen.

✷ *Mit etwa 1 Jahre:* Ihr Baby zeigt viel Zuneigung, indem es sich an Sie kuschelt. Es wird wütend, wenn jemand sein Spielzeug nimmt, und beginnt, sich vor bestimmten Dingen zu fürchten – lauten Haushaltsgeräten oder Tieren beispielsweise.

✷ *Zwischen 1 und 2 Jahren:* Ihr Kleinkind wird wütend, wenn es sich anders nicht ausdrücken kann. Dies sollte sich wieder legen, und Ihr Kind wird wieder gelassener. Es kann seine Liebe durch warmherzige Gesten und Worte ausdrücken.

✷ *Mit etwa 2 ¹/₂ Jahren:* In diesem Alter nehmen starke Emotionen überhand. Die Ursachen sind Frustration und Unsicherheit, weil Ihr Kind noch nicht in der Lage ist, Dinge zu tun, die es gerne tun möchte, und seine Gefühle zu kontrollieren.

✷ *Mit etwa 3 Jahren:* In diesem Alter ist die Fähigkeit, Emotionen zu kontrollieren, sehr unterschiedlich ausgeprägt. Manche Kinder sind in dieser Zeit ruhiger geworden, andere haben mit starken Emotionen zu kämpfen. Einige Kinder sind äußerst selbstsicher, andere ängstllch und unsicher.

✷ *Mit etwa 4 Jahren:* Ihr Kind äußert vielleicht extreme Emotionen – positiv wie negativ. Manches liebt es über alles, anderes verabscheut es sehr heftig.

✷ *Mit 5 Jahren:* Ihr Kind hat im Allgemeinen eine positive Lebenseinstellung, ist ruhig und heiter und dürfte nun die Reife besitzen, mit den meisten Problemen fertig zu werden.

Kuscheldecke

Die meisten Kinder brauchen irgendein Teil – eine kleine Decke oder ein weiches Spielzeug –, das Ihnen Sicherheit gibt und Trost spendet. Für das emotionale Wohlbefinden eines Kindes sind solche „Übergangsobjekte" äußerst wichtig, und Sie helfen dem Kind, selbstständiger zu werden.

SO KÖNNEN ELTERN MITMACHEN

Babys haben gerne Spaß, und Sie werden viele Möglichkeiten herausfinden, mit denen Sie Ihr Baby zum Kichern und Lachen bringen können. Neben Spielen wie „Guck guck" und Finger-spielen können Sie es vorsichtig kitzeln oder anpusten.

Guck guck spielen

Sie können es ab etwa drei oder vier Monaten mit Ihrem Baby spielen. Hat Ihr Baby jedoch mit etwa neun Monaten die Objektper-manenz erlernt (s. S. 78), wird es noch deutlich mehr Freude daran haben. Verstecken Sie sich anfangs hinter Ihren Händen und lassen Sie diese dann sinken. In der nächsten Stufe können Sie ein Blatt vor das Gesicht Ihres Babys halten und dieses dann wegziehen, sodass Sie sein Gesicht sehen. Lachen Sie es fröhlich an und beobachten Sie sein erfreutes Gesicht, wenn es Sie wieder sieht.

Badespaß

Auch beim Baden Ihres Kindes ergeben sich Gelegenheiten für freudiges Spielen. Vorsichtiges Anspritzen und Spielen mit dem Schaum wird Ihrem Baby ein Gickeln entlocken. Es wird gerne im Wasser plantschen und alles nass machen – Sie eingeschlossen! Sie können auch Seifenblasen über das Wasser pusten – anfangs wird Ihr Baby diese nur beobachten, bald aber auch versuchen, sie zu fangen. Wasserfeste Bücher und Badespielsachen bieten auch Spaß und Lernmöglichkeiten beim Baden.

Kinderlieder singen

Ihr Baby wird diese einfachen Lieder immer und immer wieder hören wollen. Mit sechs oder sieben Monaten wird es richtig darauf reagieren. Es ist aber nie zu früh, um damit zu beginnen – selbst ein Neugeborenes hört gerne Ihre Singstimme und genießt die gemeinsame Zeit. Es wird nicht nur Freude an der Melodie haben, sondern auch sprachlich durch den Text dazulernen. Ist Ihr Baby etwas älter, begleiten Sie die Lieder mit einfachen Aktionen, um es zu unterhalten – beispielsweise wie bei „Geht ein Mann die Treppe hoch" – und wird bald versuchen, es Ihnen gleichzutun.

Gemütsstimmung

Kinder jeder Altersstufe können Stimmungsschwankungen zeigen. Bei kleinen Kindern lassen sich die Ursachen dafür meist leicht herausfinden und beheben. Kleine Kinder können Fantasie und Wirklichkeit noch nicht gut trennen und weinen auch deshalb öfter.

Das erste Lebensjahr

Die Bedürfnisse eines Babys sind relativ einfach: Es braucht Aufmerksamkeit in Form von Liebe und Zuneigung, Essen und Trinken, frischen Windeln und Unterhaltung. Zudem benötigt es noch viel Schlaf. Solange diese Bedürfnisse gestillt werden und das Baby gesund ist, wird es wahrscheinlich glücklich und zufrieden sein. Fühlt es sich jedoch in irgendeiner Weise unwohl, äußerst es dies durch Weinen und Geschrei. Auch seine Körpersprache wird Ihnen „sagen", ob es zufrieden ist.

Wie alle Eltern wissen, ist das Leben aber nicht immer so einfach. Jedes Baby wird irgendwann aus unerfindlichen Gründen weinen, aber selbst wenn wir die Ursache nicht kennen, können wir es normalerweise durch einfache Maßnahmen wie Wiegen oder Singen beruhigen. Hierfür gibt es eine wichtige Ausnahme: die Kolik. Als Koliken bezeichnet man die Anfälle unerklärlichen Weinens bei einigen kleinen Babys, normalerweise immer zur selben Tageszeit. Koliken setzten etwa mit drei Wochen ein und treten bis zum Alter von etwa drei Monaten immer wieder auf. Die Ursachen sind nicht bekannt, und entsprechend gibt es auch kein Patentrezept, wie am besten damit umzugehen ist.

Das Kleinkindalter

Für die meisten Kleinkinder ist das Leben im Großen und Ganzen einfach. Entweder läuft alles so, wie sie es gerne möchten, dann sind sie glücklich, oder es läuft nicht nach ihrem Willen, und sie reagieren darauf mit Tränen und Frustration. Die generell gute oder verdrießliche Laune eines Kleinkindes hängt auch von der Erfüllung seiner Grundbedürfnisse ab – Aufmerksamkeit, Schlaf, Essen oder Trinken und Unterhaltung.

Das Vorschulkind

Wenn Kinder etwas älter werden und ein größeres Bewusstsein für die Menschen in ihrer Um-

Erleichterung für den Bauch
Eine hilfreiche Selbsthilfemaßnahme bei Koliken: Legen Sie sich Ihr Baby bäuchlings auf den Arm. Der Druck gegen seinen Bauch kann die Schmerzen lindern.

gebung und für ihre eigenen Gefühle entwickelt haben, kommt es vor, dass ihre Stimmungen etwas komplizierter werden. Zwar ist die Grundstimmung bei Kleinkindern noch immer überwiegend glücklich und zufrieden, es kann aber auch Zeiten geben, in denen Ihr Kind gereizt ist. Solche Stimmungen halten oft nur kurz an und können mit Müdigkeit, Langeweile oder Hunger zusammenhängen. Es gibt jedoch auch Fälle, wo es für die Unzufriedenheit eine tiefere Ursache gibt, mit der man sich auseinandersetzen muss. Es ist Aufgabe der Eltern, solche Stimmungen zu erkennen und falls erforderlich für Hilfe und Unterstützung zu sorgen.

Ein glückliches Zuhause

Sie können sehr viel tun, damit Ihre Kinder glücklich und zufrieden bleiben, die unverzichtbare Grundlage jedoch sind Liebe und Zuneigung. Kinder zu glücklichen Menschen zu erziehen bedeutet auch, Ihnen viel Aufmerksamkeit zu schenken und ihre Bemühungen mit Lob und Ermutigung zu belohnen. Kinder sprechen auf die Erfüllung dieser Grundbedürfnisse gut an, brauchen daneben aber auch Stabilität und eine gewisse Routine.

Wenn etwas schiefläuft

In den meisten Familien gibt es Zeiten, in denen die glückliche und stabile Atmosphäre gestört wird. Manchmal wird diese Störung kurzfristig sein, beispielsweise wenn ein Geschwisterkind geboren wird oder die Familie umzieht. Mit etwas zusätzlicher Aufmerksamkeit, Ermutigung und Lob wird das Kind bald wieder in seine Routine finden. Es können aber auch schwerwiegendere Veränderungen eintreten – Beziehungsprobleme, ein Trauerfall oder finanzielle Probleme. Eltern möchten ihre Kinder natürlich nie verstören oder beunruhigen, es kann aber manchmal schwierig für sie sein, immer die

Gefühle der Kinder im Auge zu haben, wenn sie selbst mit Angst und Sorgen zu kämpfen haben. Es ist wichtig, dass Eltern sich in solchen Zeiten so viel Hilfe und Unterstützung holen wie nötig.

Ein glückliches Kind sieht gesund aus, isst gerne und spielt viel. Dies ist der übliche Grundzustand bei Kindern. Jedoch können sich auch schon sehr kleine Kinder über irgendetwas Sorgen machen oder beunruhigt sein. Offenkundige Anzeichen dafür wären ein verändertes Schlafmuster oder Appetitverlust. Vielleicht fällt Ihnen auch auf, dass Ihr Kind weniger kontaktfreudig ist als sonst oder nicht in den Kindergarten gehen möchte. Möglicherweise ist Ihr Kind manchmal traurig oder reizbar und schlechter gelaunt als sonst. Niemand kennt Ihr Kind so gut wie Sie. Falls Sie Anzeichen dafür wahrnehmen, dass Ihr Kind ein Problem hat, und Sie diesem Problem nicht selbst auf die Spur kommen, sollten Sie mit Ihrem Kinderarzt darüber sprechen.

Blühende Fantasie

Kleine Kinder sind mit einer blühenden Fantasie gesegnet. Häufig erkunden sie in ihren Fantasiespielen vielfältige Emotionen und experimentieren mit diesen Gefühlen. Gelegentlich jedoch wird diese Fantasiewelt etwas zu real, und das Kind ist beunruhigt oder fürchtet sich vor etwas, was im Spiel vorkam – ein außer Kontrolle geratenes Ungeheuer oder der Unfall eines erfundenen Freundes. Fantasiespiele sind für die kindliche Entwicklung sehr wichtig, verharmlosen Sie daher solche Ereignisse nicht, und machen Sie sich nicht darüber lustig. Versuchen Sie lieber, sich in dieses Spiel einzubringen und bei der Lösung des Problems zu helfen – verjagen Sie gemeinsam das Ungeheuer –, anschließend sollten Sie Ihr Kind aber wieder weiterspielen lassen, wie es möchte.

Quengelphasen

Gelegentlich merken Sie, dass alles, was Sie tun oder sagen, falsch ist, wenn Ihr vierjähriges Kind Ihnen ständig widerspricht. Das heißt aber nicht, dass Sie wirklich etwas falsch machen, sondern zeigt, dass Ihr Kind eine reizbare Phase durchlebt. Solche Phasen fallen zeitlich häufig mit Veränderungen zusammen, durch die Ihr Kind verunsichert ist. Es kommt auch vor, dass

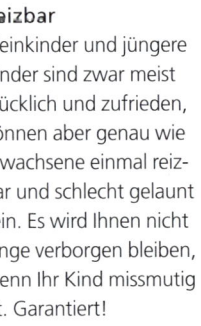

Reizbar
Kleinkinder und jüngere Kinder sind zwar meist glücklich und zufrieden, können aber genau wie Erwachsene einmal reizbar und schlecht gelaunt sein. Es wird Ihnen nicht lange verborgen bleiben, wenn Ihr Kind missmutig ist. Garantiert!

Bescheid wissen... Fantasiefreunde
Viele Kleinkinder haben Fantasiefreunde. Bei einigen ist dies eine lange anhaltende Freundschaft mit einer einzelnen „Person" oder einem Haustier, bei anderen sind es viele verschiedene Figuren, die aber nur für einen kürzeren Zeitraum wichtig sind. Solche eingebildeten Freunde bedeuten nicht, dass ein Kind schüchtern oder in irgendeiner Weise unausgeglichen wäre. Wissenschaftler glauben sogar, dass sie einem Kind dabei helfen können, ausgeglichener zu werden und mit Stress besser fertig zu werden. Da solche Fantasiefreunde einem Kind die Erfahrung verschiedener Gefühle und Erfahrungen ermöglichen – insbesondere „verbotener Gefühle", sollten Eltern mitspielen und diese imaginären Freunde sogar einbeziehen, indem sie diesem „Freund" einen Platz einräumen.

Kinder ohne erkennbaren Grund eine solche Phase durchmachen, die ebenso plötzlich vorüber ist, wie sie begonnen hat. Ist Ihr Kind einmal schlecht gelaunt, lassen Sie sich davon nicht beeindrucken, seien Sie weiterhin freundlich und positiv und ermutigen Sie Ihr Kind, damit es doch noch einen schönen Tag hat.

Kurzfristige Reizbarkeit kann ein Zeichen für Hunger sein. Möglicherweise hat es auch schlecht geschlafen und braucht tagsüber ein oder zwei Stunden Schlaf. Reizbarkeit kann aber auch ein Zeichen dafür sein, dass Ihr Kind etwas auf dem Herzen hat. Sprechen Sie mit ihm über seinen Tag in der Kinderkrippe oder im Kindergarten, stellen Sie ihm gezielte Fragen über seine Freunde, so werden Sie vielleicht eine Erklärung für seine schlechte Laune finden.

Sollte Ihr Kind längere Zeit reizbar und schlecht gelaunt sein, lassen sie sich von Ihrem Kinderarzt beraten.

Wut und Aggression

Wie jeder Mensch wird auch ein Kleinkind gelegentlich wütend und ist frustriert. Dies kann sich auf verschiedene Arten zeigen. Wutgefühle können sich in Wutanfällen äußern, die typischerweise im Alter von etwa zwei Jahren beginnen. Ein wütendes Kind schlägt vielleicht mit den Fäusten auf den Tisch oder wirft Gegenstände durchs Zimmer. Wut und Frustration können sich auch in aggressivem Verhalten wie Schlagen oder Treten äußern.

Frustration

Kleinkinder sind leicht frustriert, es ist daher kein Zufall, dass die schlimmste Form der Frustration – Wutanfälle – bereits mit etwa 15 Monaten beginnen.

Kleinkinder müssen mit bestimmten körperlichen Einschränkungen leben – sie können sich noch nicht so schnell bewegen, wie sie gerne möchten, oder sind noch nicht geschickt genug, um so zu spielen, wie sie sich das vorstellen. Auch ihr Sprechvermögen ist noch begrenzt, sodass sie ihren Eltern vielleicht ihre Wünsche nicht verständlich machen können. Kinder dieses Alters zeigen auch erste Anzeichen von Selbstständigkeit und möchten über Ereignisse und Dinge eine gewisse Kontrolle ausüben.

Wutanfälle

Solche Ausbrüche sind völlig normal und treten bei den meisten Kleinkindern auf. Am häufigsten sind Wutanfälle bei Zweijährigen, sie können aber auch bereits im Alter von 15 bis 18 Monaten und bei Vierjährigen oder Älteren auftreten.

Die wichtigste Reaktion der Eltern: Ruhe bewahren, auch wenn dies noch so schwerfällt. Bedenken Sie, dass dieses Verhalten völlig normal ist und die Frustration des Kindes widerspiegelt, körperlich etwas nicht tun zu können, sich nicht verständlich machen zu können, sich zu wenig beachtet zu fühlen oder einfach nicht das tun zu können, was es gerne möchte.

Bei einem Wutanfall können Sie versuchen, Ihrem Kind Trost anzubieten, indem Sie es in die Arme nehmen. Wenn Ihr Kind sich aber dagegen wehrt oder nur schwer zu halten ist, versuchen Sie sein Verhalten zu ignorieren. Bleiben Sie ruhig und fahren Sie in Ihrer momentanen Beschäftigung fort. So wie Sie unpassendes Verhalten ignorieren, beachten Sie hingegen richtiges Verhalten sofort wieder, und loben Sie Ihr Kind.

In den Arm nehmen
In der Frühphase eines Wutanfalls gelingt es manchmal noch, ein Kind zu trösten, indem man es liebevoll in den Arm nimmt.

Achten Sie darauf, dass Ihr Kind sich bei einem Wutanfall nicht selbst verletzen kann, wenn es boxt und tritt. Manchmal lässt sich ein Wutanfall noch stoppen, indem man das Kind ablenkt.

Kleinkinder suchen sich für ihren Wutanfall häufig eine Umgebung aus, wo ihnen ein größeres Publikum sicher ist – je mehr Leute in der Nähe sind, desto schlimmer wird der Wutanfall sein. Hat Ihr Kind einen Wutanfall, während Sie mit ihm unterwegs sind, werden Sie sein Verhalten nicht lange ignorieren können. Nimmt der Wutanfall ein gewisses Ausmaß an, und Sie können Ihr Kind nicht ablenken, tragen Sie es von seinem Publikum fort an eine Stelle, wo Sie mehr oder weniger alleine mit ihm sind. Erklären Sie ihm mit wenigen Worten und möglichst ruhig, was Sie tun. Setzen Sie Ihr Kind dann sicher ab und warten Sie geduldig, bis es sich beruhigt hat. Das kann fünf Minuten oder auch länger dauern. Machen Sie sich keine Sorgen – und bleiben Sie konsequent. Schließlich möchten Sie nicht, dass Ihr Kind glaubt, es könne durch einen Wutanfall alles erreichen, was es möchte.

Versuchen Sie, Frustrationen Ihres Kindes vorzubeugen.

* *Prüfen Sie, ob Umstände vorliegen, die seine Wut noch anheizen könnten:* Ist Ihr Kind müde, hat es Hunger oder langweilt es sich beispielsweise? Hat es genügend Gelegenheiten, Dampf abzulassen und Spannungen gar nicht entstehen zu lassen? (Gehen Sie täglich mindestens einmal mit Ihrem Kind nach draußen, damit es sich austoben kann.)

* *Bemühen Sie sich, Ihr Kind zu verstehen:* Oft werden Sie nicht verstehen, was Ihr Kind möchte, aber tun Sie Ihr Bestes.

* *Loben Sie Ihr Kind für gutes Verhalten:* Belohnen Sie Ihr Kind mit Worten, kaufen Sie ihm keine Süßigkeiten, dies würde einen Präzedenzfall schaffen. Kleinkinder reagieren gut auf positive Bestärkung.

* *Vergessen Sie nicht, dass Ihr Kind ein eigenständiges Individuum ist:* Mit jedem Kind muss man anders umgehen. Finden Sie heraus, was für Ihr Kind passend ist.

Aggressives Verhalten

Wut und Frustration, die gelegentlich durch Eifersucht noch angefacht werden (bei Kleinkindern sehr verbreitet), äußern sich manchmal in Form von Aggressionen, vielleicht als Schlagen, an den Haaren Ziehen oder sogar Beißen.

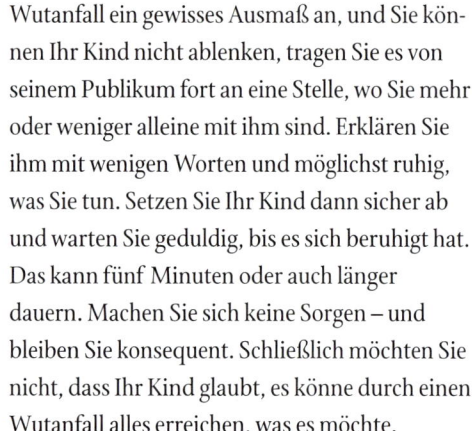

Störverhalten
Möglicherweise wird Ihr Kind zu unschönen Mitteln greifen, um Aufmerksamkeit auf sich zu ziehen.

Hier müssen Sie eindeutig Stellung beziehen: Lassen Sie Ihr Kind wissen, dass es normal ist, wütend zu sein, dass es jedoch nicht normal ist, andere in irgendeiner Form zu verletzen. Einige Tipps:

✶ Ignorieren Sie die Wut Ihres Kindes nicht: Sprechen Sie mit ihm über seine Gefühle.

✶ Bieten Sie Ihrem Kind an, dass Sie es in den Arm nehmen, wenn es seine Wut losgeworden ist: Dadurch werden auch Sie selbst sich besser fühlen.

✶ Nehmen Sie es nicht persönlich, *wenn Ihr Kind gelegentlich auch auf Sie losgeht:* Es hat mit Ihrer Beziehung zu Ihrem Kind oder Ihren elterlichen Fähigkeiten nichts zu tun. Die meisten Eltern machen irgendwann diese Erfahrung.

✶ Seien Sie konsequent: Sagen Sie „Nein", wenn Ihr Kind Grenzen überschreitet.

So gelingt es, Ruhe zu bewahren

Alle Eltern erleben, dass es nicht einfach ist, die Ruhe zu bewahren, wenn sie mit einem problematischen Verhalten konfrontiert werden. Ihr Kind wird viele Jahre lang immer wieder einmal

Frustrationen bei Ihnen auslösen. Nachfolgend einige Tipps:

✶ Tief Luft holen: Entfernen Sie sich ganz kurz von Ihrem Kind, und atmen Sie einige Male tief durch. Erklären Sie Ihrem Kind, dass Sie wütend sind und Ihnen das hilft. So zeigen Sie Ihrem Kind auch, dass jeder Mensch einmal wütend wird und dass man Wut nicht durch Aggression zeigen muss.

✶ Seien Sie gnädig mit sich selbst: Seien Sie nicht ständig unzufrieden mit sich, falls Sie wütend sind. Es ist normal, einmal wütend zu sein – wichtig ist eine Möglichkeit zu finden, sich wieder zu beruhigen. Manchen hilft eine Tasse Kaffee, anderen, wenn Sie Musik hören.

✶ Sprechen Sie darüber: Es wird Ihnen helfen, wenn Sie mit verständnisvollen Freunden oder Verwandten über Ihre Frustrationen oder Sorgen sprechen.

✶ Finden Sie das richtige Maß: Begrenzen Sie die Gelegenheiten, bei denen Sie „nein" sagen. Nutzen Sie andere Formen der Erziehung wie Ablenkung, und ignorieren Sie manches Verhalten oder manche Laune.

Drangsalieren

Kleinkinder leben aggressive Gefühle gelegentlich aus, indem sie einen Spielkameraden beißen oder in anderer Form malträtieren. In solchen Fällen müssen Sie sofort eingreifen, um derartige Verhaltensweisen im Keim zu ersticken.

Spielen

Spielen hat an der kindlichen Entwicklung einen wichtigen Anteil. Durch Spielen erlernen Kinder neue Fertigkeiten und probieren Sie für ihr späteres Leben aus. Spielen verbessert nicht nur die motorischen Fertigkeiten (Bewegung), die Koordination und die mentalen Fertigkeiten, wie das logische Denken, Spielen hilft Kindern auch, ihre sozialen Fertigkeiten zu entwickeln und zu üben. Beim Spielen können Kinder zudem ihre Persönlichkeit zeigen, und sie können durch Fantasiespiele Emotionen verstehen und äußern.

Dampf ablassen
Kinder ab etwa zwei Jahren sind besonders anfällig für Frustrationen und müssen – wie ältere Kinder auch – Gelegenheit bekommen, herumzutoben und an der frischen Luft zu spielen.

Die Bedeutung des Spielens für das Sozialverhalten

Zeit, in der gespielt wird, ist wertvolle Zeit. Einige Spielarten unterstützen die Entwicklung und das Erlernen unterschiedlicher Fertigkeiten, wie die körperlichen und mentalen Fertigkeiten, aber alle Arten von Spiel können einem Kind die Möglichkeit geben, etwas über Beziehungen und den Umgang mit anderen Kindern zu lernen.

Körperliche Aktivitäten verbessern nicht nur die motorischen Fertigkeiten, wie Rennen und Springen, sondern Kinder haben dabei auch Gelegenheit, mit anderen Kindern zu interagieren. Solche Spiele zeigen Kindern rücksichtsvolles und höfliches Verhalten, denn sie müssen lernen zu warten, bis sie an der Reihe sind, und die Spielgegenstände gemeinsam zu benutzen. Neben diesen Vorteilen haben Kinder bei körperlichen Spielen auch die Gelegenheit, Dampf abzulassen. So kann verhindert werden, dass Frustrationen sich anstauen.

Beim Malen und Basteln drücken Kinder ihre Persönlichkeit aus. Solche kreativen Tätigkeiten fördern auch das Selbstvertrauen und das Selbstwertgefühl. Das Teilen der Stifte oder Kleber ist oft Teil dieses Spiels.

Bei Spielen, bei denen Klötze zu stapeln oder etwas nach Formen zu sortieren ist, lernen Kinder allmählich mehr über ihre Umwelt und wie etwas funktioniert. Ältere Kinder machen solche Entdeckungen gerne gemeinsam.

Bei Rollenspielen jedoch lernen Kinder wahrscheinlich mehr über das soziale Miteinander und Verhalten als bei jedem anderen Spiel. Solche Rollenspiele beginnen im Alter zwischen 18 Monaten und zwei Jahren und werden mit der Zeit zunehmend komplex. Bei Rollenspielen mit anderen Kindern, mit Puppen oder Stofftieren, haben Kinder die Gelegenheit, etwas über Beziehungen und soziale Interaktionen zu erfahren. Sie probieren aus, für andere zu sorgen und die Gefühle anderer im Alltag zu berücksichtigen.

Wie Kinder spielen

Mit zunehmendem Alter verändert sich die Art, wie Kinder spielen. Anfangs spielen sie alleine, dann neben anderen Kindern, aber immer noch für sich (paralleles Spielen), bis sie schließlich mit anderen Kindern zusammen assoziativ oder in einer Gruppe spielen.

Obwohl Babys noch nicht mit anderen Kindern zusammen spielen können, sind sie gerne in deren Gesellschaft und beobachten sich gegenseitig. Gegen Ende des ersten Lebensjahres interessiert sich ein Baby allmählich für Dinge, mit denen ein anderes Kind spielt und wird vielleicht nach interessanten Gegenständen oder Spielsachen greifen, aber noch nicht wirklich mit einem gleichaltrigen Kind spielen.

Kleinkinder spielen gerne neben anderen Kindern, brauchen aber noch die lobende Bestätigung ihres Verhaltens durch einen Erwachsenen. Normalerweise interagieren sie noch nicht mit einem anderen Kind, wenn die Eltern nicht anwesend sind. Dieses Spielen nebeneinander wird als paralleles Spielen bezeichnet und hält bis zum Alter von zwei oder drei Jahren an, erst dann spielen die Kinder mehr miteinander.

Zwei- bis Fünfjährige spielen im Lauf eines Tages normalerweise alle Spielformen. Ihr dreijähriges Kind wird sich beispielsweise eine Zeit lang alleine mit seiner Puppe beschäftigen, anschließend neben einem Freund mit seinen eigenen Spielsachen spielen, wobei auch assoziatives Spielen vorkommen kann – es tauscht Spielsachen oder Materialien mit dem anderen Kind, spielt aber sein eigenes Spiel weiter –, und geht

SO KÖNNEN ELTERN MITMACHEN

Zu Ihren wichtigen Aufgaben als Eltern gehört es, für Ihr Kind eine Umgebung zu schaffen, in der es zum Spielen angeregt wird. Kinder brauchen sehr wenig Ausrüstung für ihre Fantasiespiele, aber vielleicht möchten Sie die folgenden Gegenstände besorgen.

Spezielle Spielsets

Ein Puppengeschirr, ein Arztköfferchen oder ein Werkzeugkasten bieten Ihrem Kind viele Jahre Gelegenheit für fantasievolle Spiele.

Nützliche Haushaltsgegenstände

Vielerlei übliche Gegenstände, wie Bürste und Kamm, Küchenutensilien, wie Schneebesen und Plastikschüssel, oder Putzsachen, wie Besen, lassen sich für häusliche Rollenspiele verwenden. Achten Sie aber immer darauf, Ihrem Kind nur ungefährliche Dinge zu geben.

Einkaufen spielen

Neben einer gekauften Spielzeugkasse eignen sich ein paar Schuhkartons und Schuhpaare oder einige Dosen und ein Einkaufskorb für Einkaufspiele.

schließlich zu einem gemeinsamen Spiel über. Zwar können Babys und Kleinkinder noch nicht assoziativ oder kooperativ mit anderen Kindern spielen, solche Spiele sind aber ein wichtiger Bestandteil der täglichen Beschäftigungen von Eltern und Kind – beim Anziehen, Füttern und Windelwechseln. Während dieses „Spiel" nicht genau dasselbe ist wie das Spielen mit einem anderen Kind, zeigt es doch, dass sehr kleine Kinder absolut an Spielformen gewöhnt sind, bei denen es auf Zusammenarbeit ankommt, auch wenn sie erst ab einer gewissen Entwicklungsstufe mit einem anderen Kind in dieser Form spielen können.

Sobald kleinere Kinder zusammen spielen, wird es wahrscheinlich zu Streitigkeiten kommen – bei willensstarken Kindern auch häufig. Eine Schlüsselursache hierfür ist der Widerwille zu teilen. Sie werden manch einen frustrierenden Nachmittag damit zubringen, solche Streitigkeiten zu schlichten. Kinder verstehen erst mit etwa drei Jahren das Teilen oder Abwechseln. Selbst wenn Kinder schließlich gut

Gesellschaftsspiele
Kinder können ab etwa vier Jahren, manchmal auch früher, einfache Kartenspiele erlernen. Diese bieten eine gute Gelegenheit, Zahlen und weitere Schlüsselinformationen zu lernen, das Abwechseln zu üben und anderen zuzuhören.

Bescheid wissen ...

Geschlechtsspezifische Spiele

Durch Rollenspiele erkunden Kinder, was es bedeutet, ein Mann oder eine Frau zu sein. Kinder sind sehr empfänglich für den Einfluss des Fernsehens und anderer Medien und für die Einstellung von Freunden und Verwandten. Selbst wenn beide Eltern berufstätig sind und sich die Haus- und Familienarbeit teilen, kann ein Kind an konventionellen Rollen festhalten – ein Mädchen möchte sich schminken und mit dem Puppenhaus spielen, während ein Junge mit einem Spielsäbel herumrennt. Es gibt allerdings auch Kinder, die sich der geschlechtsspezifischen Rolle verweigern. So kann ein Mädchen sehr aggressiv sein oder ein Junge sich die Kleider seiner Schwester anziehen. Durch das Ausprobieren der verschiedenen Einstellungen und Verhaltensmuster beider Geschlechter bekommen Kinder eine feste Vorstellung von ihrem eigenen Geschlecht.

teilen können, bedeutet das nicht, dass sie es immer tun werden (siehe S. 154 Tipps zum Teilen). Ab etwa vier Jahren können Kinder allmählich verschiedene Standpunkte verstehen und daher auch Kompromisse finden und beim Spielen die Wünsche anderer berücksichtigen.

So helfen Sie Ihrem Kind beim Spielen

Es ist wichtig, Kindern bei allen Spielarten möglichst oft die Führung zu überlassen, insbesondere bei Rollenspielen und kreativem Gestalten. Greifen Erwachsene ein, wird die natürliche Fantasie und Kreativität des Kindes gebremst. Zum Spielspaß bei Fantasiespielen gehört es, dass Kinder das Gefühl haben, ihre eingebildeten Szenarien selbst unter Kontrolle zu haben. Hingegen ist bei jüngeren Kindern Hilfe gelegentlich noch willkommen, und es kann Gelegenheiten geben, wo Sie das Gefühl haben, ein Fantasiespiel könnte Ihrem Kind dabei helfen, mit Problemen fertig zu werden. In diesem Fall können Sie ein Szenario vorschlagen. Wenn Sie Ihr Kind beispielsweise bei einem Babysitter lassen, können Sie vorschlagen, dass es mit seiner Puppe Babysitter spielt. Aber auch wenn Ihr Kind möchte, dass Sie mitspielen, sollten Sie sich möglichst zurückhalten. Tun Sie, was Ihr Kind von Ihnen möchte, aber übernehmen Sie nicht die Spielführung. Sie sollten nur so viel Hilfestellung geben wie nötig.

Beim gemeinsamen Spielen mit Ihrem Kind können Sie ihm wichtige Fertigkeiten beibringen. Das sind nicht nur praktische Fertigkeiten, sondern auch das Abwechseln und Teilen. Oft wird Ihr Kind aber auch viel lernen, wenn es sich selbst beschäftigt und weiß, dass Sie in der Nähe sind. Wenn Ihr Kleinkind kurze Zeit für sich alleine spielt, hat es das Gefühl, Kontrolle über die Geschehnisse in seiner Umgebung zu haben, was sein Selbstvertrauen fördert.

STARTHILFE FÜR IHR BABY
HILFSBEREITSCHAFT FÖRDERN

Bereits sehr junge Kinder sollten beim Aufräumen nach dem Spielen einbezogen werden. Auch dies ist ein Teil des Lernprozesses, hilfsbereit zu werden und Dinge zu achten und sorgfältig zu behandeln. Sie können das Aufräumen zu einem weiteren Spielvergnügen gestalten, indem Sie Ihrem Kind sein eigenes, ungefährliches Putzmaterial geben oder es bitten, alle Spielsachen einer Farbe einzusammeln und in eine Kiste zu legen oder bei dieser Tätigkeit die Gegenstände zählen oder etwas singen.

Kinderfeste

Größere Einladungen geben Ihrem Kind eine gute Möglichkeit, mit seinen Freunden zusammenzukommen, erst mit drei Jahren jedoch wird es wirklich verstehen, was ein solches Fest ist, auch wenn es bereits mit zwei Jahren das Besondere der Situation spürt.

Bereiten Sie Ihr Kleinkind auf die Einladung vor, indem Sie einige Tage vorher mit ihm darüber sprechen und überlegen, wer kommen soll. Ist Ihr Kind schon etwas älter, kann es bei den Einladungen und einfachen Essensvorbereitungen helfen. Viele ältere Kinder haben eine klare Vorstellung, wen sie einladen möchten und was für eine Art Fest sie feiern möchten – beispielsweise ein Piratenspiel oder einen Bastelnachmittag.

Bereiten Sie nur ein einfaches Essen vor. Eine gute Idee ist es, außer dem üblichen Kuchen und Eis noch gesunde Knabbereien anzubieten. Bieten Sie als Getränk Milch oder Wasser an statt Saft oder Limonade.

Zweijährige

Kinder dieses Alters haben nur an einer kurzen Einladung wirklich Freude – eine Stunde ist normalerweise ausreichend, und es sollten auch nur wenige Spielkameraden kommen. Günstig ist es, auch die Eltern mit einzuladen, denn Kinder dieses Alters sind noch nicht wirklich gesellig und spielen normalerweise nur, wenn ihre Eltern dabei sind. Planen Sie für Kinder und Eltern lustige und altersgemäße Aktivitäten.

Dreijährige

In diesem Alter sind Einladungen von eineinhalb Stunden geeignet. Begrenzen Sie die Gästeliste auf etwa sechs Kinder. Sorgen Sie dafür, dass die Kinder mit ein paar Spielsachen für sich alleine spielen können, planen Sie aber auch einfache gemeinsame Aktivitäten. Die Kinder sind noch zu klein für richtige Gesellschaftsspiele, werden

aber Freude an Liedern haben, bei denen sie etwas tun können, wie bei Ringelreihen, oder auch gerne im Garten mit entsprechenden Dingen spielen.

Vierjährige

In diesem Alter wird Ihr Kind Einladungen sehr gerne haben. Laden Sie nicht zu viele Kinder ein – sechs bis acht Gäste sind genug – und begrenzen Sie die Dauer auf eineinhalb bis zwei Stunden. Halten Sie ein paar Spielsachen und eine Kiste mit Verkleidungssachen bereit, und begrenzen Sie organisierte Spiele auf ein Minimum. Die meisten Kinder mögen Spiele wie die „Reise nach Jerusalem". Versuchen Sie es so hinzubekommen, dass jedes Kind einmal gewinnt.

Fünfjährige

Einladungen für Kinder dieses Alters erfordern gute Planung, denn sie werden besonders erfolgreich verlaufen, wenn

die Aktivitäten gelenkt werden. Auch die überschüssige Energie von Fünfjährigen sollte berücksichtigt werden, das heißt, zwischendurch sollten sie Gelegenheit zu etwas aktiveren Spielen haben. Da es Kindern in diesem Alter noch immer schwerfällt, sich bei etwas abzuwechseln, sollte die Gästezahl weiterhin eher klein bleiben. Setzen Sie eine Dauer von zwei Stunden an.

Sorgen Sie dafür, dass zusätzlich zu organisierten Spielen und/oder einem Unterhaltungsprogramm Spielsachen verfügbar sind, mit denen sich die Kinder alleine beschäftigen können, beispielsweise am Anfang, wenn die Gäste allmählich eintreffen, oder nach dem Kuchenessen, wenn sie darauf warten, abgeholt zu werden.

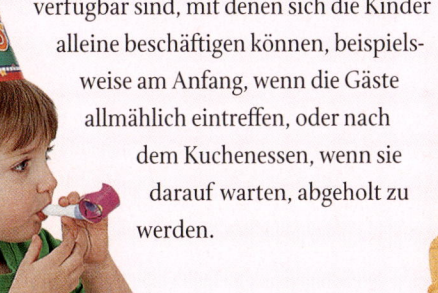

Das Teilen

Die meisten Kinder lernen das Teilen im Alter ab drei Jahren, mit vier Jahren sollten sie das Prinzip des Teilens gut verstehen, auch wenn es noch nicht immer funktionieren wird. Streit mit Spielkameraden über ein spezielles Spielzeug sollte nun seltener vorkommen. Sie können diesen Lernprozess fördern, indem Sie Spielkameraden Ihres Kindes hin und wieder zu sich nach Hause einladen, sodass Ihr Kind bei solchen Gelegenheiten das Teilen seiner Spielsachen üben kann.

Wie es dazu kommt

Bevor Kinder verstehen, was teilen bedeutet, lernen sie, etwas zu besitzen. Ihr Kleinkind wird eine Phase durchmachen, in der es bei allem sagt, es gehöre ihm – nicht nur bei seinen eigenen Sachen, sondern auch bei Dingen, die anderen gehören. Im Alter von etwa zwei Jahren wird Ihr Kind wahrscheinlich realisieren, dass ihm zwar manches gehört, dass andere Dinge aber anderen gehören. (Dieses Verständnis können Sie fördern, indem Sie auf Dinge deuten und sagen „Papas Schuhe", „Mamas Nase"). Dies ist der erste Schritt, um mit dem Teilen zurechtzukommen.

So können Sie Ihrem Kind helfen

Das Lernen des Teilens und Abwechselns entwickelt sich bei Kindern ganz von selbst. Es gibt jedoch einiges, was Sie tun können, um Ihrem Kind auf die Sprünge zu helfen und für eine harmonischere Atmosphäre zu sorgen.

Ihr Kleinkind muss lernen, seine Spielsachen zu teilen, fragen Sie es aber immer, ob ein Freund mit einem Spielzeug spielen darf, gehen Sie nicht einfach davon aus, dass Ihr Kind damit einverstanden sein wird, und geben Sie dem anderen Kind das Spielzeug nicht, wenn Ihr Kind es verweigert. Wenn Sie Ihr Kind zwingen, gegen seinen Willen seine Schätze zu teilen, wird es ver-

Gib her!
Kleine Kinder haben kein Schuldbewusstsein, wenn sie nach irgendetwas greifen, was sie haben möchten. Ihr noch fehlendes Bewusstsein für die Gefühle anderer bedeutet, dass sie dabei manchmal körperlich recht grob vorgehen können.

stimmt sein und beim nächsten Mal noch weniger gewillt sein zu teilen. Erlaubt Ihr Kleinkind einem Geschwisterkind oder Freund, mit einem seiner Spielsachen zu spielen, loben Sie es ausgiebig. Schimpfen Sie nie mit Ihrem Kind, wenn es etwas nicht hergeben möchte, denn in diesem Alter ist dies völlig normal.

Verlangen Sie nicht immer, dass Ihr Kind seine Spielsachen einem Kind überlässt, das zu Besuch kommt, das gilt übrigens auch für Geschwister – erwarten Sie von einem älteren Geschwisterkind nicht automatisch, dass es immer „vernünftig" ist und dem jüngeren Geschwisterkind seine Spielsachen gibt. Greifen Sie nicht zu schnell ein, um zu bestimmen, welches Kind welches Spielzeug nehmen darf, sondern geben Sie den Kindern zuerst die Möglichkeit, sich untereinander zu einigen.

Vermeiden Sie nach Möglichkeit Auseinandersetzungen. Hat Ihr Kind ein spezielles Spielzeug, um dass es sich jedes Mal mit seinem Spielkameraden streitet, vielleicht eine Puppe oder etwas zum Verkleiden, bitten Sie das Kind, das zu Besuch kommt, seine eigene Puppe mitzubringen. So entsteht eine entspanntere Atmo-

STARTHILFE FÜR IHR BABY
DAS TEILEN LERNEN

Wenn Sie möchten, dass Ihr Kind das Teilen mit anderen Kindern lernt, dann sollten sie mit gutem Beispiel vorangehen. Teilen Sie manches mit Ihrem Kind, und sorgen Sie dafür, dass es sieht, wenn Sie mit anderen teilen.

sphäre, in der andere Spielsachen eher geteilt werden. Ihr Kleinkind muss auch lernen, Spielgeräte auf einem Spielplatz oder Musikinstrumente in der musikalischen Früherziehung gemeinsam mit anderen Kindern zu benutzen. Sobald Ihr Kind Zeit hatte zu schaukeln oder die Rumbarasseln auszuprobieren, zeigen Sie ihm, dass ein anderes Kind darauf wartet, und interessieren Sie Ihr Kind für eine andere Tätigkeit. Setzen Sie jeweils fünf Minuten dafür an. Jedes Kind kommt einmal an die Reihe.

Die Eltern teilen

Kinder müssen nicht nur lernen, Spielzeug und andere Schätze zu teilen, sie müssen auch lernen, ihre Eltern mit anderen zu teilen, ob dies nun andere Erwachsene, ein jüngeres Geschwisterchen oder auch Aufgaben sind, die getan werden müssen. Kleinkinder müssen verstehen lernen, dass sie nicht immer im Mittelpunkt der Aufmerksamkeit ihrer Eltern stehen können, die auch einmal Zeit mit anderen verbringen möchten oder bestimmte Aufgaben zu erledigen haben.

Ein Kind kommt meist schwer damit zurecht, wenn die Eltern einen Besuch machen oder ihrer Alltagsarbeit nachgehen, anstatt mit ihm zu spielen. Falls Sie dies bei Ihrem Kind beobachten, gibt es ein paar einfache Dinge, mit denen Sie ihm helfen können.

★ *Wenn Ihr Kind noch ein Baby ist:* Stellen Sie seine Wiege so, dass es sehen kann, was Sie tun.

★ *Wird Ihr Kind älter, beziehen Sie es in Ihre Aktivitäten mit ein:* Wenn Sie Staub wischen, geben Sie Ihrem Kind auch einen Lappen, wenn Sie Wäsche waschen, lassen Sie Ihr Kind auch ein paar Wäscheteile in die Waschmaschine stopfen, wenn Sie eine Einkaufsliste schreiben, lassen Sie Ihr Kind seine eigene Einkaufsliste kritzeln.

★ *Schenken Sie Ihrem Kind Aufmerksamkeit:* Wenn Sie gemeinsam mit Ihrem Kind etwas erledigen, stellen Sie Ihr Kind in den Mittelpunkt Ihrer Aufmerksamkeit.

★ *Vermeiden sie wiederholtes Hinhalten:* Erklären Sie Ihrem Kind, was Sie tun müssen und wann Sie wieder mit ihm spielen.

★ *Halten Sie Versprechen ein:* Haben Sie Ihrem Kind versprochen, mit ihm zu spielen, sobald Sie die Wäsche fertig haben, halten Sie dieses Versprechen auch ein.

★ *Fühlen Sie sich nicht schuldig:* Vorausgesetzt, Ihr Kind ist in Ihrer Nähe, tut es ihm gut, sich auch einmal selbst zu beschäftigen.

Ein neues Geschwisterchen

Es ist für kleine Kinder oft sehr schwer, die Eltern mit einem neugeborenen Brüderchen oder Schwesterchen zu teilen. Eine Zeit lang stand das erste Kind im Mittelpunkt der Aufmerksamkeit, und nun nimmt ihm ein Baby, das außer Weinen und Schlafen nicht viel zu können scheint, die Aufmerksamkeit der Eltern weg. Wenn Sie ein zweites Kind erwarten, so ist es wichtig, dass Sie Ihr erstes Kind bestmöglich darauf vorbereiten. Geben Sie ihm vor allem das Gefühl, beteiligt zu sein. Sprechen Sie mit ihm über das Baby. Nehmen Sie Ihr Kind zum Einkaufen mit, und lassen Sie es ein kleines Geschenk für das neue Baby aussuchen. Ist das zweite Baby geboren, versuchen Sie es so einzurichten, dass Ihr erstes Kind das Baby vor allen anderen zu sehen bekommt, damit es ein Teil dieser besonderen Situation ist.

Sind Sie wieder zu Hause, bitten Sie Ihr Kind, bei der Versorgung des Babys zu helfen. Lassen Sie sich beispielsweise eine frische Windel bringen und loben Sie es, dass es Ihnen so gut hilft. Vergessen Sie nicht, dass Ihr erstes Kind auch noch Zeit mit Ihnen alleine braucht. Versuchen Sie, dies täglich einzurichten – lesen Sie ihm eine Gute-Nacht-Geschichte vor oder spielen Sie mit ihm sein Lieblingsspiel.

Gemischte Gefühle
Ein Kleinkind kann auf ein neues Geschwisterchen mit sehr gemischten Gefühlen reagieren. Versuchen Sie, Ihr älteres Kind in die Versorgung des Neugeborenen einzubeziehen, aber widmen Sie ihm auch Zeit alleine.

Einfühlungsvermögen

Ein Kleinkind geht davon aus, dass die Welt und die Menschen in seiner Umgebung nur zu seiner Bequemlichkeit und Unterhaltung da sind. Diese Egozentrik ist allen Kleinkindern gemeinsam und zeigt sich, wenn sie nicht teilen, sich mit anderen nicht abwechseln möchten oder es nicht erwarten können, bis ein Elternteil einen Wunsch erfüllt. Allmählich reift die Erkenntnis, dass die Welt sich nicht nur um die eigene kleine Person dreht, sondern dass die Gefühle anderer Menschen auch zu berücksichtigen sind.

Warten

Ihr Kleinkind erwartet, dass seine Wünsche sofort erfüllt werden, egal, was Sie gerade tun, ob Sie Auto fahren, telefonieren, kochen oder im Bad sind. Es ist nicht immer möglich, seine Bedürfnisse sofort zu befriedigen, und Sie werden Ihrem Kind allmählich beibringen, dass es nicht die einzige Person auf der Welt ist mit Bedürfnissen und Wünschen.

Wenn Ihr Kleinkind um etwas bittet, animieren Sie es so frühzeitig wie möglich dazu, dies höflich zu tun – dies ist ein wichtiger Teil des Lernprozesses, anderen gegenüber rücksichtsvoll zu sein. Anfangs wird Ihr Kind nur auf etwas deuten oder einen Laut von sich geben können, aber sobald es sprechen kann, sollten Sie ihm beibringen, „bitte" und „danke" zu sagen.

Auch wenn Sie die Wünsche Ihres Kindes nicht sofort erfüllen können, sollten Sie ihm sofort antworten. Wenn Sie seine Bitte einfach ignorieren, egal aus welchen Gründen, wird es nur frustriert und verstimmt sein. Können Sie ihm sofort helfen, tun Sie es, denn es wird viele Gelegenheiten geben, wo das nicht möglich ist und es das Warten lernen muss. Vermeiden Sie

Tut das weh?
Bei fürsorglichen Rollenspielen lernen Kinder, sich mit den Gefühlen anderer zu beschäftigen.

es, Ihr Kind immer wieder durch Angaben wie „gleich" zu vertrösten. Das passiert leicht, solche Verzögerungen sind für Ihr Kind aber frustrierend. Zudem haben sehr kleine Kinder noch keine Vorstellung davon, was Zeit oder Zukunft bedeutet – Sie könnten ebenso gut sagen, dass Sie ihm in einer Stunde oder einem Tag helfen. Erklären Sie Ihrem Kind lieber, was Sie gerade tun und dass Sie ihm helfen werden, sobald Sie damit fertig sind. Machen Sie ihm vielleicht einen Vorschlag, was es inzwischen tun könnte, oder beziehen Sie Ihr Kind in Ihre aktuelle Arbeit ein. Halten Sie Versprechungen ein, damit Ihr Kind weiß, dass es sich auf Ihr Wort verlassen kann.

Manchmal wird die Bitte Ihres Kleinkindes auch überflüssig sein, beispielsweise, wenn es von Ihnen etwas gereicht bekommen möchte, obgleich es sich dies selbst holen könnte. Animieren Sie Ihr Kind, dies selbst zu tun, und loben Sie es anschließend.

Liebevolle Fürsorge

Durch das Spielen mit Puppen und Stofftieren üben Kinder die fürsorgliche Rolle. Diese Art Spiel beginnt meist im Alter zwischen zwei und drei Jahren. Alle Kinder brauchen dafür eine Puppe oder ein Stofftier und außerdem ein paar weitere Utensilien, zum Beispiel etwas Geschirr, eine Decke, um das Baby schlafen zu legen, Puppenkleider und vielleicht ein Arztköfferchen. Ihr Kind wird diese Rolle auch gerne mit Ihnen üben, wird so tun, als koche es Ihnen eine Tasse Kaffee, es wird Ihr Haar bürsten oder einfach Ihren Kopf tätscheln, wenn Sie Kopfschmerzen haben.

Sich wieder vertragen
Kleinkinder müssen gelegentlich erst davon überzeugt werden, sich für aggressives Verhalten zu entschuldigen, aber im Handumdrehen sind sie dann wieder gute Freunde.

Lieb sein

Möglicherweise sind Sie bestürzt, weil Ihr Kleinkind manchmal mit anderen Kindern hart umgeht. Das ist normal. Wie bereits gesagt, können Kleinkinder die Gefühle anderer nicht nachempfinden und sind mit ihren eigenen Gedanken und mit sich selbst vollauf beschäftigt. Sobald sie Mitgefühl entwickeln, wird auch das Teilen und Abwechseln leichter.

Vergessen Sie nicht, dass Freundlichkeit etwas ist, worin Ihr Kind Ihrem Beispiel folgt. Wenn Sie selbst anderen gegenüber höflich, nett und rücksichtsvoll sind, schaffen Sie für Ihr Kind die richtige Umgebung, in der es diese Qualitäten selbst entwickeln kann. Sie können Ihr Kind an einer freundlichen Geste mitwirken lassen, indem Sie beispielsweise vorschlagen, gemeinsam für jemanden eine Karte zu basteln,

der krank ist oder für einen Nachbarn, der ans Haus gefesselt ist, eine Besorgung zu erledigen.

Erwarten Sie von einem kleinen Kind noch nicht zu viel, und seien Sie nicht enttäuscht, wenn Ihr Kind ein anderes Kind schubst oder nicht mit ihm teilen will. Dies ist ein Teil des Lernprozesses, und Ihr Kind macht ständig Fortschritte. Die Reaktion des anderen Kindes wird diesen Prozess anregen und Ihrem Kind zeigen, dass es nicht nett gewesen ist. Bei aggressivem oder verletzendem Verhalten sollte Ihr Kind jedoch eine Konsequenz spüren. Ab dem Alter von etwa zwei Jahren kann bei bestimmtem negativem Verhalten eine „Auszeit" (siehe S. 191) eingeführt werden.

Zwingen Sie Ihr Kind nie zu Gutherzigkeit, indem Sie einem anderen Kind ein Spielzeug geben, ohne Ihr Kind zu fragen, oder ein anderes Kind am Spielplatz vorlassen, obgleich Ihr Kind an der Reihe wäre. Der Lernprozess wird am besten voranschreiten, wenn Ihr Kind animiert wird, von sich aus nett und rücksichtsvoll zu sein.

Gefühle teilen

Sie sollten Ihr Kind nicht mit Ihren Sorgen belasten, es schadet ihm jedoch nicht, wenn Sie ihm gelegentlich ganz sachlich erklären, wie Sie sich fühlen. Wenn Sie ihm hin und wieder sagen, dass Sie müde sind oder Hunger haben, wird dies dazu beitragen, sein Bewusstsein für die Gefühle anderer zu entwickeln.

Älter und klüger werden

Das Einfühlungsvermögen entwickelt sich erst mit der Zeit, auch wenn es bereits sehr früh spürbar sein kann. Ein kleines Baby wird beispielsweise nicht nur weinen, weil es selbst nicht glücklich ist, sondern auch, wenn es seine Mutter weinen sieht.

✻ *Mit etwa 2 Jahren:* Kinder interagieren beim Spielen mehr miteinander. Auch wenn Sie in diesem Alter die Sichtweise ihrer Spielkameraden noch nicht wahrnehmen können, reagieren Sie unter Umständen auf den Kummer anderer, indem sie selbst traurig werden. Im Lauf der folgenden zwei Jahre beginnen sie, die Gefühle anderer zu berücksichtigen.

✻ *Mit etwa 3 Jahren:* Ihr Kind zeigt, dass es die Situation eines anderen versteht, ohne jedoch seine eigenen Erfahrungen einzubeziehen. Sicht es beispielsweise ein jüngeres Geschwisterkind weinen, wird es Sie zu Hilfe holen.

✻ *Mit etwa 4 Jahren:* Ihr Kind kann über widersprüchliche Gefühle nachdenken, bevor es reagiert. So freut es sich, wenn ein jüngeres Geschwisterkind geschimpft wird, weil es ihm ein Spielzeug weggenommen hat, empfindet aber Mitgefühl, wenn es daraufhin in Tränen ausbricht. Es kann nun auch leichter auf etwas warten, denn es versteht besser, was in seiner Umgebung vorgeht und bezieht nicht mehr alles auf sich.

✻ *Mit etwa 5 Jahren:* Kinder können die Bedürfnisse und Wünsche anderer berücksichtigen,

STARTHILFE FÜR IHR BABY
BEZIEHUNGEN AUFBAUEN

Die Beziehung zu seinen Großeltern kann für ein Kind äußerst wichtig sein. Großeltern, die in der Nähe ihrer Enkel leben, sollten viele Gelegenheiten nützen, um an den Aktivitäten und Interessen ihrer Enkel teilzunehmen. Vielleicht erfinden Sie auch Spiele oder aushäusige Aktivitäten, die ganz speziell etwas nur für Sie und Ihr Enkelkind sind. Sollte dies nicht möglich sein, können Sie die Beziehung durch häufigen Kontakt pflegen – telefonieren Sie, schreiben Sie oder schicken Sie E-Mails. Durch den regelmäßigen Austausch von Fotos bleiben Sie auf dem Laufenden.

was aber nicht unbedingt bedeutet, dass sie deshalb ihre eigenen Wünsche zurückstellen. Kinder dieses Alters sorgen sich um jüngere Geschwister. Sie nehmen sie vielleicht beschützend an die Hand, wenn sie einen noch unbekannten Raum betreten oder einen Raum, in dem schon andere Kinder sind. Das Verständnis für die Sichtweise anderer Menschen entwickelt sich unter Umständen früher, wenn die Kinder kleinere Geschwister haben.

Das Temperament

Die Persönlichkeitsentwicklung hängt von der Natur und von der Erziehung ab – von den Genen, die wir von unseren Eltern geerbt haben, und von der Umgebung, in der wir leben, insbesondere unserer Erziehung. Diese beiden lebenswichtigen Faktoren wirken zusammen, um uns zu dem einmaligen Wesen zu machen, das wir sind.

Während der ersten Lebensjahre treten Veränderungen im Temperament und Verhalten auf, die nicht für ein Individuum spezifisch sind, sondern einen definierten Teil der normalen Entwicklung darstellen. Wird das Kind älter und entwickelt sich seine Persönlichkeit weiter, werden einige Aspekte des Temperaments beständiger und für andere deutlicher.

Die ersten Lebensjahre

Jedes Kind zeigt in einer bestimmten Altersstufe ein bestimmtes Sozialverhalten. So beginnt das Lächeln normalerweise mit etwa sechs Wochen, und mit etwa zwei Jahren bezeichnet das Kind seine Eltern als „Mama" und „Papa". Auch einige Verhaltensweisen treten in bestimmten Altersstufen auf. Bis zum Alter von sieben oder acht Monaten sind Babys normalerweise kontaktfreudig und gesellig, dann verhalten sie sich eine Zeit lang zurückhaltender, wenn sie unbekannten Menschen begegnen. Ab etwa zwei Jahren sind viele Kinder leicht frustriert und ungeduldig mit Eltern und anderen Menschen, die nicht verstehen, was sie zu sagen versuchen oder die auf ihre Bitte mit „nein" antworten. Zweijährige können auch durch ihre körperlichen Einschränkungen frustriert werden. Solche Frustrationen können zu aggressivem Verhalten und vielfach zu Wutanfällen führen. Mit etwa vier Jahren sind Kinder normalerweise geduldiger, sie sind redegewandter, sie ent-

wickeln allmählich ein Einfühlungsvermögen in die Gefühle anderer und fangen an, logischer zu denken. Sie sind aber noch immer gerne streitsüchtig und raufen mit ihren Freunden, da jeder versucht, sich durchzusetzen.

Mit etwa fünf Jahren treten die individuellen Persönlichkeitsmerkmale deutlicher hervor. Einige Fünfjährige sind besonders geduldig,

Künftige Primaballerina
Bei manchen Kindern zeigt sich schon in jungen Jahren eine ausgeprägte Persönlichkeit.

andere besonders extrovertiert und wieder andere besonders fürsorglich. Dies sind zwar keine absoluten Gradmesser für die künftige Persönlichkeit, geben aber doch einen gewissen Einblick in den Persönlichkeitstyp eines Kindes.

Was ist für die Persönlichkeit entscheidend?

Bestimmte Züge unserer Persönlichkeit sind bereits bei der Geburt genetisch programmiert. Diese Faktoren und ihre weitere Entwicklung werden jedoch davon beeinflusst, wie wir erzogen und von anderen behandelt werden. Sie als Eltern möchten Ihren Kindern die bestmögliche Umgebung schaffen, um sie zu fördern und ihnen bei der vollen Entfaltung ihrer Möglichkeiten zu helfen. Ihrem Einfluss auf die Persönlichkeit Ihrer Kinder sind jedoch Grenzen gesetzt. Mit anderen Worten: Die Persönlichkeit eines Kindes und die Art und Weise, in der es auf seine Umwelt reagiert, ist in gewissem Maße vorherbestimmt, und der elterliche Einfluss hat Grenzen. Wenn Sie als Eltern das ver-

stehen, wird es manchen Druck von Ihnen nehmen, wenn Ihre Kinder sich einmal nicht so verhalten, wie Sie es sich wünschen würden.

Zwei Kinder, die dieselbe Erziehung genossen haben, können in ihrer Persönlichkeit große Unterschiede aufweisen eben wegen dieser unterschiedlichen Gene und Temperamente. Ein Kind kann zurückhaltend und still, das andere gesprächig und kontaktfreudig sein, eines wird gut schlafen, das andere wird nachts aufwachen und ein Frühaufsteher sein.

Vergleiche meiden

Ihr Kind hat verschiedene Gene geerbt, eine Hälfte von Ihnen und eine Hälfte von Ihrem Partner. Durch diese Mischung ist ein Individuum entstanden, das in mancher Hinsicht einem von Ihnen oder Ihnen beiden ähneln kann, das sich aber auch von Ihnen beiden unterscheidet. Dies gilt nicht nur für das Aussehen Ihres Kindes, sondern auch für sein Temperament. Erwarten Sie nicht, dass Ihr Kind kontaktfreudig ist, nur weil Sie es sind oder dass es ehrgeizig ist, nur weil Sie die Karriereleiter erklommen haben. Vermeiden Sie es, Vergleiche anzustellen und enttäuscht zu sein, dass Ihr Kind anders ist als Sie. Freuen Sie sich über solche Unterschiede, denn sie machen aus Ihrem Kind ein eigenständiges Individuum.

Das Kind nicht abstempeln

Sicher ist es hilfreich ist, wenn Sie bestimmte Züge des Temperaments Ihres Kindes erkennen, damit Sie es richtig erziehen und seine Bedürfnisse voraussehen können. Hingegen gilt es nicht als hilfreich, einem Kind den Stempel bestimmter Persönlichkeitsmerkmale aufzudrücken. Die kindliche Persönlichkeit ist noch in Entwicklung begriffen, und wenn Ihr Kind hört, dass es in einer bestimmten Weise beschrieben wird, kann es verunsichert werden oder orien-

> **Bescheid wissen ...** *Persönlichkeit*
> *Früher ging man davon aus, die einmal entwickelte Persönlichkeit würde lebenslang gleich bleiben. Wissenschaftler bezweifeln diese Meinung inzwischen. Mit zunehmendem Alter verändert sich der Mensch nämlich immer schneller. Unsere angeborenen Merkmale verändern sich und passen sich verschiedenen Umweltbedingungen und Erfahrungen an. Sie werden vielleicht überrascht sein, wenn aus Ihrem stürmischen und lauten Kleinkind ein ruhiges und fleißiges Schulkind wird.*

Kämpfe vermeiden
Manche Kinder brauchen länger, bis sie abends zur Ruhe finden als andere Kinder. Suchen Sie nach Möglichkeiten, die für Ihr Kind passend sind, damit Sie beide die tägliche Routine genießen können.

tiert sich an dieser Beschreibung. Haben Sie über die Persönlichkeit Ihres Kindes ein Urteil gefällt, werden Sie sich außerdem selbst daran orientieren und im Umgang mit dem Verhalten Ihres Kindes zu unflexibel sein.

Das eigene Kind verstehen lernen

Es ist für die Persönlichkeitsentwicklung Ihres Kindes sehr wichtig, dass Sie sein Temperament verstehen und akzeptieren, damit Sie ihm helfen können, sich in die Welt einzufügen. Geht Ihr Kind beispielsweise nicht gerne zu Kindereinladungen oder zum Spielen zu einem Freund, können Sie Strategien entwickeln, um Ihr Kind auf die Situation vorzubereiten und ihm das Vertrauen zu geben, dass es mit der Situation zurechtkommen wird. Statt enttäuscht zu sein oder Schuldgefühle zu entwickeln, wenn etwas nicht so gut läuft, können Sie auch positiv an die Situation herangehen, um auf diese Weise eventuelle Probleme zu lösen.

Eine Strategie entwickeln

Bemühen Sie sich, das Temperament Ihres Kindes zu verstehen, und konzentrieren Sie sich auf die Stärken Ihres Kindes. Ein „eigensinniges" Kind hat Durchhaltevermögen. Geben Sie ihm Spielsachen zum Spielen und Analysieren, die eine Herausforderung darstellen. Wenn Ihr Kind positiv mit seinem Temperament umgehen kann, wird es gut gedeihen. Treten Sie bildlich gesprochen einen Schritt zurück, und schauen Sie sich mit einer gewissen Distanz an, wer Ihr Kind ist. Oft ist ein Kind, das einem selbst am ähnlichsten ist, die größte Herausforderung.

Das bin ich

Es ist ein großartiges Projekt, gemeinsam ein Sammelalbum über Ihr Kind anzulegen. So schaffen Sie nicht nur ein wertvolles Familienandenken, sondern helfen Ihrem Kind auch, sich als Persönlichkeit wahrzunehmen. Das Gestalten eines Sammelalbums ist eine wundervolle und leichte Angelegenheit, die Eltern und Kind gemeinsam ausführen können und bei der es ständig etwas zu lachen geben sollte. Es ist zudem eine Tätigkeit, mit der Sie immer wieder weitermachen können, falls Ihr Kind sich leicht langweilt (siehe einige einfache Ideen im Kästchen). Das Album sollte sich auf Freunde und Familie des Kindes konzentrieren, auf Ferien und verschiedene Aktivitäten, auf Lieblingsdinge und Interessen. Dadurch, dass Ihr Kind bei der Gestaltung des Albums mithilft, setzt es verschiedene Fertigkeiten ein. Animieren Sie Ihr Kind zu äußern, was es gerne in dieses Buch aufnehmen möchte, und auch, einige Bilder dafür zu malen.

Erklären Sie Ihrem Kind, dass Sie ein Buch zusammenstellen, in dem es die Hauptperson ist, und dass Sie dafür

Fotos, Bilder, Postkarten und Zeichnungen verwenden möchten. Bitten Sie Ihr Kind, darüber nachzudenken, wie es sich selbst beschreiben würde und welche Dinge ihm wichtig sind. Falls Ihr Kind nicht sicher ist, was Sie meinen, können Sie ihm Anregungen liefern, indem Sie fragen „Möchtest du, dass wir ein paar Fotos von den letzten

Sommerferien am Strand einkleben?" oder „Sollen wir dieses Bild von Dir und Oma verwenden?" Fragen Sie ihr Kind nach seinen Lieblingsspeisen, Lieblingsfarben, Lieblingsfiguren aus Märchen und nach seinen Lieblingsspielen. Setzen Sie sich mit Ihrem Kind hin, und schauen Sie Bilder und Zeitschriften durch, denken Sie aber auch an andere Erinnerungsstücke, wie Flugtickets, Theaterprogramme, Eintrittskarten oder Geburtstagseinladungen. Falls Sie keine wertvollen Originale verwenden möchten, fertigen Sie Kopien an oder nehmen Computerausdrucke.

Sie können ein fertiges Album kaufen oder einfach ein Buch herstellen, indem Sie Einzelblätter zusammenheften. Sie oder Ihr Kind können Schmuckränder für die Fotos oder Bilder basteln oder die Kanten der Fotos mit einer der vielen ungefährlichen Spezialscheren schneiden, die Zacken- oder Bogenränder entstehen lassen.

Lassen Sie ausreichend Platz, um Informationen über die Leute und Orte auf den Bildern aufzuschreiben und auch Erinnerungen, die Ihr Kind verewigt haben möchte. Fragen Sie Ihr Kind, was Sie bei jedem Bild dazuschreiben sollen, auch wenn dies für Sie nicht sehr sinnvoll zu sein scheint. Wenn genügend Platz ist und Ihr Kind das möchte, kann es auch direkt auf die Seiten noch etwas malen.

Fügen Sie sowohl auf dem Titelblatt als auch überall dort, wo noch Platz ist, Verzierungen ein. Alle Kinder lieben Sticker, sammeln Sie daher einige, die auf das Titelblatt oder innen aufgeklebt werden können. Lassen Sie Ihr Kind die Dekoration für jede Seite aussuchen. Normalerweise empfiehlt es sich nicht, Sticker direkt auf Fotos zu kleben, lassen Sie Ihr Kind diese also besser an andere Stellen kleben.

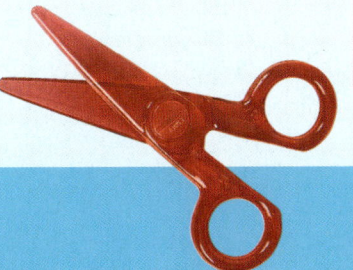

FÜR SICHERHEIT SORGEN

Behalten Sie Ihr Kind beim Arbeiten an dem Sammelalbum gut im Blick. Geben Sie ihm nur altersgemäße, ungiftige und ungefährliche Materialien. Bewahren Sie die Materialien außerhalb der Reichweite kleinerer Kinder auf, und bringen Sie Ihrem Kind bei, dass hinterher alles aufgeräumt wird.

6

Entwicklung der Blasen- und Darmkontrolle

Die Entwicklungsstufen verstehen

Das Erreichen der Meilensteine in der Entwicklung ist von der Anlage und Kräftigung der Nervenbahnen abhängig, wie sie mit zunehmendem Alter und zunehmender Übung eintritt. Die Kontrolle von Blase und Darm ist hierfür ein gutes Beispiel.

Anfangs erfolgt die Entleerung von Blase und Darm als reiner Reflex, über den das Kind keine Kontrolle hat. Sobald sich im unteren Darmabschnitt Stuhl befindet oder eine bestimmte Urinmenge in der Blase vorhanden ist, wird eine Abfolge von Ereignissen ausgelöst, die zu einer **Darmentleerung** und zum Wasserlassen führen.

Je reifer ihr Kind wird, desto mehr zusätzliche Nervenbahnen entwickeln sich, sodass diese Vorgänge schließlich einer bewussten Kontrolle unterliegen. Nun kann ein Kind lernen, das Wasserlassen oder Stuhlabsetzen kurzzeitig zurückzuhalten und den Weg bis zum Töpfchen oder zur Toilette zu schaffen. Mit noch etwas Zeit und Übung kann das Kind diesen Drang schließlich zuverlässiger kontrollieren.

Jedes Kind in seinem Tempo

Ein Kind erlernt seine Blasen- und Darmkontrolle, wenn die Zeit dafür reif ist. Es besteht kein Grund, den Gang zur Toilette mit dem Kind zu trainieren, bevor es dazu bereit ist. Solange ein Kind körperlich nicht reif genug oder emotional nicht bereit ist, wird es zu diesem Schritt weder in der Lage noch motiviert sein. Sollte dies bei Ihrem Kind so sein, warten Sie einige Wochen oder Monate und prüfen die Lage anschließend erneut. Im Alter zwischen 18 Monaten und zweieinhalb Jahren zeigen die meisten Kinder eine gewisse Bereitschaft, und die Blasen- und Darmkontrolle funktioniert normalerweise ab etwa zweieinhalb Jahren.

So helfen Sie Ihrem Kind, Fortschritte zu machen

Sie können Ihrem Kind den Übergang von Windeln auf den Topf erleichtern, wenn Sie es richtig anstellen. Wenn Sie penetrant sind und Ihr Kind stressen, wird ein völlig natürlicher Vorgang zu einem Problem. Bleiben Sie entspannt, ermutigen Sie Ihr Kind, und sprechen Sie offen mit ihm. Kindern hilft es, wenn sie merken, dass dies ein normaler Teil des Lebens ist, den jeder zu erledigen hat.

Abgesehen davon, dass es gut ist, offen über das Thema zu sprechen, kann es Ihrem Kind auch das Verständnis dessen, was von ihm auf dem Töpfchen erwartet wird, erleichtern, wenn es Sie auf die Toilette begleiten darf. Gleichgeschlechtlichen Familienmitgliedern bei dieser Tätigkeit zuschauen zu dürfen, kann hilfreich sein. Manche Kinder hören auch gerne Geschichten über die Topfbenutzung, und es gibt viele Bücher zu diesem Thema.

Wichtig ist, das Kind zu animieren, gleich auf den Topf gehen, wenn es den Drang verspürt. Manche Kinder gehen nicht rechtzeitig, weil sie mit etwas anderem so beschäftigt sind. Dies kann dazu führen, dass es in die Hose geht oder dass Verstopfung und Bauchbeschwerden entstehen.

Versuchen Sie, ruhig und geduldig zu bleiben, wenn Ihr Kind nicht auf seine Windeln verzichten möchte. Machen Sie sich keine Sorgen, früher oder später ist auch Ihr Kind so weit und nur ein entspannter Umgang mit dem Thema kann helfen.

Reden über das „Töpfchen"

Die meisten Kinder sprechen phasenweise ausgiebig über Pipi und Aa. Das ist völlig normal. Versuchen Sie, keine Überreaktionen zu zeigen, das würde es für Ihr Kind nur noch interessanter machen. Überlegen Sie genau, mit welchen

Das Alter, in dem Kinder zur Sauberkeit erzogen werden können, ist individuell unterschiedlich. Einige wenige sind schon vor dem zweiten Geburtstag soweit, dies ist aber recht ungewöhnlich. Die meisten sind zwischen zwei und drei Jahre alt, wenn sie erstmals aufs Töpfchen gehen. Ihr Kind muss nicht nur in der Lage sein, den Drang zu erkennen, dass es Wasser lassen oder Stuhl absetzen muss, sondern muss sich auch schnell und zuverlässig entsprechend ausziehen können.

Ab der Geburt:	Darm und Blase leeren sich durch eine reflexartige Handlung, die durch den Stuhl und den Urin ausgelöst wird. Babys lassen jederzeit Urin oder Stuhl, nach einigen Monaten zeigt sich bei manchen Babys aber bis zu einem gewissen Maß eine Routine. Sie haben beispielsweise nach der ersten Morgenfütterung Stuhlgang.
Ab 2 Jahre:	Das Kleinkind merkt, dass seine Blase voll ist und es Wasser lassen muss. Es merkt auch, wenn es Stuhlgang haben wird.
2–4 Jahre:	In diesem Alter lernen viele Kleinkinder die erfolgreiche Nutzung des Töpfchens. Einige Kinder werden nachts trocken, sobald sie tagsüber die Darm- und Blasenkontrolle beherrschen. Bei anderen dauert es noch Monate oder Jahre, bis auf die Nachtwindel verzichtet werden kann.
5–6 Jahre:	Die meisten Kinder sind in diesem Alter nachts trocken. Nach dieser Altersstufe gilt Bettnässen in der Regel als eine Störung. Bei Kindern, die noch nach dem vollendeten sechsten Lebensjahr ins Bett machen, können hierfür vielerlei Gründe vorliegen (siehe S. 179).

Begriffen Sie Körperteile sowie das Wasserlassen und Stuhlabsetzen beschreiben wollen. Am besten sind einfache, richtige Begriffe, die weder Ihr Kind noch andere Zuhörer in Verlegenheit bringen.

Das Thema „Hygiene"

Sobald Ihr Kind aufs Töpfchen oder auf die Toilette geht, müssen Sie mit ihm auch über Hygiene sprechen. Es ist jedoch wichtig, hierbei nicht zu zwanghaft zu reagieren, sonst könnte Ihr Kind seinen Stuhldrang unterdrücken, um das Theater ums Händewaschen zu umgehen. Sobald Ihr Kind auf den Topf geht, erklären und zeigen Sie ihm alles, vom Abputzen über das Spülen bis zum Händewaschen.

Beim Abputzen werden Sie Ihrem Kind helfen müssen, bis es etwa fünf Jahre alt ist. Erst dann besitzt es die manuelle Geschicklichkeit, dies selbst zu erledigen.

Das Geräusch beim Spülen ist für manche Kinder aufregend. Einige Kinder, die auf die Toilette gehen, haben Angst, weggespült zu

werden. Fragen Sie Ihr Kind, wovor es Angst hat und zeigen Sie ihm dann so gut es geht, dass seine Befürchtungen grundlos sind.

Andere Kinder hingegen sind von der Spülung begeistert. Gehört Ihr Kind zu dieser Gruppe, machen Sie ihm klar, dass es die Spülung nur betätigen darf, wenn es auch das Klo benutzt.

Nach jeder Nutzung des Töpfchens sollten die Hände gewaschen werden. Am besten können Sie Ihrem Kind dies beibringen, wenn Sie sich dann auch selbst die Hände waschen. So können Sie ihm den Gebrauch der Seife und das anschließende Händetrocknen zeigen.

Sorgen Sie dafür, dass das Warmwasser nicht zu stark aufgeheizt wird, damit Ihr Kind sich nicht die Hände verbrühen kann. Einem älteren Kind sollten Sie auch beibringen, zuerst den Kaltwasserhahn und anschließend den Warmwasserhahn aufzudrehen, beziehungsweise eine Mischbatterie in Mittelstellung zu halten. Stellen Sie einen kleinen Schemel vor das Waschbecken, damit Ihr Kind es besser erreicht.

Die Blasenfunktion

Die Blase ist ein Muskelsack, der Urin speichert. Bei kleinen Babys wird in bestimmten Abständen reflexartig Urin ausgestoßen. Erst mit etwa zwei Jahren unterliegt dieser Vorgang einer bewussten Kontrolle.

Die Blase besteht aus vier Schichten Muskel- und Bindegewebe, sodass sie sich ausdehnen kann, wenn sie mit Urin gefüllt ist. Zusätzlich besitzt die Blase spezielle Dehnungsrezeptoren. Diese schicken dem Gehirn ein Signal, wenn die Blase entleert werden muss.

Zwei Röhren, der rechte und linke Harnleiter, transportieren den Urin von den Nieren in den oberen Teil der Blase. Eine größere Röhre, die Harnröhre, leitet den Urin von der Blase aus dem Körper.

Die Ableitung des Urins aus der Blase wird von zwei Muskelringen gesteuert. Der eine, der so genannte innere Schließmuskel, befindet sich nahe an der Harnröhrenöffnung und lässt sich nicht willentlich beeinflussen. Der andere, der äußere Schließmuskel, liegt unter dem inneren Schließmuskel und kann willkürlich kontrolliert werden.

Erreicht die Urinmenge in der Blase ein bestimmtes Volumen, werden die Dehnungsrezeptoren in der Blasenwand angeregt. Sie schicken eine Botschaft an das Rückenmark, das die Muskeln der Blasenwand dazu bringt, sich zusammenzuziehen. Sobald dieser Reflex ausgelöst wurde, erhält das Gehirn eine Botschaft, sodass wir bemerken, dass wir Wasser lassen müssen. Zudem schickt das Gehirn dem äußeren Schließmuskel die Botschaft, sich zu entspannen. Das Gehirn kann der Blase aber auch die Botschaft senden, den Schließmuskel angespannt zu lassen, bis der geeignete Zeitpunkt zum Urinieren gekommen ist. Muss die Blase zu lange warten, bis sie ihren Inhalt loswerden darf, entspannt der äußere Schließmuskel und der Urin kann abfließen. Dies geschieht beim Einnässen am Tag, das bei kleinen Kindern recht häufig vorkommt, weil sie oft so in ihr Spiel vertieft sind, dass sie vergessen, auf die Toilette zu gehen.

Erwachsene und ältere Kinder gehen nicht unbedingt erst dann auf die Toilette, wenn die Blase ganz gefüllt ist.

Was geschieht bei Babys?

Erst mit etwa zwei Jahren sind die Nervenbahnen vollständig entwickelt, die Botschaften vom Gehirn zur Blase schicken. Davor hängt das Wasserlassen von dem Reflex ab, der ausgelöst wird, sobald die Blase eine bestimmte Fülle erreicht hat.

Die Blasenkontrolle erwerben

Mit etwa zwei Jahren oder etwas später sind die willkürlichen Nervenbahnen, die das Gehirn und die Blase verbinden, gut entwickelt, und das Kind merkt, wenn es Harn lassen muss und kann den äußeren Schließmuskel so lange geschlossen halten, bis es auf dem Topf sitzt. Interessanterweise wird ein Kind, dem bei seiner ersten Bereitschaft den Topf zu benutzen, keine Gelegenheit dazu gegeben wird, die vollständige Blasenkontrolle meist erst recht spät erwerben.

Harnwegsinfekte beim Kind

Es ist sehr wichtig, Harnwegsinfekte, die in der Kindheit relativ häufig auftreten, zu diagnostizieren und zu behandeln, da unbehandelte oder wiederholte Infektionen zu schwerer Krankheit und anhaltenden medizinischen Problemen führen können. Haben Sie den Verdacht, dass Ihr Kind sich einen Harnwegsinfekt zugezogen hat, sollten Sie sofort mit Ihrem Kinderarzt Kontakt aufnehmen. Dieser wird Ihr Kind untersuchen, eine Urinprobe testen und falls nötig ein Antibiotikum verschreiben.

Bei manchen Kindern wird eine Untersuchung auf eine angeborene Anomalität des Harnwegssystems nötig sein, die mit einer Veranlagung zu wiederholten Harnwegsinfekten einhergeht.

Ältere Kinder klagen über typische Symptome wie bei einer Harnwegsinfektion im Erwachsenenalter. Dazu gehören Schmerzen beim Wasserlassen, häufiges Wasserlassen, Bauchschmerzen und gelegentlich Blut im Urin. Einige ältere Kinder werden während einer Harnwegsinfektion zu Bettnässern und können auch Fieber bekommen.

Bei jüngeren Kindern sind die Symptome eher unbestimmt und deuten nicht unbedingt auf einen Harnwegsinfekt hin. Auch jüngere Kinder können Fieber bekommen, sie wirken aber auch ungewöhnlich heikel oder reizbar und essen und trinken weniger als sonst. Manche Kinder werden sich erbrechen und Durchfall haben.

Die überaktive Blase (Urgency-frequency Syndrom)

Bei diesem Syndrom handelt es sich um eine selbstbegrenzte Störung, die normalerweise bei Kindern im Schulalter auftritt. Ein bereits sauberes Kind wird dabei tagsüber sehr häufigen Harndrang verspüren. Meist lässt das Kind nur sehr wenig Wasser und geht manchmal bereits nach wenigen Minuten erneut auf die Toilette. Dieser Zustand kann Wochen oder Monate anhalten, vergeht aber schließlich von selbst wieder. Es gibt dafür keine Diagnosetests und keine Behandlung, Sie sollten aber den Arzt aufsuchen, damit er einen Harnwegsinfekt oder ein anderes medizinisches Problem ausschließen kann.

Harnröhrenentzündung (Urethritis)

Eine Harnröhrenentzündung tritt bei Mädchen häufiger auf als bei Jungen, dabei kommt es zu einer Reizung der Harnröhre (durch die der Urin aus der Blase abfließt). Eine solche Reizung kann durch ein Schaumbad, Seife oder Shampoo verursacht sein und tritt bei Kindern im Schulalter häufiger auf, die oft längere Zeit in der Badewanne spielen. Zu den Symptomen gehört ein Stechen oder Brennen beim Urinieren, häufiger oder eiliger Harndrang und Jucken oder Schmerzen im Genitalbereich. Da die Symptome beim Harnwegsinfekt ähnlich sind, sollten Sie mit Ihrem Kind zum Arzt gehen. Das Waschen des Genitalbereichs mit warmem Wasser kann Erleichterung bringen. Zur Vorbeugung einer Urethritis sollten Sie Schaumbäder meiden und Ihr Kind möglichst nur kurze Zeit Seifenwasser aussetzen, indem Sie es erst am Ende des Badevergnügens mit Seife und Haarshampoo waschen. Sie können auch versuchen, Ihrem Kind statt des Badens das Duschen schmackhaft zu machen.

Tägliche Pflicht
Das Windelwechseln ist nicht unbedingt sehr erfreulich, dabei können Sie aber gleich die Gesundheit Ihres Babys kontrollieren. Über jegliche Spur von Blut im Urin sollten Sie Ihrem Kinderarzt möglichst schnell berichten.

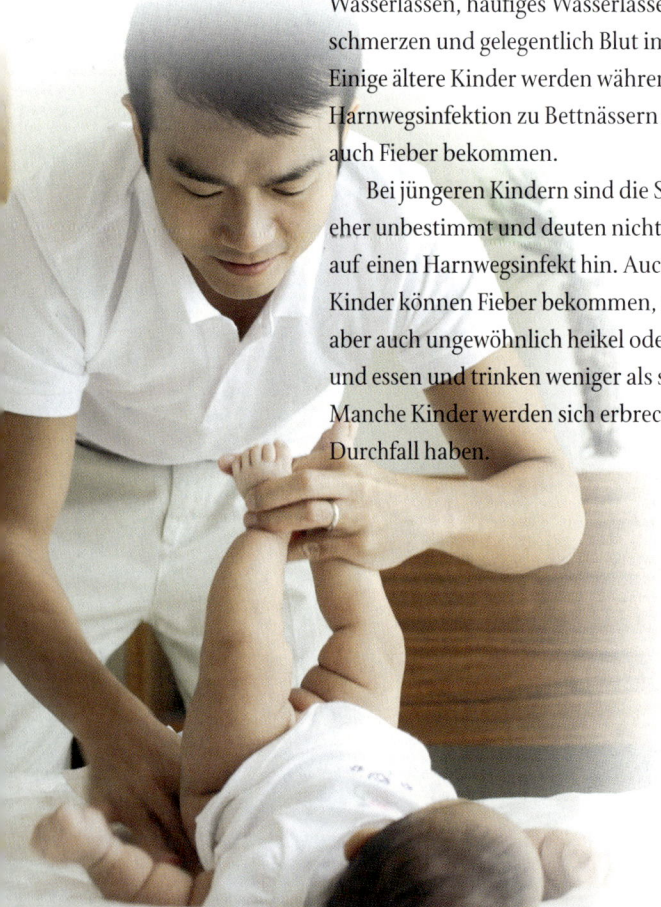

Die Darmfunktion

Im Dünndarm werden die Nährstoffe aus dem Essen resorbiert und gehen ins Blut über, wo sie weiter verarbeitet und vom Körper verwertet werden. Der Dickdarm ist in erster Linie dafür zuständig, unverdaute Speisereste auszuscheiden und Wasser zu resorbieren. Ihr Kind wird erst im Kleinkindalter seinen Darm kontrollieren können.

Am Ende des Dickdarms befindet sich das Rektum. Beim Erwachsenen ist es 20 Zentimeter lang, die letzten fünf Zentimeter bilden den Analkanal, der im Anus endet. Der Analkanal ist insofern mit dem Abfluss der Blase vergleichbar, als er einen inneren Schließmuskel besitzt, der nicht willkürlich kontrollierbar ist und einen äußeren Schließmuskel, der willkürlich kontrolliert werden kann.

Der Stuhl kann normalerweise einen Tag lang im Dickdarm bleiben. Der Stuhl wird langsam voran bewegt bis ins Rektum, das meist leer ist. Sobald der Stuhl diesen letzten Darmabschnitt erreicht hat, wird der Stuhldrang empfunden. Dehnungsrezeptoren in der Rektumwand schicken Botschaften ins Rückenmark, dieses veranlasst die Wände des unteren Darmabschnitts, sich zusammenzuziehen und den inneren Schließmuskel zu öffnen. Auch das Gehirn erhält Botschaften und schickt, wenn der richtige Moment gekommen ist, seine Botschaften zum äußeren Schließmuskel, der den Stuhl abgehen lässt. Das Gehirn kann die Stuhlentleerung verhindern, indem es dafür sorgt, dass der äußere Schließmuskel geschlossen bleibt.

Die Darmkontrolle erwerben

Im Alter zwischen 18 Monaten und zwei Jahren sind die willkürlichen Nervenbahnen, die das Gehirn und den Schließmuskel verbinden, gut entwickelt, und das Kind spürt, wenn es Stuhl absetzen muss. Bis zu diesem Zeitpunkt erfolgt die Stuhlentleerung unkontrolliert, sie erfolgt immer dann, wenn die Dehnungsrezeptoren in der Rektumwand den Reflex auslösen, der zu einer Kontraktion des unteren Dickdarmabschnitts und einer Öffnung des inneren Schließmuskels führt. Ihr Kind lernt, diesen Drang zu kontrollieren, indem es den äußeren Schließmuskel geschlossen hält, bis es auf dem Topf oder der Toilette sitzt.

Die Darmkontrolle wird normalerweise vor der Blasenkontrolle erworben, da das Urinieren dringender und unmittelbarer erfolgen muss. Sobald die Darmkontrolle erworben ist und ein Kind regelmäßig auf die Toilette geht, sind „Unfälle" normalerweise selten, solange kein emotionales Problem oder eine Erkrankung vorliegt, die zu lockerem Stuhl führt.

Verstopfung (Obstipation / Konstipation) beim Kind

Wie bei Erwachsenen verspüren auch Kinder unterschiedlich häufigen Stuhldrang. Manche haben ein- oder zweimal pro Tag Stuhlgang, andere nur alle paar Tage. Verstopfung wird definiert als eine Abnahme der Stuhlgangshäufigkeit, das Vorliegen von hartem Stuhl und Missempfindungen während des Stuhlabsetzens. Manchmal kommt es dabei zu Durchfall, wobei wässeriger Kot an hartem Stuhl vorbeiläuft, der im Darm festsitzt.

Für Verstopfung gibt es verschiedene Ursachen. Häufig ist eine unzureichende Flüssigkeitsaufnahme der Grund, eventuell in Verbindung mit Fieber, heißer Witterung oder einer ballaststoffarmen Ernährung. Auch Sauberkeitsprobleme können eine Rolle spielen.

Es kommt vor, dass ein Kind vor dem Stuhlabsetzen Angst hat. Eine Ursache dafür könnte sein, dass es in der Vergangenheit Schmerzen beim Absetzen von hartem Stuhl hatte und daher den Stuhldrang unterdrückt und den Stuhl zurückhält. Da sich der Kot im unteren Darmabschnitt ansammelt und weiterhin Flüssigkeit daraus resorbiert wird, wird der Stuhl immer härter und größer, und das Stuhlabsetzen wird schmerzhafter. Dies ist ein häufiger Teufelskreis, der Unannehmlichkeiten verursacht und mit der Reinlichkeitserziehung zusammenhängen kann. Ihr Kind braucht eine Behandlung, um den harten Stuhl absetzen zu können, und anschließend Hilfe und Beratung, damit es wieder eine normale Stuhlgewohnheit erlernen kann.

Durchfall (Diarrhöe)

Kleinkinder haben relativ häufig lockeren Stuhl. Hin und wieder ein lockerer Stuhl ist kein Grund zur Sorge, plötzliche Veränderungen des Stuhls jedoch, der sehr viel lockerer ist und häufiger abgesetzt werden muss, wird als Durchfall bezeichnet.

Einige verbreitete Ursachen für Durchfall bei Kleinkindern sind Infektionen, das Trinken von zu viel Fruchtsaft, die Einnahme von Antibiotika und der Kleinkinder-Durchfall. Diese Erkrankung ist noch nicht vollständig erforscht. Kinder, die darunter leiden, nehmen an Gewicht zu und wachsen normal, jedoch haben sie wässerigen, lockeren Stuhl, der oft Teile unverdauter Speisen enthält. Die Erkrankung wird manchmal durch übermäßiges Trinken, insbesondere von Säften und gesüßten Getränken, ausgelöst. Oft hilft es, den Fett- und Ballaststoffgehalt der Ernährung zu erhöhen und die Flüssigkeitsaufnahme zu verringern. Der Kleinkinder-Durchfall vergeht von selbst, wenn Ihr Kind älter ist.

Hat Ihr Kind Durchfall, geben Sie ihm viel zu trinken, damit es nicht dehydriert. Vermeiden Sie aber Getränke, die viel Zucker enthalten. Ihr Arzt wird Ihnen eventuell eine spezielle Elektrolytlösung für Kinder empfehlen. Durchfall kann auch zu Windelausschlag führen, cremen Sie daher nach jedem lockeren Stuhlgang den Po Ihres Kindes mit einer Zinkoxidsalbe ein.

Gesunder Stuhl

Auf dem Speiseplan jedes Kindes sollte viel Flüssigkeit sowie Obst und Gemüse stehen, damit der Darm gut funktioniert. Vollkornbrot, ballaststoffreiche Zerealien und Trockenobst halten den Darminhalt in Bewegung.

Auch körperliche Bewegung spielt eine wichtige Rolle für eine gute Darmfunktion. Jedes Kind sollte sich täglich in irgendeiner Weise körperlich bewegen.

Bescheid wissen ... *Vorbeugung und Behandlung von Verstopfung*

Neben reichlichem Wassertrinken und einer gesunden Ernährung mit viel frischem Gemüse, Obst und Vollkornprodukten können folgende Nahrungsmittel helfen, den Stuhl Ihres Kindes weich genug zu halten:

Pflaumensaft, Apfelsaft, Birnen- und Aprikosennektar.

Pflaumen, Dörrpflaumen, Trauben, Aprikosen und Kirschen (wenn für das Alter des Kindes passend).

Ballaststoffreiches Vollkornbrot und Zerealien.

Haferkleie (beispielsweise als Zusatz zu Pfannkuchen oder Müsli).

Sauberkeitserziehung

Wie bei allen Entwicklungsschritten schwankt das Alter, in dem Kinder bereit sind, auf den Topf zu gehen. Viele Kinder zeigen zwischen 18 Monaten und zwei Jahren die Bereitschaft, andere sind erst mit zweieinhalb Jahren oder später soweit.

Ist mein Kind bereit?

Es gibt eine Reihe von Anzeichen dafür, dass Ihr Kind bereit sein könnte, auf den Topf zu gehen. Einige werden Sie bemerken, auf andere machen wir Sie nachstehend aufmerksam.

Das werden Sie bemerken:

* Ihr Kind setzt ziemlich regelmäßig und zu vorhersehbaren Zeiten Stuhl ab.

* Seine Windel ist nicht immer nass. Kleinkinder urinieren häufig. Bleibt die Windel ein paar Stunden trocken, nimmt die Häufigkeit des Wasserlassens ab.

* Ihr Kind kann einfache Aufträge erfüllen, es kann ins Bad gehen (oder auf den Topf) und hilft beim Ausziehen.

Das wird Ihr Kind tun:

* Es ist unzufrieden, wenn seine Windel schmutzig ist.

* Ihm ist anzumerken, dass es weiß, dass es gleich in die Windel machen wird, denn es versteckt sich hinter der Couch oder drückt sich in eine Ecke.

* Es erzählt oder bedeutet Ihnen, dass es in die Windel gemacht hat.

* Es holt selbst das Töpfchen.

* Es setzt sich auf das Töpfchen – möglicherweise mit Windel.

* Es begleitet Sie, wenn Sie auf die Toilette gehen, um zu sehen, was passiert.

Den Anfang machen

Wählen Sie einen stabilen, standfesten Topf. Manche Kinder möchten lieber von Anfang an auf die richtige Toilette gehen. In diesem Fall lohnt es sich, einen speziellen Kinderaufsatz zu kaufen. Ihr Kind wird auch einen kleinen Hocker brauchen, um sich auf die Toilette setzen zu können und um seine Füße darauf abzustellen, die noch nicht bis zum Boden reichen.

Ziehen Sie Ihr Kind so an, dass es die Kleidung problemlos herunterziehen oder hochhalten kann. Lassen Sie nach Möglichkeit die

Bereitschaft
Um bei der Sauberkeitserziehung Erfolg zu haben, müssen die Kinder nicht nur körperlich in der Lage sein, den nötigen Gang zur Toilette rechtzeitig zu spüren, sie müssen auch emotional dazu bereit sein.

SO KÖNNEN ELTERN MITMACHEN

Zum Töpfchenkauf mitnehmen

Sie können Ihr Kind mitnehmen, wenn Sie einen Topf kaufen möchten. Erklären Sie ihm, wofür das Töpfchen ist.

Ein erfreuliches Erlebnis daraus machen

Drängen Sie Ihr Kind nicht, wenn es auf dem Töpfchen sitzt. Sie können die Zeit nützen und gemeinsam Bücher anschauen, damit es eine erfreuliche Erfahrung für Ihr Kind wird.

Lustige Unterhosen

Lassen Sie Ihr Kind hübsche bunte Trainingshosen oder Unterhosen aussuchen, damit es sich erwachsen fühlt. Dies animiert Ihr Kind vielleicht, bald trocken zu werden.

Alles erleichtern

Einige Kinder warten ungeduldig darauf, endlich die richtige Toilette benützen zu dürfen. Ein kleiner Hocker und ein spezieller Kinderaufsatz machen es den Kleinen leichter, die Toilette sicher und problemlos zu benützen.

Mit Lob nicht sparen

Ermutigen Sie Ihr Kind durch viel Lob, wenn es Erfolg hat.

Windel weg – oder zumindest die Unterhose – damit Ihr Kind die Möglichkeit hat, rechtzeitig auf dem Töpfchen oder der Toilette zu sitzen. Weitere wichtige Punkte:

✳ *Reagieren Sie rasch:* Äußert Ihr Kind in irgendeiner Form, dass es aufs Töpfchen muss, gehen Sie ihm voran zur Toilette oder holen Sie sofort das Töpfchen. Sie wissen ja, dass Kinder oft erst im letzten Moment merken, dass Sie zur Toilette müssen.

✳ *Behutsame Erinnerungshilfen geben:* Fragen Sie Ihr Kind ab und zu, ob es aufs Töpfchen gehen möchte. Kinder, die beschäftigt sind und Spaß haben, vergessen es sonst einfach. Es kann auch einmal in die Hose gehen, wenn sie aufgeregt sind. Erinnern Sie Ihr Kind auch immer dann an den Toilettengang, wenn Sie selbst zur Toilette müssen. Es wird Ihrem Kind helfen, wenn es immer wieder sieht, dass jeder das tun muss.

Kleinkinder, die etwas älter sind, mögen nicht so oft erinnert werden. Versuchen Sie daher, die Selbstständigkeit Ihres Kindes bestmöglich zu fördern.

✶ Berücksichtigen den Rhythmus Ihres Kindes: Bei manchen Kleinkindern erfolgt das Urinieren und Stuhlabsetzen zu bestimmten Tageszeiten. Ist dies bei Ihrem Kind auch der Fall, animieren Sie es um diese Zeit, auf den Topf zu gehen.

✶ Ermutigen Sie Ihr Kind: Loben Sie es ausgiebig, wenn es ihm gelingt, Ihnen mitzuteilen, dass es aufs Töpfchen muss, oder wenn es von selbst aufs Töpfchen geht.

✶ Bleiben Sie ruhig, wenn etwas in die Hose geht: Anfangs sind kleine „Unfälle" unvermeidlich. Waschen Sie Ihr Kind und ziehen Sie ihm sofort etwas Frisches an. Sagen Sie ihm, dass es ein kleiner Unfall war. Es ist auch hilfreich, wenn Sie Ihr Kind beim Saubermachen helfen lassen.

✶ Bleiben Sie vor allem immer geduldig und positiv eingestellt: Es wird einige Zeit dauern, bis Ihr Kind zuverlässig aufs Töpfchen geht, und es wird immer wieder Rückfälle geben. Bleiben Sie zuversichtlich, loben und ermutigen Sie Ihr Kind.

Gibt es irgendein Problem?

Wenn es bei den ersten Versuchen absolut nicht gelingt, machen Sie sich keine Gedanken. Wahrscheinlich ist Ihr Kind einfach noch nicht so weit, sauber zu werden. Verwenden Sie wieder Windeln, und sprechen Sie nicht weiter darüber. Lassen Sie das Töpfchen an einem Ort stehen, wo Ihr Kind es gut erreichen kann, wenn es sich dazu entschließt, es wieder zu versuchen.

In seltenen Fällen kann es auch eine besondere Ursache dafür geben, dass Ihr Kind noch nicht sauber wird. Dazu gehören folgende Möglichkeiten:

✶ Drängen Sie Ihr Kind? Betrachten Sie die Sache entspannt und mit etwas Abstand. Es wäre kontraproduktiv, das Kind unter Druck zu setzen, dann würde es sich erst recht weigern, aufs Töpfchen zu gehen.

✶ Steht Ihr Kind unter Stress? Störungen in der Familie oder in der Kinderbetreuung können ein Grund sein. Dies kann auch bei einem bereits sauberen Kind dazu führen, dass es tagsüber wieder einnässt.

✶ Braucht Ihr Kind mehr Erinnerungshilfen? Erinnern Sie Ihr Kind immer behutsam und beiläufig.

✶ Braucht Ihr Kind mehr Schlaf? Es kann Kleinkindern schwerfallen, rechtzeitig aufs Töpfchen zu gehen, wenn sie übermüdet sind.

✶ Liegt eine körperliche Ursache vor? Das ist relativ selten, am ehesten könnte ein Harnwegsinfekt vorliegen. Wenn Ihr Kind weiterhin ohne ersichtlichen Grund einnässt oder wenn es häufig uriniert, dabei Schmerzen hat oder Blut im Urin ist, sollten Sie zum Kinderarzt gehen. Sie sollten auch mit dem Kinderarzt sprechen, wenn Ihr Kind, nachdem es schon eine Zeit lang sauber war, wieder einnässt. Der Arzt wird ein paar einfache Untersuchungen durchführen, beispielsweise eine Urinprobe untersuchen, um zu sehen, ob eine Infektion vorliegt.

Ich muss mal
Bestimmte Gesichtsausdrücke, Haltungen oder Worte können Ihnen zeigen, dass Ihr Kind aufs Töpfchen muss.

Nachts trocken werden

Das Bettnässen kommt sehr häufig vor und wird normalerweise erst als Problem betrachtet, wenn das Kind sechs Jahre oder älter ist. Kinder werden in sehr unterschiedlichem Alter nachts trocken. Bei den meisten Kindern ist dies die natürliche Fortsetzung des Sauberseins tagsüber, bei anderen dauert es noch Jahre, nachdem sie tagsüber sauber sind, bis sie auch nachts sauber sind. Im Alter von fünf oder sechs Jahren sind die meisten Kinder nachts trocken.

Es ist wichtig, bei kleinen Kindern der Natur ihren Lauf zu lassen. Drängen Sie Ihr Kind nicht dazu, nachts oder beim Mittagsschlaf auf die Windel zu verzichten.

Ein guter Zeitpunkt für den Versuch, die Windel wegzulassen, ist, wenn die Windel beim Aufwachen noch trocken ist und Ihr Kind bereit ist, nachts ohne Windel zu schlafen. Es ist aber hilfreich, eine Zeit lang eine Plastikfolie oder eine wasserundurchlässige Betteinlage zu verwenden, falls doch noch einmal etwas in die Hose geht.

Seien Sie bei den ersten Versuchen nicht enttäuscht, wenn Ihr Kind das Bett nässt – beziehen Sie das Bett einfach frisch, und sagen Sie Ihrem Kind, dass es nichts dafür kann. Es ist hilfreich, das Kind beim Frischmachen helfen zu lassen.

Nässt Ihr Kind noch jede Nacht ein, schlagen Sie ihm vor, eine Zeit lang doch wieder Windeln oder eine Trainingshose anzuziehen und es in ein paar Wochen wieder ohne Windel zu versuchen. Es ist nicht sinnvoll, ohne Windel weiterzumachen, wenn Ihr Kind damit keinen Erfolg hat – dies ist für Sie beide nur frustrierend.

Ist mein Kind bereit?

Einige Anzeichen dafür, dass Ihr Kind bereit sein könnte, nachts keine Windel oder Trainingshose mehr zu tragen:

* Die Windel ist morgens trocken.
* Ihr Kind steht nachts auf, um zu urinieren.
* Ihr Kind kommt zu Ihnen, um zu sagen, dass seine Windel nass ist.
* Ihr Kind sagt Ihnen, dass es ohne Windel schlafen möchte.

So helfen Sie Ihrem Kind, nachts trocken zu bleiben

* *Begrenzen Sie die Trinkmenge:* Vermeiden Sie

SO KÖNNEN ELTERN MITMACHEN

Ein Sternposter basteln

Ist Ihr Kind mit etwa fünf Jahren nachts noch nicht trocken, kann eine Belohnung helfen. Basteln Sie mit Ihrem Kind ein Poster, sodass es sich einbezogen fühlt und merkt, dass es eine aktive Rolle dabei spielt. Ist Ihr Kind morgens trocken, wird ein Sternensticker aufgeklebt.

nach Möglichkeit, dass Ihr Kind vor dem Schlafengehen noch viel trinkt.

★ *Tragen Sie Ihr Kind nachts zur Toilette:* Sie können versuchen, Ihr Kind noch einmal auf die Toilette zu tragen, wenn Sie selbst zu Bett gehen und eventuell auch, falls Sie nachts einmal aufstehen. Wenn der Schlaf Ihres Kindes dadurch stark gestört wird und es deshalb tagsüber müde ist, sollten Sie es jedoch lassen.

★ *Letzter Toilettengang:* Achten Sie darauf, dass Ihr Kind noch einmal uriniert, bevor es zu Bett geht. Animieren Sie es, auch dann auf die Toilette zu gehen, wenn es meint, nicht zu müssen, indem Sie diesen Gang in die Bettgeh-Routine einbauen.

★ *Dünnere Windeln verwenden:* Dicke Windeln oder stark absorbierende Trainingshosen, die ihre Aufgabe gut erfüllen, fühlen sich innen oft trocken an, nachdem das Kind Wasser gelassen hat. Dies kann es einem Kind erschweren zu spüren, wann es aufstehen und auf die Toilette gehen müsste. Eine dünnere Windel, die innen feucht wird, kann hingegen hilfreich sein.

★ *Ruhe bewahren:* Bei manchen Kindern dauert es länger, bis sie nachts trocken bleiben. Sie möchten ja, dass Ihr Kind das Trockenbleiben ganz natürlich erlernt, und sollten sich daher nicht aufregen, wenn wieder einmal etwas in die Hose gegangen ist. Bestrafen Sie Ihr Kind nie, wenn es ins Bett gemacht hat. Ihr Arzt kann Ihnen Hilfe und Rat anbieten.

★ *Belohnung fällig:* Während Sie kein Aufhebens machen sollten, wenn es noch nicht klappt, sollten Sie Ihr Kind ausgiebig loben und belohnen, wenn es nachts trocken bleibt.

Gibt es irgendein Problem?

Zumeist ist Ihr Kind einfach noch nicht so weit, wenn es nachts noch nicht trocken bleibt. Gelegentlich ist von anderen Gründen für das Bettnässen die Rede, wie einer kleinen Blase,

Bescheid wissen ... Bettnässen

Falls Ihr Kind wieder zum Bettnässer wird, nachdem es mindestens sechs Monate lang nachts trocken war, sollten Sie unbedingt mit Ihrem Arzt sprechen. Er wird eine Anamnese erstellen und vielleicht einige Tests durchführen, um eine körperliche Ursache wie eine Infektion oder eine seltene Ursache wie Diabetes mellitus auszuschließen. Wahrscheinlich liegt dem Bettnässen aber eine emotionale Ursache zugrunde, die Ankunft eines neuen Babys, Schulprobleme oder eine familiäre Zerrüttung. Es kommt auch vor, dass ein Kind ohne erkennbare Ursache wieder ins Bett macht und sich das Problem nach wenigen Nächten von selbst wieder löst.

aber diese Ursachen sind noch nicht eingehend erforscht. Bekannt ist hingegen, dass Bettnässen und spätes Trockenbleiben in der Nacht in der Familie liegen können – war ein Elternteil damit spät dran, besteht eine hohe Wahrscheinlichkeit, dass auch das Kind spät dran sein wird. Bettnässen kommt bei Jungen häufiger vor als bei Mädchen – auch hierfür sind die Gründe noch nicht bekannt.

Falls Ihr Kind nach dem fünften Lebensjahr nachts noch nicht trocken ist, sprechen Sie mit Ihrem Arzt. Er kann nicht nur ausschließen, dass ein medizinisches Problem vorliegt, sondern Sie auch beraten, wie Sie am besten mit dem Problem umgehen.

Enuresis(Bettnässen)-Alarmsysteme

Sie können ab dem sechsten Lebensjahr empfehlenswert sein. Sobald das Kind nachts uriniert wird der Alarm ausgelöst, der das Kind weckt. Ziel ist es, dass das Kind besser bemerkt, wann es Wasser lassen muss und rechtzeitig von selbst aufwacht.

Sorgen im Zusammenhang mit der kindlichen Entwicklung

HÄUFIGE PROBLEME

In diesem Kapitel erhalten Sie Informationen über einige häufige Probleme in der kindlichen Entwicklung wie spätes Laufenlernen, verzögerter Sprechbeginn und Hyperaktivität. Sie werden unterscheiden lernen zwischen einer krankhaften Störung, die ihr Kind an der Entwicklung hindert, und einer einfachen Verzögerung, die sich über die Zeit ausgleicht oder eine Intervention erforderlich macht. Oft liegt es in der Familie, wenn ein Meilenstein der Entwicklung erst verzögert erreicht wird. Dies findet man häufiger als eine medizinische Ursache.

Viele Eltern machen sich Sorgen über die Entwicklung ihres Kindes und wie diese sich auf seine schulischen Leistungen und sein Sozialverhalten auswirken wird. Auch ein sehr aufgewecktes Kind kann eine Herausforderung darstellen. Aufmerksame Väter und Mütter können am besten beurteilen, ob sich ihr Kind normal entwickelt, wobei jedes Baby dafür sein eigenes Tempo hat. Es kommt immer wieder vor, dass Eltern verstärkt nur auf eine Fähigkeit wie beispielsweise das Krabbeln achten, das für sich alleine gar kein Problem darstellt. Falls Sie sich über irgendetwas besondere Sorgen machen, sollten Sie nicht zögern, mit Ihrem Kinderarzt darüber zu sprechen. Vertrauen Sie auf Ihr eigenes Urteil und vergessen Sie nicht, dass jedes Baby und jedes Kleinkind anders ist. Am wichtigsten ist bei vielen Entwicklungsproblemen in der Kindheit, dass sie früh erkannt werden, dass die Eltern die Zusammenhänge verstehen und frühzeitig Unterstützung und Förderung erfahren, damit ihrem Kind geholfen werden kann.

Die verzögerte Entwicklung

In den vorausgegangen sechs Kapiteln über die *„wunderbaren Babyjahre"* wurde die normale Entwicklung der Grobmotorik, der Feinmotorik, der sensorischen, mentalen und sozialen Fähigkeiten sowie der Darm- und Blasenkontrolle besprochen. Eine verzögerte Entwicklung besteht, wenn die erwarteten Meilensteine nicht innerhalb des als normal eingestuften Zeitrahmens erreicht werden. Dieser Zeitrahmen ist jedoch weit gefasst, und viele Kinder werden sich letztlich normal entwickeln, obwohl sie einige Meilensteine mit Verzögerung erreicht haben.

An eine Entwicklungsverzögerung wird meist in Zusammenhang mit dem freien Sitzen, dem Gehen und Sprechen gedacht. Die Hauptursachen für eine Verzögerung in diesen Bereichen werden nachfolgend unter den entsprechenden Themen besprochen. Es gibt jedoch auch andere Arten der Entwicklungsverzögerung, die aufmerksamen Eltern auffallen können. Beispiel: eine Verzögerung bei der Fähigkeit, einen Gegenstand mit den Augen zu fixieren oder ihm zu folgen, den Kopf aufrecht zu halten, zu lächeln, nach einem Gegenstand zu greifen oder diesen von einer Hand in die andere zu reichen und beim Rollen von der Bauch- in die Rückenlage. Die erstgenannte Verzögerung wird später in diesem Kapitel bei den sensorischen Defiziten besprochen. Für die anderen Entwicklungsverzögerungen gilt, das Kind zu beobachten und den Rat eines Kinderarztes einzuholen.

Verspätetes freies Sitzen

Normalerweise wird ein Baby zwischen dem sechsten und dem achten Monat alleine aufrecht sitzen können. Die häufigsten Ursachen, falls es dies nicht kann, sind:
✻ Frühgeburt (ein Baby, das zwei Monate zu früh geboren wurde, wird verglichen mit einem Baby, das zum errechneten Termin auf die Welt kam, zwei Monate später alleine sitzen können).
✻ Das Baby hatte zu wenig Gelegenheit, alleine aufrecht zu sitzen.

* Eigenheiten in der Familie, wenn zum Beispiel beide Eltern spät begonnen haben, zu laufen.

* Medizinische Probleme wie Zerebralparese oder Muskelschwäche.

* Allgemeine Entwicklungsverzögerung.

Die beiden letztgenannten sind wirklich ernst. Als Ursache für eine Zerebralparese wird eine Fehlbildung oder eine Schädigung des sich in Entwicklung befindenden Gehirns während Schwangerschaft, Geburt oder unmittelbar nach der Geburt angenommen. Dabei entstehen verschiedene Formen von Behinderungen insbesondere im motorischen Bereich, die von leicht bis schwerwiegend variieren können.

Die Intelligenz kann normal sein, häufig treten allerdings kognitive oder Lernprobleme auf. Für Kinder mit Zerebralparese gibt es viele Förderprogramme und spezielle Therapien, einschließlich physikalischer und ergotherapeutischer Maßnahmen.

Eine allgemeine Entwicklungsverzögerung bedeutet, dass alle Bereiche der kindlichen Entwicklung betroffen sind. Die Ursache hierfür kann eine angeborene Störung des Gehirns sein wie auch ein zugrunde liegendes Syndrom oder eine Erkrankung. Dabei kann in manchen Fällen trotz vielfältiger

Darüber sprechen

Sie als Eltern können am besten beurteilen, ob Ihr Kind sich normal entwickelt. Sollten Sie sich über die Entwicklung Ihres Kindes irgendwelche Sorgen machen, sprechen Sie darüber mit Ihrem Arzt.

und intensiver Testverfahren keine Ursache gefunden werden. Wenn Ihr Kind sich vor dem Sitzen nicht zu fürchten scheint, sprechen Sie mit Ihrem Arzt. Er kann untersuchen, ob bei Ihrem Kind ein erhöhter oder verminderter Muskeltonus vorliegt.

Sie selbst können Ihrem Kind helfen, indem sie es zum Sitzen ermutigen und es dabei stützen. Sie können auch seine Muskeln stimulieren, indem sie immer wieder mit Ihrem Kind auf dem Boden spielen, wo es sich aufrichten, rollen, krabbeln und nach Spielzeug greifen kann.

Verspätetes Laufen

Das selbstständige Laufen stellt große Anforderungen an die Geschicklichkeit, die Koordination und das Vertrauen des Kindes. Die Persönlichkeit und die Umgebung eines Babys spielen eine Rolle dabei, wann und wie es mit dem Laufen beginnen wird. Ebenso wie die weiter oben beschriebenen Faktoren bei verspätetem Sitzen kann der übermäßige Gebrauch einer Gehhilfe das freie Laufen verzögern (s. S. 32). Zudem gibt es medizinische Ursachen, die sich auf das Laufen auswirken, wie die Zerebralparese, eine allgemeine Entwicklungsverzögerung und eine Muskeldystrophie.

Die Muskeldystrophie stellt eine seltene Erkrankung dar, die zu zunehmender Schwäche führt. Normalerweise erkranken nur Jungen. Ein Hinweis darauf ist das verspätete Laufen aufgrund der Muskelschwäche. Wenn Ihr Kind zwischen 16 und 18 Monaten noch nicht selbstständig laufen kann, sollten Sie Ihren Arzt kontaktieren.

Der verminderte Muskeltonus (Hypotonus)

Hypotonus bedeutet einen verminderten Muskeltonus. Dies ist ein klinischer Befund und nicht die Diagnose einer Krankheit oder Störung. Bei einem Kind mit vermindertem Muskeltonus beginnt die Muskelanspannung verzögert, die Mus-

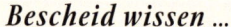

Bescheid wissen ...
Die schädlichen Wirkungen des Fernsehens
Das Fernsehen kann das Leben eines Kindes stark beeinflussen, allerdings in ungünstiger Weise. Gewalt, Sexualität, Alkohol und Drogen erscheinen häufig auf dem Bildschirm. Kinder, die häufig fernsehen, haben ein größeres Risiko für die Entwicklung von Übergewicht. Sie sind dem Einfluss der Werbung für minderwertige Schnellgerichte (junk food) ausgesetzt, und das Fernsehen hindert sie an sportlicher Betätigung. In den USA empfiehlt die Gesellschaft der Kinderärzte, dass Kinder unter zwei Jahren nicht fernsehen sollten und dass selbst ältere Kinder insgesamt (Fernsehen, Video, Computer) höchstens ein bis zwei Stunden pro Tag vor dem Bildschirm verbringen sollten. Eltern sollten dies kontrollieren und auch über den Inhalt der Sendungen diskutieren, damit die Kinder einen kritischen Blick für Sendungen und für die Werbung entwickeln können.

keln kontrahieren sich nur sehr leicht als Antwort auf einen Stimulus, und das Kind kann die Anspannung nicht so lange halten wie andere Kinder. Kinder mit einem muskulären Hypotonus werden manchmal als „schlaff" beschrieben. Sie sehen aus wie eine Stoffpuppe und fühlen sich auch so an. Sie können keine Körperstellung lange halten, weder den Kopf aufrecht noch die Arme nach vorn ausgestreckt. Bei der schweren Form können beim Füttern und bei der Bewegung im Raum Schwierigkeiten auftreten.

Das Verstehen testen
Es ist nicht schwer zu prüfen, ob Ihr Kind versteht, was um es herum geschieht. Auch wenn es noch nicht auf Fragen antworten kann, können Sie es auffordern, etwas seinem Alter Entsprechendes zu tun, wie in die Hände klatschen oder Ihnen ein Spielzeug reichen, und das Kind sollte korrekt darauf reagieren.

Welche Ursachen können einem muskulären Hypotonus zugrunde liegen?

Auch wenn der muskuläre Hypotonus häufig mit Krankheiten wie dem Down-Syndrom, der Zerebralparese und der Muskeldystrophie einhergeht, kann er auch bei sonst gesunden, normalen Kindern auftreten. In diesen Fällen erreichen die Babys die Meilensteine der motorischen Entwicklung mit Verzögerung. Sie werden später zu laufen beginnen und länger als gewöhnlich auf ihrem Po hin- und herrutschen.

Was können Sie tun, wenn Ihr Kind an muskulärem Hypotonus leidet?

Wenn Sie den Verdacht haben oder sich Sorgen machen, dass Ihr Kind hypoton oder schlaff sein könnte, so wenden Sie sich an Ihren Arzt. Es kann sein, dass dieser einige Tests machen wird.

Ist der Hypotonus stärker ausgeprägt, so gibt es eine Reihe von Tests, die in Erwägung gezogen werden können. Eine physikalische Therapie könnte sich günstig auf die Störung auswirken. Es ist auf jeden Fall sinnvoll, wenn Sie Ihrem Kind helfen, seine Muskeln durch geeignete körperliche Aktivitäten zu entwickeln und zu kräftigen.

Die verzögerte Sprech- und Sprachentwicklung

Der Erwerb von Wörtern kann durch zahlreiche Faktoren verzögert werden. Die häufigsten Ursachen dafür, dass ein Kind nicht spricht, sind, dass es nicht angesprochen wird oder dass es unter einem verschlechterten Hörvermögen leidet (siehe S. 186). Manchmal hat ein Kind ältere Geschwister, die seine Bedürfnisse ahnen und erfüllen und dadurch einen der normalen Reize, die zum Erlernen neuer Wörter nötig sind, wegnehmen. Sie beantworten zum Beispiel an seiner Stelle Fragen oder geben ihm das, worauf es nur deutet.

Eine weitere Ursache kann eine vorübergehende Hörminderung sein. Sie tritt bei einer chronischen Flüssigkeitsansammlung hinter dem Trommelfell infolge wiederkehrender Ohrinfektionen auf. Dadurch wird das Hören gedämpft, und

Muskeltraining
Aktivität ist für den Aufbau des Muskeltonus bei gesunden Kindern, aber auch bei Kindern mit muskulärem Hypotonus wichtig.

es wird für ein Kind schwierig, neue Worte zu lernen. Zu den weiteren Ursachen gehören eine allgemeine Entwicklungsverzögerung und spezifische klinische Störungen oder Störungen der Sprache wie Autismus.

Bevor zu erwarten ist, dass Ihr Kind zu sprechen beginnt, sollten Sie prüfen, ob es versteht, was Sie sagen, und ob es Gesten wie Winken, auf etwas Deuten und Klatschen ausführt (zwischen neun und 12 Monaten). Manche Kinder scheinen viel zu verstehen, sprechen jedoch nicht viel, selbst wenn sie schon über zwei Jahre alt sind, daher ist es sehr wichtig, das Verständnis und die Gestik Ihres Kindes zu überprüfen. Kann das Kind auf Körperteile zeigen (mit etwa 18 Monaten)? Holt das Kind seine Schuhe aus dem Schlafzimmer, wenn Sie es darum bitten (mit etwa 16 Monaten). Winkt es, wenn Sie „Auf Wiedersehen" sagen (mit etwa neun Monaten)? Deutet es auf Gegenstände (mit etwa 12 Monaten)? Wenn Sie den Eindruck haben, dass Ihr Kind verzögert auf Ihre Signale reagiert, sprechen Sie mit Ihrem Kinderarzt. Manchmal kann die Überweisung zu einem Sprachtherapeuten oder einem anderen Spezialisten nötig sein. Das Gehör sollte immer geprüft werden, da ein Kind zwar bestimmte Frequenzen eventuell gut hören kann, jedoch nicht die Frequenzen, die für die Sprachunterscheidung nötig sind.

Die wichtigste Hilfe, die Sie einem Kind mit verzögerter Sprachentwicklung geben können, ist, es so häufig wie möglich mit Sprache zu konfrontieren. Zwingen Sie Ihr Kind nicht zum Sprechen, doch sprechen Sie so oft wie möglich mit ihm, indem Sie beschreiben, was gerade los ist, und indem Sie mit ihm scherzen. Lesen Sie Ihrem Kind aus Büchern vor und benutzen Sie Geschichten und Bilder, um Ereignisse zu benennen, deuten Sie auf Farben, Tiere und Aktivitäten, wenn Sie mit ihm draußen sind. In manchen Fällen können Spezialisten wie Logopäden (Sprachtherapeuten) helfen. Ihr Arzt kann bei Bedarf eine Überweisung ausstellen.

Sensorische Störungen

Die fünf Sinne sind Hören, Sehen, Riechen, Schmecken und Berührung. Zwar sind das Hören und Sehen für die Fertigkeiten und Leistungen eines Menschen von zentraler Bedeutung und für die Kommunikation wichtig, es gibt jedoch viele Menschen, die ihre Defizite bei diesen Funktionen überwunden haben und ihr Leben erfolgreich meistern. Wichtig ist, dass die Störung frühzeitig erkannt und behandelt wird.

Störungen des Gehörs

Jedes Jahr kommen in Deutschland ein bis zwei von 1000 Babys mit Einschränkungen des Gehörs zur Welt, die so schwer sind, dass sie das Sprachverständnis und das Sprechvermögen beeinträchtigen. Ein funktionsfähiges Gehör ist für die Sprachentwicklung unabdingbar. Babys, die nicht gut hören, werden das normale Sprechen nicht oder spät erlernen. Alle Neugeborenen sollten Gehörtests unterzogen werden, sodass Kinder mit einer schweren angeborenen Verschlechterung der Hörleistung frühzeitig entdeckt werden. Eine verschlechterte Hörleistung kann verursacht werden durch:

* Angeborene Infektionen (eine Infektion, die vor der Geburt stattgefunden hat), wie Röteln oder eine Cytomegalievirusinfektion.
* Fehlbildungen des Ohres.
* Während der Schwangerschaft eingenommene Medikamente.
* Frühgeburt.
* Genetische Veranlagung.

Eine Hörbehinderung kann jedoch auch nach der Geburt aus folgenden Gründen erworben werden:

* Kopfverletzung oder Ohrtrauma.
* Schwere Infektion (zum Beispiel Meningitis).
* Bestimmte Arzneimittel.

Eltern werden anhand folgender Anzeichen sehr früh wahrnehmen, dass ihr Kind nicht hört:

* Von Geburt an schreckt das Kind bei lauten Geräuschen nicht hoch.
* Es wendet den Kopf nicht in Richtung eines nahen Geräusches oder einer Musik (ab fünf Monaten).
* Es entwickelt nicht das typische Kinderbrabbeln (mit etwa sechs Monaten) oder das Brabbeln nimmt ab, statt zuzunehmen.

Ein Hörverlust, der das Innenohr betrifft, wird als Wahrnehmungschwerhörigkeit bezeichnet, ein Hörverlust, der das Mittelohr betrifft, als Schallleitungsschwerhörigkeit.

Die Auswirkungen eines Hörverlustes

Ein Hörverlust oder eine Hörbeeinträchtigung können von mild bis schwer variieren und eines oder beide Ohren betreffen. Manche Kinder können gar nichts hören und werden länger brauchen, um die Sprache zu entwickeln. Eine Hörbeeinträchtigung kann auch nur auf einen Teil des Tonspektrums beschränkt sein, wie zum Beispiel die hohen Töne. Diese Form kann schwer zu entdecken sein, da das Kind über eine gewisse Hörwahrnehmung verfügt, die Worte aber nicht deutlich hört, sodass seine Sprachentwicklung deutlich verzögert sein kann. Wenn Ihr Kind lediglich unter einem partiellen Hörverlust leidet, kann es sein, dass Sie dies erst bemerken, wenn die Verzögerung der Sprachentwicklung offensichtlich wird. Bei Verdacht auf einen Hörverlust konsultieren Sie Ihren Arzt. Ihr Kind kann an einen Audiologen oder einen Hals-Nasen-Ohren-Arzt überwiesen werden, der weitere Tests machen wird.

So helfen Sie Ihrem Kind bei einer Hörbehinderung

Heute gibt es zusätzlich zu den Hörgeräten zahlreiche weitere therapeutische Möglichkeiten. Die Hörgeräte sind viel kleiner, effektiver und unauffälliger als früher. Während ein Hörgerät bei einem Kind mit einer Schallleitungsschwerhörigkeit für ein normales oder fast normales Hören sorgt, wird dies bei einem Kind mit einer starken Schallwahrnehmungsstörung nicht vollständig möglich sein. Bei Kindern mit einem schweren Hörverlust auf beiden Ohren, die ein Jahr oder älter sind und denen ein Hörgerät wenig oder gar nicht geholfen hat, kann ein Cochleaimplantat empfohlen werden. Dabei handelt es sich um ein operativ eingesetztes Gerät, das über eine elektrische Stimulation des Gehörnervs die Schallinformation direkt an diesen sendet und somit das beschädigte, fehlende oder funktionsuntüchtige Rezeptororgan im Innenohr umgeht.

Sprachtherapeuten können einem Kind mit einer Schallwahrnehmungsstörung das Ablesen von den Lippen, die Gebärdensprache und die normale Sprache beibringen. Lehrer für Gebärdensprache können diese den Eltern und dem Kind beibringen. In der Schule sollte ein betroffenes Kind Zugang zu Förderunterricht und speziellen Lehrmethoden haben.

Die Sehbehinderung

Sehstörungen variieren vom Unscharfsehen bis zu schwerer Sehbeeinträchtigung, wobei es sich überwiegend um Störungen leichter Ausprägung handelt. Eine Beeinträchtigung des Sehens kann bei der Geburt oder bald danach entdeckt werden. Während der Routineuntersuchungen für Neugeborene wird Ihr Arzt oder Gesundheitspfleger prüfen, ob Ihr Kind

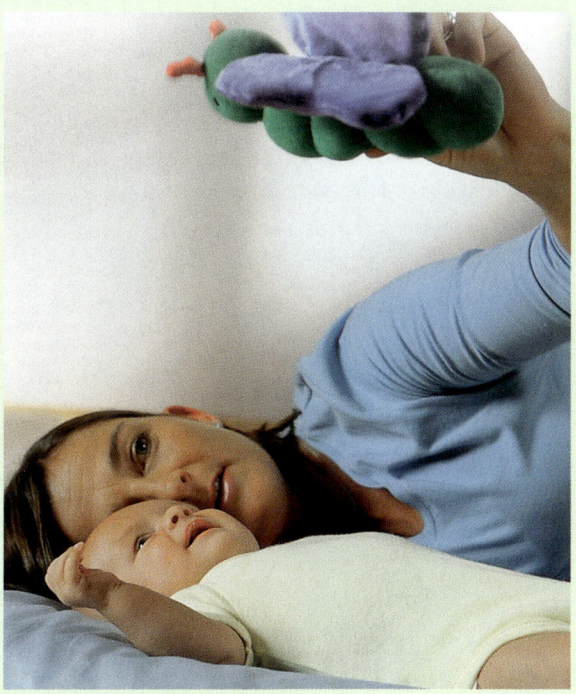

Hörtest
Eltern sind die Ersten, die die Fähigkeiten ihres Kindes einschätzen können. Wenn Ihr Baby normal hört, sollte es seinen Kopf in Richtung eines länger anhaltenden Geräusches wenden.

Anzeichen für einen grauen oder grünen Star hat, ob es Sie mit den Augen fixieren kann (nach den ersten zwei bis drei Lebensmonaten) und ob es einem Gegenstand im Raum mit den Augen folgen kann. In den ersten Wochen nach dem errechneten Geburtstermin sollten Babys einen Gegenstand in der Mittellinie des Gesichtsfeldes fixieren und ihm nach beiden Seiten folgen können. Bei Bedarf kann durch komplexere Tests herausgefunden werden, ob eine Reifungsverzögerung vorliegt, die ohne Konsequenzen bleibt, oder ob ein ernsteres Problem zugrunde liegt. Wie bei der Hörbehinderung wird auch bei der Sehbehinderung eine leichte Beeinträchtigung nur durch spezialisierte Tests zu entdecken sein. Da Sehprobleme zu jedem Zeitpunkt während der Kindheit auftreten können, wird Ihr Kinderarzt die Augen Ihres Kindes bei allen Routineuntersuchungen prüfen.

Ursachen für Sehbehinderungen

Hierfür gibt es zahlreiche Ursachen, die häufigsten sind:

✱ Schielen (Strabismus) Dabei kommt es zu fehlerhaften Achsenbildungen im Auge, die durch ein Ungleichgewicht oder eine Schwäche der Augenmuskeln verursacht werden. Wird die Störung nicht rechtzeitig erkannt und behandelt, kann die Sehfähigkeit beeinträchtigt werden.

✱ Schwachsichtigkeit (Amblyopie). Diese Störung wird manchmal als „faules Auge" bezeichnet. Dazu kommt es, wenn Gehirn und Auge nicht gut zusammenarbeiten, normalerweise weil das Auge schwachsichtig oder verletzt ist, was zu einer gestörten Achsenbildung führt. Auch Schielen kann zu Schwachsichtigkeit führen. Um das Sehvermögen des Kindes zu erhalten, sind Früherkennung und frühe Behandlung wichtig.

✱ Die Struktur des Auges oder die Sehbahnen sind von Geburt an anormal: zum Beispiel bei Kolobom, einem Spalt oder Riss in einer der Strukturen des Auges.

✱ Das Sehsystem ist durch eine Krankheit oder zu frühe Geburt beschädigt.

✱ Das Sehsystem kann normal oder bei der Geburt normal strukturiert scheinen, aufgrund einer Degeneration nimmt die Sehfähigkeit jedoch entweder schnell oder langsam ab.

* Ein Baby, das viel zu früh auf die Welt kam, kann dadurch eine Netzhauterkankung haben, insbesondere, wenn die Geburt mehr als acht Wochen zu früh stattfand.

Ein Kind mit einer schweren Sehbehinderung wird sich bei der Kommunikation in erster Linie auf sein Gehör verlassen. Wie immer sind auch hier eine frühe Diagnose und Behandlung für die Entwicklung des Kindes und die Entfaltung all seiner Fähigkeiten entscheidend.

Wenn Sie den Verdacht auf Sehprobleme haben, sprechen Sie mit Ihrem Arzt. Dieser wird Sie an einen Augenarzt überweisen, der Sehtests zur Beurteilung des Ausmaßes der Sehstörung vornehmen und nach der Ursache suchen wird. Er wird Sie auch über Behandlungsmöglichkeiten informieren. Spezielle Lernförderprogramme werden sicherstellen, dass den Lernbedürfnissen des Kindes Rechnung getragen wird. Häufig wird bei Lernproblemen den Augen die Schuld gegeben, sie sind jedoch fast nie deren Ursache. Selbst bei einer Dyslexie liegt das Problem in der Verarbeitung von Reizen im Gehirn und nicht bei den Augen.

Verzögerungen in der Sprachentwicklung

Die Sprache spielt für das Menschsein eine zentrale Rolle. Wir benötigen die Sprache, um uns untereinander verständigen zu können. Das aktive Sprechen ist nur ein Teil der Sprache. Bevor Kinder sprechen können, müssen sie hören und verstehen können, was andere Menschen sagen, sie müssen die Sprache bilden und die Sätze formen können. Leider gibt es viele Probleme, die bewirken können, dass die Sprache des Kindes nicht gut zu verstehen ist. Eine Sprachstörung ist ein Hinweis auf besondere Schwierigkeiten, die manche Kinder mit dem Sprechen und der Sprache haben. Zu diesen Kindern gehören:

POSITIVE ERZIEHUNG

So können Sie Ihrem Kind helfen, wenn es stottert.

Fordern Sie Ihr Kind nicht auf:
• langsamer zu sprechen,
• das Wort zu wiederholen,
• nachzudenken, bevor es zu sprechen beginnt.

Das sollten Sie tun:
• Hören Sie Ihrem Kind sorgfältig zu, und konzentrieren Sie sich auf den Sinn dessen, was es sagt, und nicht auf das flüssige Sprechen.
• Verlangsamen Sie ihre eigene Sprechgeschwindigkeit, stellen Sie nicht zu viele Fragen.
• Lassen Sie Ihr Kind zu Ende sprechen, Sie sollten den Satz nicht für Ihr Kind beenden.
• Loben Sie Ihr Kind, stärken Sie sein Selbstvertrauen.

* Kinder, die ein gutes Sprachverständnis haben, sich aber nicht adäquat ausdrücken können.
* Kinder, die die gesprochene Sprache nur in begrenztem Umfang verstehen.

Stottern

Stottern ist häufig (bei Jungen mehr als bei Mädchen), es kommt in manchen Familien gehäuft vor und bereitet den Eltern große Sorgen. Normalerweise tritt es zwischen dem zweiten und dem fünften Lebensjahr auf und verschwindet bei vielen Kindern von alleine, wenn sie in die Schule kommen. Ein Kind, das stottert, wiederholt ein Wort oder einen Teil des Wortes und hat beim Versuch zu sprechen einen besonderen Gesichtsausdruck.

Wie alle Probleme, die hier abgehandelt werden, sollten Sie dies mit Ihrem Arzt besprechen, der Ihr Kind zu einem Sprachtherapeuten (Logopäden) überweisen wird.

Artikulationsprobleme

Diese Gruppe von Störungen beeinträchtigt die Fähigkeit des Kindes, eine leicht verständliche Sprache zu erlernen. Einige Kinder mit Artikulationsproblemen haben auch andere Sprachprobleme, beispielsweise mit der Grammatik oder dem Satzbau, sie stottern oder haben Schwierigkeiten bei der Wortfindung, was ihre Fähigkeit, Lesen zu lernen oder Worte zu buchstabieren, beeinträchtigt.

Viele Kinder verwenden falsche Konsonanten (zum Beispiel wird aus Katze Tatze), oder sie lassen einen Konsonanten weg (aus Brot wird Bot). Eltern können die Worte zwar verstehen, nicht aber fremde Menschen, was manchmal zu Frustration und Verlegenheit führt. Dennoch werden sich die meisten dieser Probleme von selbst lösen.

Frustration

Es ist normal, dass ein Kleinkind wütend oder frustriert ist, wenn es sich nicht verständlich machen kann. Im Alter von zwei Jahren sollte zumindest die Hälfte von dem, was es sagt, auch von Fremden verstanden werden, mit drei Jahren sollten es 75 Prozent sein und mit vier Jahren 100 Prozent.

Ursachen für Artikulationsprobleme können Frühgeburt sowie eine schlechte Kontrolle über die für das Sprechen nötigen Lippen-, Zungen- und Gaumenmuskeln sein; ebenso eine geringe Motivation, da die Familie das Kind sowieso versteht, aber auch wiederkehrende Mittelohrentzündungen, die die Fähigkeit des Kindes beeinträchtigen, Unterschiede bei ähnlichen Lauten wahrzunehmen.

Kinder mit Artikulationsproblemen müssen nicht unbedingt Schwierigkeiten beim Lesen und Schreiben entwickeln, die meisten erlernen beides einschließlich des Buchstabierens gut. Sobald Sie merken, dass Ihr Kind Schwierigkeiten hat, ist es wichtig, professionelle Hilfe in Anspruch zu nehmen.

Nicht alle Kinder werden einer Therapie bedürfen, einige benötigen lediglich etwas zusätzliche Zeit, bis sie auf dem gleichen Stand wie Gleichaltrige sind. Sprechen Sie mit Ihrem Arzt, wenn Sie sich Sorgen um die Sprachentwicklung Ihres Kindes machen, da eine frühzeitige Logopädie sehr hilfreich sein kann.

Störverhalten

Fast alle Kinder durchleben Phasen, in denen sie sich schwierig verhalten. Störverhalten hängt mit dem Temperament des Kindes, dem Erziehungsstil und der Umgebung zusammen. Viele, doch nicht alle Kinder, können in die drei großen und locker definierten Verhaltenskategorien eingeordnet werden: Sie sind unkompliziert, reserviert oder scheu, schwierig und herausfordernd. Diese Einteilungen sind auf den ersten Blick nützlich, keine davon kann jedoch ein vollständiges Bild des Kindes abgeben. Dazu kommt, dass in bestimmten Entwicklungsstadien besondere Verhaltensmuster vorherrschen. Viele Eltern empfinden es als hilfreicher, ihr Kind in Bezug auf neun Verhaltens- und Gemütsmerkmale zu betrachten.

✱ Aktivitätsgrad: Wie viel körperliche Aktivität, Unruhe oder Zappeln zeigt ein Kind bei den Tagesaktivitäten (die sich auch auf den Schlaf auswirken können)?

✱ Rhythmus oder Regelmäßigkeit: Existiert ein regelmäßiger Rhythmus für körperliche Grundfunktionen, wie Appetit, Schlaf und Darmfunktion, oder nicht?

✱ Zuwendung und Rückzug: Wie reagiert ein Kind unmittelbar auf einen neuen Reiz wie unbekannte Menschen, Situationen, Orte, Nahrung oder veränderte Gewohnheiten (schnell und mutig oder langsam und zögernd)?

✱ Anpassungsfähigkeit: Wie leicht oder schwer tut sich ein Kind in Bezug auf eine Veränderung oder eine neue Situation, und wie schnell kann es seine Reaktion anpassen?

✱ Intensität: Mit wie viel Energie reagiert ein Kind auf eine neue Situation, sei sie positiv oder negativ?

✱ Stimmung: Wie freundlich oder unfreundlich ist es in seiner Wortwahl oder in seinem Verhalten?

✱ Aufmerksamkeitsspanne: Wie gut kann es sich mit oder ohne Ablenkung auf eine Aufgabe konzentrieren oder bei einer Sache bleiben?

✱ Ablenkbarkeit: Wie leicht kann ein Kind durch Umweltreize (visuell oder auditiv) von einer Aufgabe abgelenkt werden?

✱ Reizschwelle: Wie viele Reize sind nötig, damit ein Kind reagiert? Manche Kinder reagieren auf den kleinsten Reiz, andere benötigen mehr Reize.

Kontinuität ist für Kinder sehr wichtig, sowohl für ihre tägliche Routine und Disziplin als auch bei der Unterstützung und Beteiligung an ihren Aktivitäten. Ermutigen Sie Ihr Kind immer wieder, und sorgen Sie so zu Hause und draußen für sein positives Weltbild. Inkonsequente Eltern, die Ihr Kind nicht positiv unterstützen und an seinen Aktivitäten nicht teilnehmen, haben einen negativen Einfluss auf sein Verhalten. Das Störverhalten des Kindes wird sich verstärken, wenn es Aggressivität in Fernsehsendungen oder Videos erlebt und Gewaltspiele spielt.

POSITIVE ERZIEHUNG

Sie können viel tun, um ein schwieriges Kind zu unterstützen:

- Achten Sie darauf, dass Ihr Kind aktiv ist und viel an der frischen Luft unternimmt.
- Loben Sie Ihr Kind immer, wenn es ruhig und hilfsbereit ist oder in Ruhe spielt.
- Lassen Sie Ihrem Kind jeden Tag eine gewisse Zeit, in der es seine Aktivitäten selbst bestimmen kann.
- Stellen Sie sicher, dass Ihr Kind die Benimmregeln für die Beziehungen zu anderen Menschen kennt, vor allem Höflichkeit und Rücksicht (für ein Vorschulkind schwierig).
- Erklären Sie im Voraus was passieren wird, wenn sich Ihr Kind daneben benimmt und stört.
- Ignorieren Sie ein prahlerisches und überschießendes Verhalten, solange es nicht verletzend ist.
- Setzen Sie beim Fernsehen ein Zeitlimit.
- Setzen Sie Grenzen für ein nicht akzeptables Verhalten, wie zum Beispiel Raufen oder Schlagen.
- Nützen Sie die Möglichkeit einer Auszeit, wenn das Kind die Grenzen überschreitet (siehe rechts).

Der Umgang mit Störverhalten bei einem Vorschulkind

Merkmale eines gestörten Verhaltens sind Aggressivität, die ständige Suche nach Aufmerksamkeit und fehlendes Einfühlungsvermögen.

Bevor die Kinder sprechen lernen, teilen Sie sich über ihr Verhalten mit, da sie noch nicht in der Lage sind, ihre Gefühle in Worte zu fassen. Wenn Ihr Kind ein Störverhalten zeigt, ist dies wahrscheinlich ein Ausdruck seiner Gefühle: Angst, Furcht, Ängstlichkeit oder Frustration. Sie können die Situation entschärfen, indem Sie mehr auf das Gefühl eingehen als auf das Verhalten. Um ein solches Kind erfolgreich zu erziehen, sollten Sie versuchen, die aktuelle Situation zu verstehen und vorherzusehen, wann es zu einem Gefühlsausbruch kommen könnte. Wenn Sie die Regeln beachten, die im Kästchen für positive Erziehung beschrieben sind, sollte sich das Störverhalten Ihres Kindes bessern.

Die Auszeit

Dies ist eine Maßnahme, die sich für jedes Kleinkind als Teil einer Strategie eignet, die sein Verhalten verbessern soll. Dazu schicken Sie Ihr Kind für einen gewissen Zeitraum (als Faustregel gilt pro Lebensjahr eine Minute) an einen festgelegten Platz, beispielsweise auf einen Stuhl, wo es nichts zur Verfügung hat, um sich zu beschäftigen (grundsätzlich nicht in sein Zimmer). Bevor Sie Ihr Kind in die Auszeit schicken, müssen Sie ihm erklären, was es tun oder lassen soll, um die Auszeit zu vermeiden, und dass Sie es vorwarnen werden, bevor Sie die Auszeit beschließen, sodass es eine Möglichkeit bekommt, sein Verhalten zu ändern. Die Auszeit soll in Verbindung mit einer positiven Verstärkung eines erwünschten Verhaltens zum Einsatz kommen und nur dann, wenn Ihr Kind den Grund dafür kennt. Für ein unspezifisches schlechtes Benehmen ist die Auszeit ungeeignet.

Der Umgang mit Störverhalten bei einem Schulkind

Der Umgang mit Störverhalten bei einem Schulkind ist

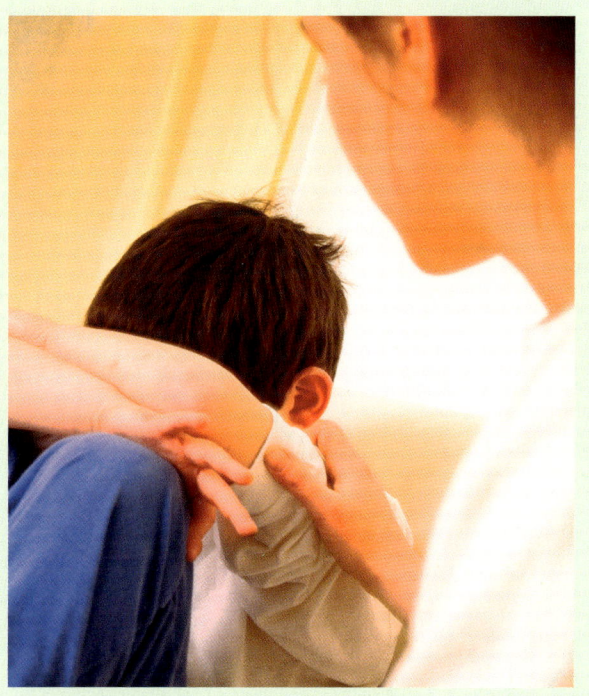

Wirksame Erziehung
Ein gutes Verhältnis, Lob und Anleitung zur Verhaltenskontrolle sind die Schlüssel, um gute Gewohnheiten zu fördern und schlechte Gewohnheiten zu verändern.

schwieriger, da dieses Verhalten bereits länger besteht und auch in der Schule auftreten kann. Was macht ältere Kinder zu Störenfrieden? Mögliche Ursachen sind:

✳ Probleme mit der Schularbeit, möglicherweise aufgrund von Lernschwierigkeiten.

✳ Mobbing in der Schule.

✳ Eine nicht diagnostizierte und unbehandelte ADHS (Aufmerksamkeitsdefizit-Hyperaktivitätsstörung) oder eine Störung im autistischen Bereich.

✳ Ungenügende emotionale Unterstützung und zu wenig Zeit, die die Eltern dem Kind widmen.

✳ Ein Mangel an angemessener Grenzsetzung in der Familie.

✳ Ein Konflikt der Eltern oder ein Veränderung in der Familienstruktur.

Ein Schulkind mit Störverhalten kann für die Eltern sehr stressig sein, wenn die Probleme sowohl in der Schule als auch zu Hause auftreten. Zeigt Ihr Kind ein Störverhalten, so ist es wichtig, in engem Kontakt mit dem Klassenlehrer und anderen Hauptfachlehrern zu bleiben. Mobbing ist häufig ein sehr belastender Faktor. Kinder geben nicht gerne zu, dass sie gemobbt werden, daher müssen die Eltern ihnen entsprechende Information behutsam entlocken. Wenn Sie sich Sorgen machen über das Benehmen Ihres Kindes und einen Rat benötigen, fragen Sie Ihren Arzt oder Gesundheitspfleger. Man wird mit Ihrem Kind sprechen und nach den Ursachen forschen.

SYMPTOME DER ADHS

SYMPTOM	VERHALTEN
Unaufmerksamkeit	Dem Kind fällt es schwer, aufzupassen, es hat Tagträume.
	Es scheint nicht zuzuhören.
	Es lässt sich leicht von seiner Arbeit oder seinem Spiel ablenken.
	Es scheint sich nicht um Feinheiten zu kümmern, macht Flüchtigkeitsfehler.
	Es befolgt Anweisungen nicht und führt Aufgaben nicht zu Ende.
	Es ist schlecht organisiert.
	Es verliert oft wichtige Dinge.
	Es vergisst Dinge.
	Es will keine Dinge tun, die eine längere geistige Anstrengung erfordern.
Überaktivität	Das Kind ist ständig in Bewegung, wie von einem Motor angetrieben.
	Es kann nicht still sitzen bleiben.
	Es rutscht hin und her und ist zappelig.
	Es spricht ständig.
	Es rennt, springt und klettert, auch wenn ihm dies nicht erlaubt ist.
	Es kann nicht in Ruhe spielen.
Impulsivität	Das Kind handelt und spricht, ohne nachzudenken.
	Es läuft auf die Straße, ohne vorher auf den Verkehr zu achten.
	Es hat Schwierigkeiten, sich in die Reihe zu stellen.
	Es kann nicht auf Dinge warten.
	Es platzt mit der Antwort heraus, bevor die Frage vollständig gestellt ist.
	Es unterbricht andere.

ADHS – die Aufmerksamkeits-defizit-Hyperaktivitätsstörung

Bei der Aufmerksamkeitsdefizit-Hyperaktivitätsstörung (ADHS) bestehen Probleme durch Unaufmerksamkeit und/oder Überaktivität und Impulsivität, die für den Entwicklungsstand Ihres Kindes unpassend sind und die Leistungen Ihres Kindes beeinträchtigen. Bei der ADHS gibt es drei Typen:

∗ *Aufmerksamkeitsdefizit allein:* Kinder mit diesem Krankheitstyp (frühere Bezeichnung ADD – Attention Deficit Disorder) sind nicht überaktiv. Sie stören nicht beim Unterricht oder bei anderen Aktivitäten, sodass ihre Symptome häufig nicht bemerkt werden. Diese Form kommt am häufigsten bei Mädchen vor.

∗ *Überaktivität, Impulsivität:* Kinder mit diesem Krankheitstyp sind überaktiv und impulsiv, können jedoch gut aufpassen.

∗ *Kombination aus Aufmerksamkeitsdefizit, Hyperaktivität und Impulsivität:* Kinder mit diesem Krankheitstyp weisen alle drei Symptome auf, dieser Typ ist der häufigste.

Die Symptome der ADHS entsprechen genau der Bezeichnung: Es handelt sich um ein Kind, das immer auf dem Sprung ist, das Schwierigkeiten hat, sich zu konzentrieren und das impulsiv ist (es tut Dinge, ohne darüber nachzudenken). Nachdem normalerweise die meisten Vorschulkinder diese Symptome zeigen, wird die Diagnose oft erst mit sechs Jahren gestellt.

In Deutschland haben ein bis zwei Prozent der Bevölkerung diese Symptome, und ADHS kommt gehäuft bei Jungen vor. Die ADHS kann Eltern und Lehrern Schwierigkeiten bereiten und das Lernen und die Fortschritte in der Schule deutlich beeinflussen, wenn die Störung nicht behandelt wird. Falls Sie vermuten, dass Ihr Kind unter ADHS leidet, ist es daher wichtig, dass Sie sich ärztlichen Rat einholen.

ADHS ist eine der häufigsten chronischen Erkrankungen in der Kindheit. Die Ursache ist nicht bekannt, doch können genetische Faktoren dabei eine Rolle spielen. Es gibt keinen spezifischen Test für die Diagnose von ADHS, eine Diagnose

WIE WIRD DIE DIAGNOSE ADHS GESICHERT?

Das in der Tabelle auf Seite 192 beschriebene Verhalten muss:

- in mehr als einem Umfeld auftreten also zu Hause, in der Schule und in bestimmten sozialen Situationen,
- stärker ausgeprägt sein als bei anderen Kindern im gleichen Entwicklungsalter,
- beginnen, bevor das Kind sieben Jahre alt ist (die Symptome können aber auch erst als ADHS erkannt werden, wenn das Kind älter ist),
- über mehr als sechs Monate andauern,
- das normale „Funktionieren" in der Schule, zu Hause und in sozialen Situationen erschweren.

kann jedoch durch die sorgfältige klinische Untersuchung, üblicherweise durch einen Pädiater oder einen Kinderpsychologen, gestellt werden. Zusätzlich zu einer medikamentösen Behandlung werden Verhaltenstherapie, Kompensieren von Erziehungsdefiziten sowie eine Schulung und Beratung der Eltern nötig sein, um einem Kind mit ADHS zu helfen.

Wie kann die Diagnose von ADHS gestellt werden, wo Kinder doch sehr häufig Verhaltensprobleme haben? Nachdem es keinen biochemischen Test gibt, stützt man sich auf die Informationen von Eltern, Lehrern und weiteren Bezugspersonen über die Hauptsymptome nicht altersgemäßer Aufmerksamkeitsdefizite, erhöhte Impulsivität und Hyperaktivität, über die Dauer der Symptome und das Ausmaß, in dem sie die „Funktionstüchtigkeit" des Kindes beeinträchtigen. Nachdem es sich zumeist um Schulkinder handelt, wird der Kinderarzt auch vom Lehrer und anderen Mitarbeitern der Schule Informationen einholen. Es gibt spezielle, häufig verwendete Checklisten, um die Schlüsselsymptome herauszufinden.

Falls Sie den Verdacht haben, Ihr Kind könnte unter ADHS leiden, sollten Sie Ihren Arzt konsultieren. Normalerweise ist es hilfreich, wenn mehrere Fachleute an der

Diagnosestellung beteiligt sind. Ein Bericht von der Schule sollte ebenfalls eingeholt werden. Der Kinderarzt wird die Checklisten von zu Hause und von der Schule prüfen, das Verhalten Ihres Kindes in verschiedenen Situationen beobachten und eine sorgfältige Krankengeschichte erstellen.

Ist die Diagnose einmal gestellt, wird das weitere Vorgehen besprochen. Zu den möglichen Behandlungsformen gehören Medikamente, Verhaltenstherapie und Unterstützung in der Schule. Ihr Kinderarzt sollte auch prüfen, ob eine andere Erkrankung den Symptomen zugrunde liegt.

Medikation

Wenn bei Ihrem Kind die Diagnose ADHS gestellt wurde, so kann durch Medikamente eine deutliche Besserung des Ver-

Gutes Zusammenspiel
Wenn Ihr Kind sich mit anderen beschäftigt und ein kontaktfreudiger Gefährte ist, so ist das ein Zeichen dafür, dass es sich zu einer harmonischen Persönlichkeit entwickelt.

haltens erreicht werden. Medikamente können Ihrem Kind helfen, sich länger zu konzentrieren und Ablenkungen zu ignorieren. Dadurch wird es besser aufpassen und sein Verhalten kontrollieren können, um seine schulischen Leistungen und seine Fähigkeit zu verbessern, erfolgreich an sozialen Aktivitäten teilzunehmen. Die am häufigsten verschriebenen Medikamente sind Psychostimulantien. Sie unterstützten die zielgerichtete Aufmerksamkeit und helfen, Impulse zu kontrollieren, zu planen und sich an Routineabläufe zu halten. Sie werden in verschiedenen Dosen und nach verschiedenen Schemata verschrieben. Manche Kinder sprechen nur auf ein bestimmtes Medikament an. Es gibt zudem einige nicht stimulierende Medikamente zur Behandlung von ADHS. Es kann einige Zeit dauern, bis herausgefunden wurde, welches Medikament Ihrem Kind in welcher Dosis und nach welchem Verabreichungsschema am besten hilft. Der Kinderarzt oder Kinderpsychiater wird Ihr Kind engmaschig betreuen und die Medikamente dem Bedarf anpassen.

Verhaltenstherapie

Eltern können lernen, wie sich das Verhalten ihres Kindes beeinflussen lässt, beispielsweise durch Lob für die positiven und Kontrolle über die negativen Verhaltensweisen. Auch die betroffenen Kinder erhalten ein Verhaltenstraining. Dadurch können das Familienleben und die Symptome des Kindes verbessert werden. Es ist möglich, den Eltern praktikable und bewährte Anweisungen zu geben, die ihnen helfen, in verschiedenen Situationen adäquat zu reagieren, indem sie entweder Lob spenden, das Kind tadeln und bestrafen oder sein Verhalten ignorieren. Viele der Techniken werden in dem Kästchen über positives Elternverhalten auf Seite 190 besprochen.

Unterstützung durch die Schule

Ein Kind mit ADHS wird in der Schule eine besondere Unterstützung benötigen. Sie sollten unbedingt mit dem Schulleiter und dem Klassenlehrer über die Erkrankung Ihres Kindes sprechen, sodass alle zusammenarbeiten können, um sicherzustellen, dass Ihr Kind sein Potenzial entfalten und wirklich seine schulischen Ziele erreichen kann. Folgendes Vorgehen hat sich bei Kindern mit ADHS bewährt:

* Einhalten einer Tagesroutine und eines genauen Aktivitätsplans.

* Konsequentes System von Lob und Strafe.

* Tägliche oder wöchentliche Berichterstattung oder Verhaltensdokumentation an die Eltern.

* Das Kind sitzt in der Nähe des Lehrers.

* Kleine Arbeitsgruppen.

* Das Kind wird aufgefordert, einen Moment inne zu halten, bevor es auf Fragen antwortet.

* Es erhält kurze oder untergliederte Anweisungen.

* Eine engmaschige Kontrolle des Kindes durch häufige positive Aufrufe, damit es bei der Sache bleibt.

Kinder, deren ADHS diagnostiziert wurde und behandelt wird, haben eine größere Chance, ihre Schulziele zu erreichen und ein erfolgreiches Leben zu führen.

MERKMALE DES KLASSISCHEN AUTISMUS

- Verzögertes, fehlendes oder atypisches aktives und passives Sprachverständnis. Es kann sein, dass das Kind vor dem zweiten Lebensjahr nicht spricht.
- Mangel an gebundener Aufmerksamkeit (fehlender Augenkontakt, keine Reaktion, wenn es mit Namen angesprochen wird, es deutet nicht, zeigt anderen kein Spielzeug/keine Gegenstände).
- Mangel an emotionalem Engagement, das Kind möchte nicht geküsst oder umarmt werden.
- Das Kind spielt lieber alleine.
- Das Kind spielt keine Fantasiespiele, es reiht häufig Autos aneinander oder verbringt viel Zeit damit, Vorhänge oder Lampen zu betrachten.
- Es wiederholt Bewegungen wie schaukeln oder drehen.
- Alle Meilensteine der Entwicklung können verzögert erreicht werden, die Sprache und die sozialen Fertigkeiten sind häufig stärker verzögert als die nonverbalen und motorischen Fertigkeiten.

Erkrankungen aus dem autistischen Spektrum (ASD)

Eine Störung, bei der eine Unfähigkeit zu sozialen Interaktionen besteht, wird Autismus genannt. Ein Kind mit einer autistischen Störung weist drei Merkmale auf: Es kann nicht gut mit anderen kommunizieren (weder verbal noch nonverbal), es weist atypische soziale Fähigkeiten auf, und sein Verhalten wiederholt sich häufig (repetitives Verhalten). Dennoch kann die Diagnose von Autismus kompliziert sein, denn der Schweregrad variiert stark, sodass Fachleute oft von einem Spektrum mit verschiedenen Ausprägungen des Autismus sprechen. Autismus ist eine komplexe Störung mit leichten bis schweren Symptomen. Es besteht ein großer Unterschied zwischen Kindern mit klassischem Autismus und solchen mit Asperger-Syndrom. Kinder mit dem Asperger-Syndrom haben oft eine überdurchschnittliche Intelligenz mit gut entwickelten Sprachfähigkeiten trotz

MERKMALE DES ASPERGER-SYNDROMS

- Rigidität des Denkens.
- Abneigung gegenüber Änderungen der Routine.
- Schlechte soziale Fähigkeiten.
- Geringes Verständnis für Gefühle.
- Sehr gutes Gedächtnis für Ereignisse und Fakten.
- Häufig stark ausgeprägtes Interesse und Talent für ein bestimmtes Gebiet.
- Das Kind spricht ausführlich über sein eigenes Interessengebiet, ohne dem anderen gegenüber Interesse zu zeigen.
- Schulschwierigkeiten wegen Defiziten der nonverbalen Kommunikation und der sozialen Fähigkeiten.
- Verhaltensprobleme wegen der oben genannten Merkmale.

ben. Einige mögliche Anzeichen, auf die Eltern achten können, sind soziale Isolation, Mangel an emotionaler Beziehung und Abneigung gegen Änderungen der Routine.

Wer kann helfen?

Wenn Sie den Verdacht auf eine autistische Störung bei Ihrem Kind haben, so ziehen Sie Ihren Arzt zu Rate, der Sie an einen Kinderarzt überweisen wird. Nachdem die Störung sehr komplex ist, ist eine umfassende Diagnostik mit neurologischer Untersuchung sowie Tests für Kognition und Sprache erforderlich. Wie bei anderen Kindern mit verzögerter Sprachentwicklung, sollte bei Kindern mit Verdacht auf Autismus eine Gehörprüfung durch einen pädiatrischen Audiologen durchgeführt werden.

Ein multidisziplinäres Team, bestehend aus Kinderarzt, Psychologe, Psychiater, Sprachtherapeut (Logopäde) und weiteren Spezialisten kann bei der Diagnose und Behand-

eines erheblichen Defizits in der sozialen Kommunikation. Wie die ADHS findet sich der Autismus wesentlich häufiger bei Jungen als bei Mädchen. Ein Kind mit Autismus kann einige oder alle Symptome aufweisen, die in dem nebenstehenden Kästchen genannt werden.

Kinder mit Autismus nehmen keinen normalen Augenkontakt auf oder zeigen in sozialen Situationen einen emotional unbeteiligten Gesichtsausdruck. Sie verwenden zur Kommunikation weniger Gesten in der Art von hindeuten. Tendenziell haben sie Probleme beim Zusammenarbeiten, Teilen oder Abwechseln. Sie ziehen es vor, allein zu spielen und zeigen kein Interesse für Fantasiespiele. Am besten kommen sie in der Regel mit Erwachsenen zurecht. Sie tun sich sehr schwer damit, sich anderen Kindern anzuschließen. Wenn Ihr Kind einige dieser Symptome aufweist, konsultieren Sie Ihren Arzt. Das autistische Spektrum ist breit, und es können wesentlich mildere Formen auftreten. Die Merkmale des Asperger-Syndroms, das zu den milderen Formen des Autismus gehört, werden im Kästchen auf S. 196 beschrie-

POSITIVE ERZIEHUNG

Kinder mit Autismus benötigen eine intensive frühe Unterstützung durch Spezialisten. Auch Sie selbst können einiges tun, um Ihrem autistischen Kind zu helfen.

- Nehmen Sie an den Aktivitäten Ihres Kindes teil. Sprechen Sie mit ihm darüber, womit es spielt und was es tut. Versuchen Sie eine Kommunikation aufzubauen, die auf Gegenseitigkeit beruht.
- Deuten Sie auf interessante Gegenstände und loben Sie Ihr Kind, wenn es angemessen reagiert.
- Bringen Sie Ihrem Kind bei, auf Dinge zu deuten, die es haben möchte oder die es interessieren, anstatt zu schreien oder Sie an der Hand hinzuführen. Geben Sie ihm Anerkennung, wenn es Ihnen Dinge zeigt, für die es sich interessiert.

lung des Autismus helfen. Für den Autismus gibt es keine Heilung, Therapie und Verhaltenskorrektur können jedoch insgesamt zu einer deutlichen Besserung führen.

Für ein autistisches Kind kann viel getan werden. Die Eltern müssen einen geordneten Tagesablauf einhalten, Anweisungen sorgfältig erklären, um sicherzustellen, dass ihr Kind versteht, was es tun soll, und ihrem Kind helfen, soziale Fähigkeiten zu entwickeln. Es ist auch wichtig, in der Schule eine besondere Unterstützung zu erhalten. Je früher mit der Therapie begonnen wird, desto besser, daher sollten Sie, falls Sie besorgt sind, Ihren Kinderarzt aufsuchen.

Die Unterstützung der Familie gilt als wesentlicher Baustein eines Therapieplanes. Ausgebildete Laien, die einen Entlastungsdienst anbieten, können sich um ein Kind mit Autismus kümmern, wenn ein größeres familiäres Netz oder Freunde fehlen.

Hoch begabte Kinder

In Erziehungskreisen wird der Begriff „hoch begabt" für Kinder verwendet, deren Fähigkeiten über dem Durchschnitt liegen. Normalerweise bemerken Eltern, dass ihr Kind Gleichaltrigen voraus ist. Das Kind wird die Meilensteine schneller erreichen, insbesondere in den Bereichen Sprachentwicklung und Ausdrucksweise, Mathematik, Musik oder Sport. Es wird früh ein guter Leser sein, leicht und interessiert lernen, eine gute Vorstellungskraft haben und abstrakt denken können. Manchmal stellt sich bei einem Kind erst bei Schuleintritt heraus, dass es begabt ist. Nicht immer werden die überdurchschnittlichen intellektuellen Fähigkeiten sofort erkannt, und das Kind wird sich langweilen und verhaltensauffällig werden, da die ihm gestellten Aufgaben zu einfach sind. Wenn Sie glauben, Ihr Kind könnte ungewöhnliche

Begabt und ausgeglichen

Die Herausforderung bei der Erziehung eines begabten Kindes besteht darin sicherzustellen, dass andere Bereiche seiner Entwicklung wie zum Beispiel Sozialverhalten, Emotionalität und Spiritualität mit seinen intellektuellen, künstlerischen und körperlichen Erfolgen Schritt halten.

Talente haben, so besprechen Sie dies mit einem Lehrer, da diese Begabungen früh gefördert werden sollten.

Umgang mit hoch begabten Kindern

Eltern eines hoch begabten Kindes sollten sich von Lehrern und anderen Fachleuten professionell beraten lassen, wie sie am besten mit ihrem Kind umgehen können. Die meisten Berater warnen vor einer zu starken Förderung, die aus dem Kind ein kleines Genie machen soll.

Für jedes Kind ist eine normale Kindheit sehr wichtig und es wird Ihrem Kind nicht zugute kommen, wenn es unter zu großem Druck aufwächst. Andererseits sollte der Unterricht Ihr Kind fordern und es ihm ermöglichen, seine Fortschritte in einem geeigneten Tempo zu machen.

Ein hoch begabtes Kind gut zu erziehen, ist anstrengend. Da es immer noch ein Kind bleibt, müssen Sie sicherstellen, dass es nicht überreizt wird und dass sich seine kreativen Fähigkeiten in Spielen aller Art umfassend entfalten können.

Welche Faktoren beeinflussen die Ent-wicklung des Kindes?

ERERBT ODER ERWORBEN

Die Entwicklung eines Kindes verläuft selten ganz geradlinig. Viele Faktoren spielen dabei eine Rolle. Der Verlauf von Schwangerschaft und Geburt, die Fähigkeiten und Gaben, mit denen Ihr Kind geboren wird, und die Anregungen, die es in der Erziehung zu Hause, im Kindergarten und in der Schule erhält, alle diese Faktoren wirken zusammen. Durch das Zusammenspiel von Erbanlagen und Umweltfaktoren wird Ihr Kind zu diesem einmaligen besonderen Wesen, das seinen Beitrag in der Welt leisten kann.

In diesem Kapitel führen wir Sie durch die Schlüsselbedingungen, die die Entwicklung Ihres Kindes beeinflussen – wie sein genetisches Erbe, die Familienstruktur, seine Stresstoleranz, die Gesundheit und Ihre Einstellung zu ihm als Eltern. Je deutlicher Sie sich der Faktoren bewusst werden, die seine Entwicklung beeinflussen, desto besser wird es Ihnen gelingen, eine aktive Rolle in der Entfaltung seiner Persönlichkeit sowie seiner Fähigkeiten zu spielen.

Die genetische Disposition

Das Wachsen und die Entwicklung Ihres Kindes mitzuerleben ist eines der beglückendsten Erlebnisse für die Eltern. Und es ist ganz natürlich, dass Sie wissen wollen, welche Charaktereigenschaften, Fähigkeiten, Verhaltensmerkmale und Leistungen auf Ihren elterlichen Fähigkeiten beruhen und welche aufgrund von Erbanlagen bestehen. Psychologen sprechen hierbei von „Erbanlagen versus Umwelteinfluss" und bezeichnen damit den jeweiligen Anteil, den die ererbten Fähigkeiten und die Umwelteinflüsse auf die Entwicklung des Kindes haben.

Sie freuen sich wahrscheinlich, wenn einige physische Merkmale Ihres Kindes, wie das Aussehen seines Gesichts, die Augenfarbe und die Statur, Ihnen ähneln und also genetisch bedingt sind, doch wissen Sie vielleicht nicht, dass Ihr Kind auch einige Ihrer psychischen Eigenschaften geerbt hat.

Auch wenn es noch keinen sicheren Beweis gibt, deuten wissenschaftliche Forschungsergebnisse zunehmend darauf hin, dass genetische Faktoren für die Entwicklung der kindlichen Persönlichkeit sehr wichtig sind.

Wahrscheinlich, aber nicht sicher

Auch wenn durch Forschungen eine genetische Komponente für einige Bereiche des kindlichen Verhaltens wahrscheinlich wird, heißt das nicht, dass nicht auch die Umgebung eine große Rolle spielt. Zwei wichtige Begriffe sollten Sie kennen:

∗ *Genotyp*: Dies ist das gesamte genetische Material, mit dem Ihr Kind geboren wird. Es bildet den Entwurf, nach dem es sich entwickeln wird und beeinflusst seine Fähigkeiten und Eigenschaften. Der Genotyp enthält beispielsweise die Informationen, die für die Augenfarbe, die spätere Körpergröße und sogar den Durchtritt der bleibenden Zähne bestimmend sind.

Die meisten Psychologen räumen ein, dass der Genotyp auch Informationen über wichtige psychologische Eigenschaften wie Persönlichkeit und Temperament enthält.

★ *Phänotyp:* Dies ist die tatsächliche Ausprägung der im Genotyp enthaltenen Informationen. Die Tatsache, dass ein Kind zum Beispiel das genetische Potenzial für eine bestimmte Körpergröße hat, bedeutet nicht, dass es diese auch erreichen wird. Mangelernährung oder chronische Erkrankung könnten bewirken, dass es kleiner bleibt. Der Phänotyp ist also das tatsächliche Ergebnis, während der Genotyp dem Entwurf entspricht. So, wie in einem Samenkorn das genetische Potenzial für eine Pflanze liegt, die Pflanze jedoch nur mit ausreichend Wasser und Licht wachsen kann, so werden Wachstum und Entwicklung eines Kindes durch weitere Faktoren wie Erziehungsstil und Umgebung beeinflusst.

Gene ins rechte Licht gerückt

Die genaue Bedeutung ererbter Fähigkeiten und Eigenschaften bleibt unklar. Während allgemein anerkannt ist, dass die Erbanlagen einen großen Einfluss auf die Entwicklung ausüben, so besteht auch kein Zweifel daran, dass die Umgebung für Ihr Kind immens wichtig ist. Ererbte Wesenszüge sind nicht immer eine ausreichende Erklärung. Tatsächlich ist es die Interaktion von Temperament und Erziehungsstil, die Ihr Kind zu einem wunderbaren, einmaligen Geschöpf macht. Ihr Beitrag zu seinem Leben beginnt bei der Zeugung und setzt sich während der gesamten Erziehung fort.

Persönlichkeit

Je nach ihrer Persönlichkeit entwickeln Kinder bestimmte Fertigkeiten in unterschiedlichem Alter. Ein selbstständiges Kind wird seine Fertigkeiten gerne üben und früher alleine essen und sauber werden wollen als das bei einem schüchternen Kind der Fall ist.

Ähnlich ist es beim Sprechen: Wenn Ihr Kind ein starkes Bedürfnis hat zu sprechen, wird es dies früher als andere Kinder seiner Altersgruppe tun. Bereits ab dem frühen

Wie ein Ei dem anderen
Die Ähnlichkeit zwischen Vater und Sohn ist nicht zu übersehen. Das Kind kann aber auch verschiedene Züge der Persönlichkeit und des Charakters geerbt haben.

Kindesalter zeigt die Persönlichkeit Ihres Kindes drei Komponenten, die kontinuierlich verfolgt werden können.

Die erste Komponente ist die Emotionalität. Dazu gehören seine Reaktionen auf Ereignisse, ob es sich leicht aufregt, schnell und stark gestresst ist oder ob es ruhig und locker bleibt. Die zweite Komponente ist die Aktivität – wie stark strengt sich Ihr Kind an, um bestimmte Dinge zu tun. Lernt es schnell, alleine zu laufen und zu sprechen? Die dritte Komponente ist das Sozialverhalten. Ist Ihr Kind gerne mit anderen zusammen und bevorzugt gemeinschaftliche Aktivitäten oder ist es eher allein und unabhängig?

Der Entwicklungsverlauf ist individuell sehr unterschiedlich. Bemühen Sie sich, Ihre erzieherischen Fähigkeiten anzupassen, um sicherzustellen, dass Ihr Kind das nötige Maß an Bestätigung, Unterstützung, Führung und Hilfe erhält, um sein gesamtes Potenzial entwickeln zu können.

Der Einfluss der Umwelt

Im vorangegangenen Abschnitt haben Sie Informationen über den Einfluss der Gene auf die Entwicklung Ihres Kindes erhalten. Dies ist jedoch nicht alles. In den frühen Jahren gibt es einige Wachstumsbesonderheiten, die nicht allein genetisch erklärt werden können.

Es stimmt beispielsweise, dass alle Kinder beim Sprechenlernen ungefähr die gleichen Phasen in der gleichen Reihenfolge und etwa im gleichen Alter durchlaufen – ein Kind wird mit circa acht Monaten zu brabbeln anfangen, sein erstes Wort mit etwa einem Jahr sprechen und mit etwa 18 Monaten die Worte verbinden und zu einem Satz formen. Wenn es in einem Haushalt aufwächst, in dem Deutsch die einzige gesprochene Sprache ist, so wird es Deutsch sprechen und so ist es auch mit anderen Sprachen. Umwelteinflüsse und genetisches Potenzial wirken zusammen. In ähnlicher Weise wird ein Kind, das von seinen Eltern Lieder und Kinderreime lernt, eher in der Lage sein, mehr Lieder zu singen und mehr Reime aufzusagen als ein Kind, das diese nie zuvor gehört hat.

Der Einfluss auf die Erbanlagen

Die Verbindung von Erbanlagen und Umwelt funktioniert auch auf andere, subtilere Weise. Sie können passiv durch die Art und Weise miteinander verbunden sein, wie Eltern je nach ihren Bedürfnissen und Interessen ihr Zuhause gestalten. So werden zum Beispiel Eltern, die Musik lieben, tagsüber Musik hören, sie werden ihr Kind dazu anregen, ein Instrument zu erlernen, und werden Musikinstrumente in ihrem Haushalt haben. Ihr Kind wird nicht nur eine musikalische Begabung erben, die sein Interesse für Musik verstärkt, sondern es wächst auch in einer musikalischen Umgebung auf, so dass sich sein genetisches Potenzial leichter entwickeln kann.

Erbanlagen und Umwelt können auch eine aktive Verbindung eingehen. Ein Kind sucht natürlicherweise nach einer Umgebung, in der es seine genetischen Anlagen ausleben kann. Daher wird ein scheues Kind möglicherweise Partys meiden und es vorziehen, zu Hause zu bleiben und alleine zu spielen. Es findet instinktiv eine Umgebung, die seinen Bedürfnissen entspricht. In ähnlicher Weise wird ein sportliches Kind länger an Aktivitäten teilnehmen, bei denen es seine körperlichen Talente entfalten kann, als an Aktivitäten, die eher im Sitzen stattfinden. Es findet intuitiv eine Nische in seiner Umwelt, die ihm eine passende Entwicklung erlaubt.

So helfen Sie Ihrem Kind, Fortschritte zu machen

Ihr Kind ist teils von Natur aus (da es einen großen Anteil von Ihnen und Ihrem Partner geerbt hat) zu diesem wun-

Kein unbeschriebenes Blatt
Persönlichkeitsmerkmale werden bereits früh nach der Geburt offensichtlich, wenn Sie wissen, worauf Sie achten müssen. Sie zeigen sich anhand der allgemeinen Veranlagung des Kindes – ist es insgesamt zufrieden oder leicht irritierbar – und durch die Art, wie es Dinge tut – ist es tagsüber meist wach und aktiv oder schläft es längere Zeit und ist im Allgemeinen unkompliziert, wenn es wach ist.

derbaren Wesen geworden, zum anderen Teil durch die Erziehung (da es viele Fähigkeiten erwirbt, weil Sie und Ihr Partner es erziehen). Niemand kann mit Sicherheit sagen, welcher Faktor in seiner Entwicklung eine größere Rolle spielt, doch werden die Tipps in dem Kästchen über die positive Erziehung Ihre erzieherischen Fähigkeiten weiter fördern können.

Seien Sie sich dessen bewusst, dass die Entwicklung Ihres Kindes nicht vollständig festgelegt ist und dass bestimmte Dinge vermeidbar sind. Es wird mit gewissen Eigenschaften, Gaben und Fähigkeiten geboren, die sich alle ändern können, je nachdem, wie Sie es erziehen. Es kann während seines Heranwachsens auch neue Eigenschaften, Gaben und Fähigkeiten entwickeln.

Es ist sehr wichtig, sich bewusst zu werden, dass jedes Kind nicht nur körperliche, sondern auch seelische Bedürfnisse hat. Es braucht zum Beispiel das Gefühl, geliebt zu werden, Wertschätzung zu erfahren und sicher zu sein. Ein Kind, das in den ersten Lebensjahren zu wenig geliebt wird, wird sich langsamer entwickeln. Allein schon die Liebe zu Ihrem Kind ist der stärkste Motor für seine Fortschritte.

Frühgeburt

Als Frühgeburt wird ein Kind bezeichnet, das vor der 37. Schwangerschaftswoche geboren wurde. Nachdem eine normale Schwangerschaft 40 Wochen dauert, kommt ein zu früh geborenes Baby in einem körperlich noch unreiferen Zustand auf diese Welt, seine Organe hatten nicht die nötige Zeit zu wachsen und das Baby auf das Leben außerhalb des Uterus vorzubereiten. Babys, die vor der 32. Schwangerschaftswoche geboren wurden, sind besonders empfindlich und benötigen meist zusätzliche Pflege und Anregung, zumindest in den ersten Wochen, häufig auch länger. Selbst wenn frühgeborene Babys einen schweren Start ins Leben haben, zeigen Forschungsergebnisse, dass nur weniger als eines von zwanzig Frühgeborenen langfristige Entwicklungsprobleme hat.

Anregung der Sinne

Jedes Baby benötigt eine Anregung seiner Sinne, um sich zu entwickeln und seine gesamten Möglichkeiten zu entfalten. Sie können die Fähigkeiten Ihres Babys im Verstehen und Denken fördern, indem Sie alle seine Sinne anregen wie den Hör-, den Seh- und den Tastsinn. Am besten wird die Entwicklung durch zarte Berührung und Bewegung gefördert. Frühgeborene können während der ersten Monate allerdings sehr empfindlich auf Licht, Geräusche und Berührung reagieren. Selbst eine spielerische verbale Zuwendung können sie als zu laut empfinden, sodass sie aufgeregt werden und den Blick abwenden. Daher sollten Eltern die Vorlieben und Abneigungen ihres Kindes genau verfolgen. Wenn Sie das Gefühl haben, dass im Moment für das Kind zu viel passiert, machen Sie eine Pause und nehmen Sie die Aktivität später wieder auf.

Die Entwicklung einer emotionalen Bindung

Die emotionale Verbundenheit zwischen Eltern und einem Frühgeborenen kann zu Beginn eine Herausforderung darstellen, denn das Baby befindet sich möglicherweise in einem Brutkasten (Inkubator – ein nach allen Seiten geschlossenes Bett), was den Körperkontakt schwierig macht. Selbst wenn Sie Ihr Baby nicht im Arm halten können, ist eine Berührung durch die Öffnungen des Inkubators möglich. Verbringen Sie so viel Zeit wie möglich mit Ihrem Kind, sprechen Sie mit ihm und vermitteln Sie ihm das Gefühl, dass Sie da sind.

Manche Menschen neigen dazu, auf ein frühreifes Baby übervorsichtig zu reagieren. In einer Studie wurde Eltern ein kurzer Film über ein fünf Monate altes Baby vorgeführt. Teilte man den Eltern mit, dass dieses Kind eine Frühgeburt war, so entwickelten sie häufiger Stressreaktionen, wenn sie das Baby weinen hörten, als andere Eltern, denen mitgeteilt wurde, dass das Kind zum normalen Zeitpunkt geboren worden war. Andere Forscher stellten ein weiteres Phänomen fest, das Frühgeborenen-

POSITIVE ERZIEHUNG

Nachstehend einige Möglichkeiten, wie Sie das Beste für Ihr Kind tun können.

Helfen Sie Ihrem Kind, Vertrauen zu entwickeln

Erwarten Sie von Ihrem Kind, dass ihm etwas gelingt. Ihr Verhalten ihm gegenüber beeinflusst sein Selbstbild. Wenn es glaubt, dass Sie Vertrauen in seine Fähigkeiten haben, beispielsweise in seine Fähigkeit, das Dreiradfahren zu erlernen, wird es sich etwas mehr anstrengen, weil es auch an sich zu glauben beginnt. Niedrige Erwartungen können zu geringeren Leistungen führen.

Statt zu denken „So ist es eben, mein Kind kann es nicht besser", sollten Sie ein positiveres Bild von Ihrem Kind gewinnen. Sagen Sie sich, dass es immer Möglichkeiten für Veränderungen und Fortschritt geben wird und dass Ihr Kind jede Gelegenheit erhalten sollte, um sein Potenzial maximal zu entfalten. Sie und Ihr Kind wissen erst, was es kann, wenn es etwas versucht hat.

Behandeln Sie Ihr Kind als etwas Besonderes und Einzigartiges

Auch wenn Ihr Kind einige Eigenschaften von Ihnen geerbt hat, bleibt es doch ein eigenes Individuum. Sie können ihm helfen, sein gesamtes Potenzial zu entfalten, wenn Sie seine individuellen Stärken und Schwächen erkennen und seine Bedürfnisse entsprechend unterstützen.

Gehen Sie mit gutem Beispiel voran

Ähnlichkeiten zwischen Ihrem Verhalten und dem Ihres Kindes kommen nicht nur durch Vererbung zustande. Da Ihr Kind mit Ihnen lebt, Sie beobachtet, Sie nachahmt und stark von Ihnen beeinflusst wird, überrascht es kaum, dass es sich bald so verhalten wird wie Sie. Sie sind als Elternteil das beste Vorbild für Ihr Kind. Übernehmen Sie deshalb Verantwortung für Ihr eigenes Verhalten.

Klischee. Demnach sehen Eltern frühgeborener Babys diese auch dann noch anders, wenn Entwicklungsunterschiede zwischen ihnen und gleichaltrigen Kindern längst verschwunden sind.

Folgen Sie dem Rat Ihres Neonatologen und Kinderarztes und nützen Sie jede Gelegenheit, um einen behutsamen, liebevollen Körperkontakt zu Ihrem Baby aufzubauen. Dies wird die Bindung zwischen Ihrem Baby und Ihnen verstärken. Haben Sie Vertrauen in sich und Ihr Baby. Auch wenn Ihr Kind zu früh geboren wurde, hat es wie jedes andere Kind das Bedürfnis, geliebt zu werden.

Gesundheit und Behinderung

Zwischen dem Verhalten Ihres Kindes und seiner Gesundheit besteht eine enge Verbindung. Selbst ein sonst sehr umgängliches Kind kann reizbar und unkooperativ werden, wenn es krank ist – ein Zeichen für seine Genesung wird sein, dass es wieder besser aufgelegt und glücklicher ist und wieder gerne mit seinen Spielsachen spielt oder seine Freunde treffen möchte. Wenn Ihr Kind krank ist, wird es Sie oder andere Bezugspersonen vielleicht vollständig in Beschlag nehmen. Sie müssen möglicherweise der Arbeit fernbleiben und nachts aufstehen, um es zu umsorgen, bis es wieder gesund und emotional stabil ist.

Wenn Ihr Kind eine Krankheit durchmacht, sind zwei zusätzliche psychologische Faktoren zu bedenken. Erstens haben Sie als Eltern den natürlichen Instinkt, das Kind in den Arm zu nehmen und es zu beschützen, wenn Sie es krank und verletzlich sehen. Sie werden medizinisch und psychologisch alles tun, was in Ihrer Macht steht, damit es wieder gesund wird. Auch wenn dies Ihre Rolle als Eltern ist, sollten Sie versuchen, die Balance zwischen einem vernünftigen Beschützer und einer erdrückenden Fürsorge zu finden.

Verständlicherweise möchte Ihr Kind gerne von Ihnen bemuttert werden, wenn es krank ist, durch dieses Mehr an Aufmerksamkeit fühlt es sich wohl. Besondere Geschenke, die Sie kaufen, um es aufzuheitern, sind sehr effektiv. Ihr Kind möchte natürlich, dass dies so weitergeht. Daher

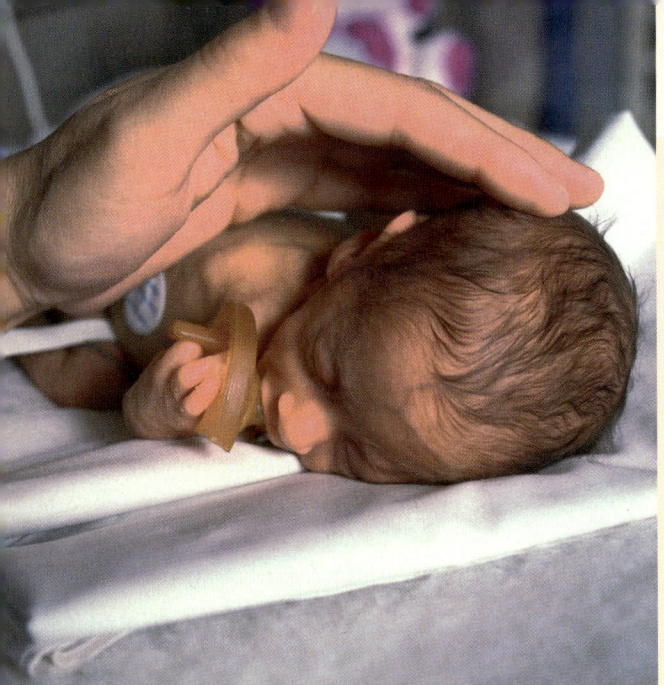

Eine liebevolle Berührung
Für frühgeborene Babys ist es besonders wichtig, behutsame Reize zu empfangen, die mit angenehmen Gefühlen verbunden sind.

kann es passieren, dass Ihr Kind, bevor es wieder gesund ist, Verhaltensauffälligkeiten wie zum Beispiel Wutanfälle entwickelt, wenn Sie es tagsüber alleine lassen müssen.

Strategien für den Umgang mit Krankheit

Sobald Ihr Kind sich zu erholen beginnt, sollten Sie zum normalen Tagesablauf zurückkehren. Stellen Sie sicher, dass es genügend schläft, und animieren Sie es, seinen früheren Tagesablauf wieder aufzunehmen, also zum Essen aufzustehen, sich hinzusetzen und mit seinen Spielsachen zu spielen, am Küchentisch zu malen oder ein Buch zu lesen. Führen Sie Ihr Kind daheim allmählich zu seinem regulären Leben zurück. Beteiligen Sie es langsam, aber sicher wieder an Aufgaben. Sorgen Sie jedoch dafür, dass es sich nicht überfordert, wenn es noch nicht richtig gesund ist (auch wenn die meisten Kinder bei der Genesung von einer Krankheit ihr Tempo sehr gut selbst regulieren können).

Überlegen Sie sorgfältig, und besprechen Sie mit andern Bezugspersonen, wie Sie seine Aktivitäten steuern wollen, wo es ihm jetzt wieder besser geht. Die natürliche Neigung Ihres Kindes ist es, wach zu sein, aktiv zu sein und nach Anregungen zu suchen, wo auch immer diese zu finden sind. Eine Erkrankung bremst diesen natürlichen Instinkt nur für eine gewisse Zeit. In dem Augenblick, wo das Kind sich besser fühlt, wird es das Bett verlassen und herumlaufen wollen. Lassen Sie es, und halten Sie es nicht unnötig zurück.

Auswirkungen einer Behinderung

Alle Kinder haben die gleichen grundlegenden emotionalen und körperlichen Bedürfnisse, doch manche benötigen eine zusätzliche Hilfe und Unterstützung, die möglicherweise von einer körperlichen, einer Lern- oder Sinnesbehinderung herrührt. Daneben spielen verschiedene Familiengewohnheiten, Wertigkeiten, finanzielle Mittel, der Umgang zwischen den Eltern und die Erwartungen an das Kind eine große Rolle. Die Eltern eines behinderten Kindes sind größeren Belastungen ausgesetzt. Diese reichen von höheren Ausgaben für spezielle Hilfsmittel über einen großen Zeitaufwand für Wartezeiten bei Fachärzten, die adäquate Befriedigung der Bedürfnisse weiterer Kinder bis zu Selbstvorwürfen wegen der Behinderung ihres Kindes.

Der Umgang mit einer Behinderung

Da niemand sicher vorhersagen kann, wie sich ein Kind mit einer Behinderung mit fünf, zehn oder 15 Jahren entwickelt haben wird, werden Sie einige Unsicherheiten über die zukünftige Entwicklung Ihres Kindes akzeptieren müssen. Verständlicherweise kann das eine sehr große Herausforderung sein. Es ist hilfreich, wenn Sie sich auf das Wesen Ihres Kindes konzentrieren. Ihr Kind hat neben vielen anderen Eigenschaften, Fähigkeiten und Gaben eben auch eine Behinderung. Schauen Sie hinter diese Behinderung, und identifizieren Sie sich mit seiner Persönlichkeit. Konzentrieren Sie sich auf seine Stärken, nicht nur auf die Herausforderungen, die diese Behinderung mit sich bringt.

Informieren Sie sich bestmöglich über die Behinderung Ihres Kindes. Suchen Sie nach zuverlässigen Informationsquellen, und fragen Sie Ihren Arzt, wenn sie Fragen und Ängste haben. Sie werden auch vieles erfahren, indem Sie mit professionellen Helfern sprechen, die mit Ihrem Kind arbeiten. Auch der Erfahrungsaustausch mit anderen Eltern und Betreuungspersonen wird Ihnen helfen.

Sinnvoll ist es auch, wenn Sie sich über die Förderungsmöglichkeiten in der Schule und in kindertherapeutischen Einrichtungen für Kinder mit dieser Art von Behinderung informieren. So können Sie bis zu einem gewissen Maße vor-

planen, auch wenn Sie Ihre Pläne später eventuell revidieren müssen, wenn sich die Entwicklung Ihres Kindes ändert.

Erziehungsstile

Die Entwicklung Ihres Kindes und Ihr Erziehungsverhalten werden stark davon beeinflusst, wie Sie über Erziehung im Allgemeinen und in Bezug auf Ihr Kind denken und welche Erwartungen Sie an Ihr Kind und an sich selbst haben. Psychologen unterscheiden hauptsächlich vier Erziehungsstile.

Autoritäre Eltern neigen dazu, ihr Kind zu sehr zu kontrollieren und sein Verhalten zu reglementieren, sie erwarten, dass ihre Anweisungen vollständig befolgt werden, und reagieren sofort, wenn die Regeln gebrochen werden. Strafen für Fehlverhalten kommen häufiger vor als Belohnungen für gutes Verhalten. Liebevolle Worte und Körperkontakt zu ihren Kindern sind eher selten. Kinder autoritärer Eltern können nur ähnliche soziale Fähigkeiten erwerben und bleiben von ihren Eltern abhängig.

In nahezu vollständigem Kontrast zum autoritären Erziehungsstil sind permissive Eltern sehr locker in Bezug auf Regeln für das Verhalten ihres Kindes. Sie erlauben einem Kind mehr oder weniger das zu tun, was ihm gefällt, und das Kind kann für Basisaktivitäten wie zu Bett Gehen, Essen und Freizeit seine eigenen Grenzen setzen. Permissive Eltern sind normalerweise herzlich und liebevoll in ihrer Beziehung zum Kind. Diese Kinder haben möglicherweise größere Schwierigkeiten in der Steuerung ihres Verhaltens.

Zuverlässige Eltern kümmern sich sehr um ihr Kind und sein Verhalten, wünschen jedoch, dass das Kind selbst Verantwortung übernimmt. Indem sie die Familienregeln erklären, das Kind ermutigen, über die Folgen seiner Handlungen nachzudenken und es mehr belohnen als bestrafen,

Auf die Stärken konzentrieren
Informieren Sie sich bestmöglich über die Behinderung Ihres Kindes, aber versuchen Sie vor allem, auf seine speziellen Stärken als Individuum einzugehen. Indem Sie diese fördern, helfen sie sich und Ihrem Kind, die Anforderungen, die eine Behinderung mit sich bringt, zu bewältigen.

entwickeln sie eine warme, unterstützende Beziehung zu ihrem Kind. Kinder zuverlässiger Eltern neigen dazu, selbstbewusst und sozial kompetent zu werden.

Eltern, die sich für die Erziehung ihres Kindes nicht interessieren, entweder aufgrund persönlicher Glaubenssätze oder durch Stress, haben möglicherweise zu sich selbst als Eltern wenig Vertrauen und fühlen sich von ihrem Kind distanziert. Kinder unbeteiligter Eltern können Schwierigkeiten haben, sich in das Leben sowohl in der Schule wie auch im sozialen Umfeld zu integrieren.

Viele Faktoren können die Bindung zwischen Eltern und Kind schwächen. Wenn Sie spüren, dass Sie am Leben Ihres Kindes nicht richtig Anteil nehmen können, so konsultieren Sie Ihren Arzt, der Sie zur weiteren Unterstützung an einen Spezialisten für psychische Gesundheit verweisen wird.

„Gute" Eltern sein

Es ist wichtig, dass Sie bei der Erziehung Ihres Kindes vertrauensvoll das tun, was Sie für richtig halten. Wenn Ihr Ehepartner oder Freund an der Erziehung des Kindes beteiligt ist, sollten sie den Erziehungsstil diskutieren und sich einigen. Beständigkeit ist der Schlüssel jeder Erziehung. Es schadet nicht, wenn Sie sich die Ansichten zur Erziehung von anderen anhören, Sie sollten aber keine Scheu haben, das zu tun, was Sie und Ihr Partner im Interesse Ihres Kindes für das Beste halten. Vertrauen Sie Ihrem eigenen Urteilsvermögen, auch wenn es dazu andere Meinungen gibt. Alle Eltern machen Fehler, das ist ein Teil des Lernprozesses. Wenn Sie glauben, etwas falsch gemacht zu haben, widerstehen Sie der Versuchung, sich mit Vorwürfen und Schuldgefühlen zu überhäufen. Betrachten Sie das Ereignis als Gelegenheit, dazuzulernen. Scheuen Sie sich nicht, Familienmitglieder, Freunde oder Fachleute um Rat zu fragen.

So wie Sie anders sind als Ihre Eltern, ist auch Ihr Kind ein eigenständiges Wesen mit seinen eigenen Fähigkeiten und Eigenschaften. Es macht keinen Sinn, es ständig mit

Eine positive Einstellung aufbauen
Machen Sie das Zusammensein mit Ihrem Kind zu einer positiven Erfahrung, indem Sie alle seine Anstrengungen entsprechend loben. Lächeln und Liebkosungen zeigen ihrem Kind, wie Sie sich an ihm freuen.

anderen Kindern zu vergleichen (ebenso wenig macht es Sinn, dass Sie sich mit anderen Eltern vergleichen). Freuen Sie sich an der Einzigartigkeit Ihres Kindes, und bestärken Sie es in seinen besonderen Fähigkeiten.

Ihr Kind wird sich allmählich in seinem eigenen Tempo entwickeln, ob es dabei um die Fähigkeit geht, selbstständig zu sitzen oder ein Kinderpuzzle zusammenzusetzen, mit dem es gestern noch gerungen hat. Natürlich haben Sie eine Idealvorstellung von sich als Eltern und von der Entwicklung Ihres Kindes. Es ist zu hoffen, dass sich diese Wünsche bis zu einem gewissen Maß erfüllen, doch verlangen Sie nicht zu viel von sich und Ihrem Kind. Seien Sie stolz auf die wunderbaren Entwicklungsschritte – groß oder klein –, und lassen Sie Ihr Kind spüren, dass Sie sich an ihm freuen.

Verwöhnen

Die meisten Menschen wissen, was mit Verwöhnen gemeint ist, dennoch ist es schwer zu definieren. Es bedeutet nicht nur, dass Sie ihr Kind mit Geschenken überhäufen, auch nicht, dass Sie ihm geben, was es will, noch, dass Sie immer nachgeben, wenn es schreit, schmollt oder ein Theater macht. Verwöhnen beinhaltet weniger, was Sie tun, sondern wie und warum Sie es tun. Der entscheidende Faktor ist das Machtgleichgewicht zwischen Ihnen und Ihrem Kind. Wenn Ihr Kind Sie um den Finger wickeln kann, ist es möglicherweise verwöhnt.

Verwöhnende Eltern versichern häufig, dass sie dies aus Liebe und in bester Absicht tun. Manchmal fühlen sich die Eltern schuldig, weil sie lange arbeiten und nicht genug Zeit für Ihre Kinder haben. Sie wollen, dass die wenige Zeit für die Familie schön ist, und sie tun alles, um Streit oder Konflikte zu vermeiden. Sie merken möglicherweise nicht einmal, dass sie ihr Kind verwöhnen, bis ein anderer sie darauf hinweist.

Versuchen Sie daher, den Forderungen Ihres Kindes nicht immer zu entsprechen. Zu einer guten Erziehung gehört, dass Sie herausfinden, was Ihr Kind braucht im Gegensatz zu dem, was es will. Stellen Sie klar, welches Verhalten inakzeptabel ist. Halten Sie sich an klare Linien, dadurch wird sein Bedürfnis, Grenzen zu testen, geringer. Ermutigen Sie Ihr Kind, an die Gefühle anderer zu denken. Bringen Sie Sie Ihrem Kind bei, wie man einen Kompromiss erreicht. Wenn es zum Beispiel einen Ball behalten will, lassen Sie es eine Weile damit spielen und geben den Ball dann für die nächsten Minuten seinem Bruder oder seiner Schwester.

Geburtsfolge

Ob Ihr Kind Erstgeborenes, Zweit- oder Letztgeborenes ist, ob es das mittlere Kind oder ein Einzelkind ist, kann in einem gewissen Ausmaß die Entwicklung seiner Persönlichkeit und seines Verhaltens beeinflussen. Manche Eltern glauben, es sei wichtig, jedes Kind gleich zu behandeln. Durch verschiedene Behandlung bevorzugen Sie aber noch kein Kind. Wenn Sie jedes Kind als ein Individuum behandeln, ist dies der beste Weg, ihm zu zeigen, dass es etwas Besonderes ist.

Familiengröße

Es gibt viele Faktoren, die Ihre Entscheidungen für die Familiengröße beeinflussen wie persönliche Wünsche, eigene Kindheitserfahrungen, gesundheitliche Erwägungen und finanzielle Möglichkeiten. Sie entscheiden, wie groß oder klein Ihre Familie sein soll.

Altersunterschied

Auch der Altersunterschied zwischen den Geschwistern, nicht nur die Geburtenfolge und die Anzahl von Brüdern und Schwestern, bestimmen den Platz Ihres Kindes in der Familie.

Kinder, die weniger als zwei Jahre auseinander sind, haben oft mehr Konflikte als Geschwister, zwischen denen ein größerer Altersunterschied besteht. Dies liegt möglicherweise daran, dass sie bei gleichen Dingen in Konkurrenz treten. Sie sollten bei der Planung einer Familie daran denken. Dennoch sind die Auswirkungen eines größeren Altersunterschiedes auf die Entwicklung eines Kindes und das Temperament jedes Kindes schwer vorauszusagen, daher sollten Sie die Familienplanung nicht nur an diesen Fakten ausrichten.

Beziehungen zwischen den Geschwistern verändern und entwickeln sich zudem, wenn sie älter werden. Der beste Moment, über ein zweites, drittes oder viertes Kind nachzudenken ist, wenn Sie sich körperlich, emotional und finanziell für die neue Erfahrung und die Vergrößerung der Familie bereit fühlen.

Patchwork-Familien

Durch Scheidung, Wiederverheiratung und neue Lebensformen können Kinder, die sich kaum kennen, plötzlich dazu gezwungen sein, den Wohnraum und ihre Eltern zu teilen. Gleichzeitig versuchen die Kinder, sich an die neue Ehe ihrer Eltern, einen neuen Stiefvater oder eine neue Stiefmutter und neue Stiefgeschwister zu gewöhnen. All dies kann zu Konflikten und Rivalität zwischen Stiefgeschwistern führen.

Versuchen Sie nach Möglichkeit, Stiefgeschwistern eigene Zimmer zu geben. Wenn sie sich ein Zimmer teilen müssen, gewähren Sie jedem seine eigene Spielecke, eigene Spielsachen und Dinge, die nur ihm gehören. Erwarten Sie nicht, dass Stiefgeschwister all ihre Zeit gemeinsam verbringen. Stellen Sie sicher, dass jedes Kind Zeit für sein Elternteil hat. Planen Sie außerdem Zeit für gemeinsame Familienaktivitäten ein, an denen alle Spaß haben. Beide Eltern sollten an der Erziehung und an Entscheidungen, die jedes Kind betreffen, beteiligt sein.

Falls Sie und Ihr neuer Partner sich entscheiden, noch ein weiteres Kind zu bekommen, seien Sie offen und ehrlich mit Ihren anderen Kindern. Beziehen Sie diese so viel wie möglich in Planungen für das neue Kind mit ein. Versichern Sie ihnen, dass ein neues Baby nicht bedeutet, dass Sie ihre bisherigen Kinder weniger lieben.

Erstgeborenes, mittleres oder letztgeborenes Kind?
Welchen Platz Ihr Kind in der Familie einnimmt, kann seine Persönlichkeit und seinen Charakter stark beeinflussen und ist auch eine Möglichkeit für Ihr Kind, seine Einmaligkeit zu zeigen.

Das Geschlecht

Das Bewusstsein Ihres Kindes, ein Mädchen oder ein Junge zu sein (Geschlechtsidentität) entwickelt sich in den ersten Lebensjahren. Die genaue Ursache für geschlechtsabhängige Wesensunterschiede ist nicht bekannt. Die Erklärung der „Naturgegebenheit" stützt sich auf biologische Faktoren. So haben Studien gezeigt, dass Jungen von Geburt an und sogar schon während der Schwangerschaft einen höheren Testosteronspiegel haben, der mit Aggression und Aktivität verbunden ist. Man kann kaum leugnen, dass dies eine Rolle in der Entwicklung von Geschlechtsunterschieden spielen dürfte. Ebenso besagt die Erklärung der „Naturgegebenheit", dass Frauen einen biologischen Instinkt dafür haben müssen, fürsorglich und häuslich zu sein, da nur sie körperlich in der Lage sind, Kinder auszutragen. Nachdem von Männern verlangt wird, dass sie ihre Familien beschützen und ernähren, müssen sie einen biologischen Instinkt für Aggressivität besitzen. Anhand dieser Theorie wird erklärt, warum Jungen eine Vorliebe für aggressive Spiele haben, während Mädchen lieber mit Puppen spielen.

Wie Ihr Kind eine Scheidung versteht und wie es emotional darauf reagiert, hängt von vielen Faktoren ab wie seinem Alter, seinem Temperament und der Unterstützung durch die Familie. Nachfolgend nennen wir einige möglich Reaktionen eines Kindes auf Trennung oder Scheidung. Sprechen Sie mit Ihrem Kinderarzt, wenn eine dieser Verhaltensweisen im Übermaß auftritt oder besorgniserregend wird.

Unter 3 Jahren: Die meisten Kinder dieses Altern werden traurig sein und wollen nicht von einem Elternteil getrennt werden. Ein Kind kann Ess- oder Schlafprobleme entwickeln oder reizbar werden und mehr weinen.

Zwischen 3 und 5 Jahren: Ein Kind kann Wutausbrüche haben, anhänglicher werden oder Ess- und Schlafprobleme bekommen. In diesem Alter machen sich Kinder oft Selbstvorwürfe wegen der Scheidung.

Im Gegensatz dazu besagt die Erklärung der Geschlechtsunterschiede durch „Erziehungseinflüsse", dass Eltern von Beginn an auf Jungen und Mädchen unterschiedlich reagieren und dass dadurch Geschlechtsunterschiede entstehen. Studien ergaben beispielsweise, dass Eltern bei Jungen ein höheres Aggressionsniveau

tolerieren als bei Mädchen und mehr Interesse am Spiel ihres Kindes haben, wenn es mit Spielsachen so spielt, wie es ihr Geschlecht vorsieht. Mit hoher Wahrscheinlichkeit entstehen Geschlechtsunterschiede durch eine Interaktion von Erziehung und Natur.

An einen wichtigen Punkt sollten Sie immer denken: Bieten Sie Ihrem Kind ein breites Spektrum an Spielmöglichkeiten und Erfahrungen an, um die Entwicklung vieler verschiedener Fähigkeiten zu unterstützen.

Geschwister

Das Verhältnis Ihrer Kinder zueinander wird in einem gewissen Ausmaß durch Geschlecht und Alter bestimmt, zum Beispiel ob sie Bruder und Schwester sind oder das gleiche Geschlecht haben, ob es ein älterer Junge und ein jüngeres Mädchen oder ein älteres Mädchen und ein jüngerer Bruder ist. Viele Eltern meinen, dass Kinder mit verschiedenem Geschlecht besser miteinander auskommen als gleichgeschlechtliche Kinder. Das jeweilige Tempera-

In den Genen?

Kleinkinder beiderlei Geschlechts haben normalerweise Freude an den gleichen Spielsachen und Aktivitäten. Erst im Laufe der Zeit beginnen sie sich mit ihrem Geschlecht zu identifizieren, indem sie sich gleichgeschlechtlichen Familienmitgliedern anschließen und sie nachahmen.

ment des Kindes wie auch die Erfahrungen innerhalb der Familie und das Verhältnis eines Elternteils zu seinen Geschwistern können ebenfalls eine Rolle spielen.

Ihre Haltung dem jeweiligen Geschlecht gegenüber beeinflusst auch die Einstellungen Ihrer Kinder. Wenn Sie voraussetzen, dass Mädchen still sitzen und mit Puppen spielen, während Jungen dazu ermutigt werden sollten, temperamentvoll und kontaktfreudig zu sein, sollte es Sie nicht überraschen, wenn sich Ihre Tochter häufig darüber beklagt, dass der Bruder sie andauernd herumschubst. Es ist wichtig, Ihren Kindern unabhängig von deren Geschlecht zu vermitteln, dass sie ihre Geschwister zu Hause und bei ihren Aktivitäten respektieren und unterstützen sollen.

Scheidung und Trennung

In Deutschland waren 2006 fast 150 000 Kinder unter 16 Jahren von der Scheidung ihrer Eltern betroffen. Im Durchschnitt findet die Scheidung innerhalb der ersten sieben Jahre einer Ehe statt, sodass viele betroffene Kinder noch keine sechs Jahre alt sind. Kommt es zu einer Trennung oder einer Scheidung, benötigen Kinder die Unterstützung, Geduld und Liebe beider Eltern, um ihnen in dieser Phase beizustehen.

Klammern Sie Ihre Meinungsverschiedenheiten aus

Jedes Kind wünscht sich eine gute Beziehung zu Mutter und Vater, ganz gleich ob es mit ihnen zusammenlebt oder nicht. Der Kinder wegen zusammenzubleiben ist jedoch nicht immer der beste Weg, um mit Meinungsverschiedenheiten zwischen den Eltern umzugehen. Wenn Eltern sich scheiden lassen, müssen sie zusammenarbeiten, um der gesamten Familie die Veränderungen möglichst leicht zu machen. Eltern können ihren Kindern helfen, indem sie sie nicht dazu zwingen, Partei für ein Elternteil zu ergreifen. Beziehen Sie Ihre Kinder bei einem Streit nicht mit ein, und kritisieren Sie einander nicht vor den Kindern.

POSITIVE ERZIEHUNG

Es gibt zahlreiche Möglichkeiten, wie Eltern ihre Kinder durch eine Scheidung begleiten können.

Ermutigen Sie Ihr Kind zum Gespräch

Wenn Ihr Kind fünf Jahre oder älter ist, wird es mitbekommen was passiert. Erklären Sie ihm die Scheidung in einfachen Worten.

Hören Sie sich seine Ängste an

Neben der Sorge Ihres Kindes um Sie, macht Ihr Kind sich auch Sorgen um sich selbst, um die Auswirkungen der in die Brüche gegangenen Ehe auf sein Zuhause, auf die Schule und auf die Freunde. Hören Sie seine Ängste an, nehmen Sie diese ernst und antworten Sie ehrlich.

Halten Sie an der Routine fest

Je weniger das Leben Ihres Kindes während und nach einer Scheidung gestört wird, desto besser. Veränderungen hinsichtlich der Schule, der Freunde, der Freizeitaktivitäten und der täglichen Routine sollten möglichst gering gehalten werden.

Übernehmen Sie Verantwortung

Stellen Sie sicher, dass Ihr Kind versteht, dass es nichts mit der Scheidung zu tun hat, dass es daran keinesfalls schuld ist. Lassen Sie es Ihre Liebe spüren, und versichern Sie ihm, dass Sie es nicht verlassen werden.

Halten Sie sich an Besuchszeiten

Tun Sie Ihr möglichstes, um feste Besuchszeiten mit Ihrem früheren Partner einzuhalten, und halten Sie sich an das, was Sie beschlossen haben. Wenn es Probleme mit den Besuchsvereinbarungen gibt, ziehen Sie eventuell einen Mediator hinzu.

Bedürfnis nach Sicherheit

Jedes Kind ist anders und reagiert auf seine Weise auf eine Trennung oder Scheidung. Die Erfahrung einer Scheidung ist für ein Kind in jedem Alter eine Belastung. Das Leben zu Hause wird umgekrempelt, das Kind vermisst den abwesenden Elternteil, es macht sich Sorgen, was mit ihm passieren wird und möglicherweise auch darüber, ob es an der Trennung oder Scheidung schuld ist.

Ihr Kind benötigt von beiden Eltern das Gefühl der Sicherheit und der Kontinuität ihrer Liebe und Fürsorge.

Eltern können versucht sein, ihrem Kind falsche Hoffnungen auf eine Rückkehr der alten Verhältnisse zu machen, um ihm mehr Sicherheit zu geben (auch wenn sie diese Absicht tatsächlich nicht haben). Dies ist eine sehr riskante Strategie, die weitere Not nach sich ziehen kann. Seien Sie ehrlich und offen.

Stress

Nicht nur Sie fühlen sich manchmal gestresst, auch Ihr Kind kann gestresst sein. Ihr Kind erlebt Stress, wenn es sich überfordert fühlt, mit anderen Worten, wenn es in bedrohlichen Situationen ist, die es nicht kontrollieren kann – dann entsteht dieses Druckgefühl, das zu Sorgen, Spannungen, Traurigkeit oder auch Wut führt.

Stress kann sich im Verhalten Ihres Kindes auf vielerlei Arten zeigen. So kann zum Beispiel ein normalerweise unkompliziertes Kind gereizt und unkooperativ werden, unregelmäßige Ess- und Schlafgewohnheiten bekommen, und es kann übertriebene Sorge bei Dingen zeigen, die es normalerweise nicht belasten. Bei einem Schulkind kann sich der Stress in Lernschwierigkeiten und Verhaltensproblemen gegenüber seinen Schulkameraden äußern. Ein bisher selbstständiges Kind kann ein oder beide Elternteile mehr brauchen. In manchen Fällen wird sich ein älteres Kind, das sehr gestresst ist, so verhalten, als sei es wesentlich jünger und vielleicht wieder am Daumen lutschen. Häufig ist die Regression im Verhalten eines Kindes das sicherste Zeichen dafür, dass es unter Stress steht.

POSITIVE ERZIEHUNG

Sie können Ihrem Kind helfen, stressige Situationen zu vermeiden oder damit besser umzugehen.

Hören Sie sich die Sorgen Ihres Kindes an

Ihnen mögen kindliche Sorgen belanglos erscheinen, doch für Ihr Kind sind sie sehr real, sonst wäre es nicht so aufgeregt. Ihr Kind wird alleine dadurch weniger gestresst sein, dass Sie ihm zuhören und es mit Respekt behandeln. Versuchen Sie, eine entspannte Kommunikation mit Ihrem Kind zu pflegen, damit es jederzeit alle Sorgen mit Ihnen besprechen möchte.

Reden sie ihm negative Selbstbeurteilung aus

Finden Sie einen optimistischen Zugang, und geben Sie Ihrem Kind Anerkennung für jede Anstrengung und Leistung. Wenn Sie hören, dass Ihr Kind herabsetzende Bemerkungen über sich macht, so heben Sie seine Stärken hervor. Finden Sie die Stärken und speziellen Interessen Ihres Kindes heraus, und versuchen Sie, diese zu fördern.

Vermitteln sie ihm Methoden, die Stress abbauen

Wenn Ihr Kind unter Stress gerät, weil es sich vor eine Aufgabe gestellt sieht, die es glaubt, nicht bewältigen zu können (wie zum Beispiel das Aufräumen seines Zimmers), zeigen Sie ihm, wie es in kleinen Schritten vorgehen kann. Eine bevorstehende Aufgabe wird zudem weniger stressig sein, wenn Ihr Kind sich darauf vorbereitet (zum Beispiel ein Lied vorsingen).

Schreiten Sie früh ein

Wahrscheinlich wird Ihr Kind am meisten durch Ereignisse gestresst, auf die es sich nicht vorbereiten kann. Wenn Sie es rechtzeitig daran erinnern, wird es seine Zeit besser einteilen können. Helfen Sie ihm, nötige Aufgaben gleich in Angriff zu nehmen.

Häufige Ursachen

Jedes Kind reagiert auf Lebensereignisse auf seine Weise, und man kann daher keine sicheren, allgemeingültigen Voraussagen treffen. Viele Ursachen für Stress in der Kindheit hängen mit der Familie und den Freunden zusammen. So kann zum Beispiel die Trennung der Eltern für die beteiligten Kinder Stress bedeuten, oder ein Kind kann unter dem Druck seiner Geschwister leiden oder gestresst sein, weil es in der Schule keine Freunde findet. Andere Ursachen für Stress können Krankheiten oder Störungen in der Entwicklung oder beim Lernen sein. Holen Sie sich im Bedarfsfall Hilfe, um Ihr Kind durch schwere Zeiten zu begleiten.

Belastbarkeit und Stabilität

Es ist allgemein anerkannt, dass sich Kinder in einer stabilen, liebevollen Umgebung am besten entwickeln. Im Gegensatz dazu wird ein Kind, dass verschiedenen Stressfaktoren ausgesetzt ist, wie Scheidung der Eltern, emotionale Vernachlässigung, fehlendes Zuhause, häufige Veränderungen in der Betreuung oder in der Schule und wechselnde Regeln zu Hause, anfälliger sein für die Entwicklung von Verhaltensstörungen und psychischen Schwierigkeiten. Es gibt jedoch viele Kinder, die denselben Stressfaktoren ausgesetzt sind und sich dennoch gut entwickeln. Psychologen beschreiben diese Kinder als stabil und belastbar. Sie können mit widrigen Lebensumständen umgehen und überstehen sie im Allgemeinen unbeschadet.

Jedes Kind erlebt in bestimmen Lebensphasen stressige Zeiten. Eltern können ihr Kind auf die Anforderungen des Lebens sehr unterschiedlich vorbereiten.

Rivalität zwischen Geschwistern
Spannungen zwischen Geschwistern sind normal. Wenn jedoch ein Kind mit einem starken Willen sich immer durchsetzt, so kann das auf Geschwister mit weniger Durchsetzungsvermögen wie auch auf die Familie als Ganzes negative Auswirkungen haben.

Eigenschaften eines stabilen Kindes

Ein stabiles Kind ist in seinen sozialen Beziehungen vertrauensvoll, es kommt mit anderen Kindern und mit Erwachsenen gut aus und teilt seine Gedanken und Gefühle gerne mit.

Ein stabiles Kind wird lösungsorientiert sein. Daher kann es ein Problem umgehen oder eine Lösung finden. Statt sich durch eine Aufgabe überfordert zu fühlen, nützt es seine Ressourcen, um Veränderung herbeizuführen.

Ein Kind ist belastbarer, wenn es selbstständig ist – auf eigenen Füßen steht, selbstständig denkt und handelt und das Gefühl hat, auf seine Umwelt einen gewissen Einfluss zu haben. Ein optimistisches Kind kann sich mehr auf die positiven Seiten einer Situation konzentrieren als auf die negativen. Es negiert die Hürden nicht, hat aber das Selbstvertrauen, dass es über die nötigen Fähigkeiten verfügt, um sie zu überwinden. Seine Entschlusskraft bewirkt, dass es so lange durchhält, bis es Erfolg hat.

Stabilität aufbauen
Es gibt zahlreiche spielerische Möglichkeiten sowohl im freien als auch im Regelspiel, die zum Aufbau einer Stabilität beitragen können.

Die Verletzbarkeit des Kindes reduzieren

Eltern, die emotionale Wärme, Fürsorglichkeit und Liebe ausstrahlen, bauen eine psychische Bindung zu Ihrem Kind auf, die ihm helfen kann, mit zukünftigen Stressfaktoren umzugehen. Lebenswichtig ist die Verbindung zu mindestens einem liebenden Erwachsenen. Zusätzlich kann eine Gemeinschaft zu Hause oder in der Schule, die das Kind unterstützt und mit einbezieht, eine wichtige Rolle spielen. Auch hohe Erwartungen an Ihr Kind können hilfreich sein. Überfordern Sie Ihr Kind jedoch nicht, und verlangen Sie nicht zu viel, regen Sie es an, sein Bestes zu geben, und ermutigen Sie es, sich hohe Ziele zu setzen, weil Sie Vertrauen in seine Fähigkeiten haben.

Wenn Sie an Ihr Kind hohe Erwartungen stellen, so bedeutet das viel mehr als nur eine Ermutigung dazu, seine Sache gut zu machen. So zeigen Sie ihm, dass Sie wissen, dass es im Grunde ein guter Mensch ist, dass Sie seine guten Eigenschaften schätzen und erwarten, dass es diese auch zeigt. Selbst wenn es sich danebenbenimmt, weichen Sie nicht von der festen Überzeugung ab, dass Ihr Kind im Grunde eine freundliche, fürsorgliche Person ist. Ihr Kind wird lernen, sich selbst als wertvollen Menschen zu sehen.

Besorgniserregendes Verhalten

Es kann Zeiten geben, in denen das Verhalten Ihres Kindes so fordernd und belastend für Sie ist, dass Sie sich Sorgen über seine künftige Entwicklung machen. Stellen Sie sich folgende Fragen:

Wie lange zeigt Ihr Kind dieses Verhalten schon? Bemerken Sie es erst seit wenigen Wochen, bestehen gute Aussichten, dass es nur vorübergehend ist und von selbst aufhört.

Welche Auswirkungen hat sein schwieriges Verhalten? Tritt dieses problematische Verhalten nur Ihnen gegenüber auf und Ihr Kind verhält sich anderen gegenüber normal, brauchen Sie sich darüber weniger zu sorgen. Ernster wird die Situation, wenn mehrere Menschen aus der Umgebung sich bei Ihnen beklagen oder wenn sein Benehmen zu Problemen mit den Freunden oder Geschwistern führt.

Was haben Sie bereits versucht, um Abhilfe zu schaffen? Das Verhalten ist schwer gestört, wenn es trotz Ihrer Verbesserungsversuche anhält. Wenn Sie erhebliche Anstrengungen unternommen haben, um das Verhalten Ihres Kindes zu bessern und seine Schwierigkeiten zu lösen, diese aber fortbestehen, ist das Problem womöglich ernster, und Sie sollten darüber mit Ihrem Arzt sprechen.

POSITIVE ERZIEHUNG

Sie haben folgende Möglichkeiten, Ihrem Kind zu mehr Stabilität zu verhelfen:

Bieten Sie Unterstützung an, nicht Konfrontation

Auch wenn das Benehmen Ihres Kindes schwierig ist, sollten Sie nach Wegen suchen, ihm zu helfen anstatt sich auf einen Kampf einzulassen. Versuchen Sie, die Welt aus dem Blickwinkel Ihres Kindes zu sehen. Sein Ärger mag unberechtigt erscheinen, doch es wird Ihnen helfen, wenn Sie seine Sicht der Dinge anhören.

Belohnen Sie das Positive

Registrieren Sie, wann Ihr Kind etwas Gutes tut und loben oder belohnen Sie es durch ein Zeichen der Zuneigung, einen Sticker oder einen Stern.

Überlegen Sie, wie Sie selbst sich ändern könnten

Überlegen Sie, was Sie in Ihrem Verhalten dem Kind gegenüber verändern könnten, um zu erreichen, dass auch sein Verhalten sich ändert.

Setzen Sie vernünftige Ziele

Das schwierige Verhalten Ihres Kindes wird sich nicht über Nacht verändern. Setzen Sie erreichbare Ziele, und zeigen Sie Ihre Freude, wenn das Kind ein Ziel erreicht.

Räumen Sie Ihrem Kind nicht alle Schwierigkeiten aus dem Weg

Ein stabiles Kind gewinnt dann Selbstvertrauen, wenn es auf seine eigenen Fähigkeiten vertrauen lernt. Dies geschieht, wenn es merkt, dass es mit schwierigen Situationen umgehen kann. Bieten Sie Ihre Mithilfe an, wenn das Kind Sie darum bittet. Manchmal ist es jedoch das Beste, wenn Sie sich zurückziehen (nachdem Sie dem Kind Sicherheit vermittelt haben).

WACHSTUMSTABELLEN JUNGEN

Ärzte und Gesundheitspfleger verwenden Wachstumstabellen, um die Maße eines Kindes mit denen anderer Kinder derselben Altersgruppe zu vergleichen. Durch das Eintragen der Werte auf einer Millimeterpapier-Tabelle entsteht mit der Zeit eine Kurve, die dem Arzt oder Gesundheitspfleger zeigt, ob die Fortschritte normal sind. Für Jungen und Mädchen gibt es unterschiedliche Tabellen, da ihre Wachstumsgeschwindigkeiten und -muster unterschiedlich sind. In

GEWICHT JUNGEN (KG) GEBURT – 1 JAHR

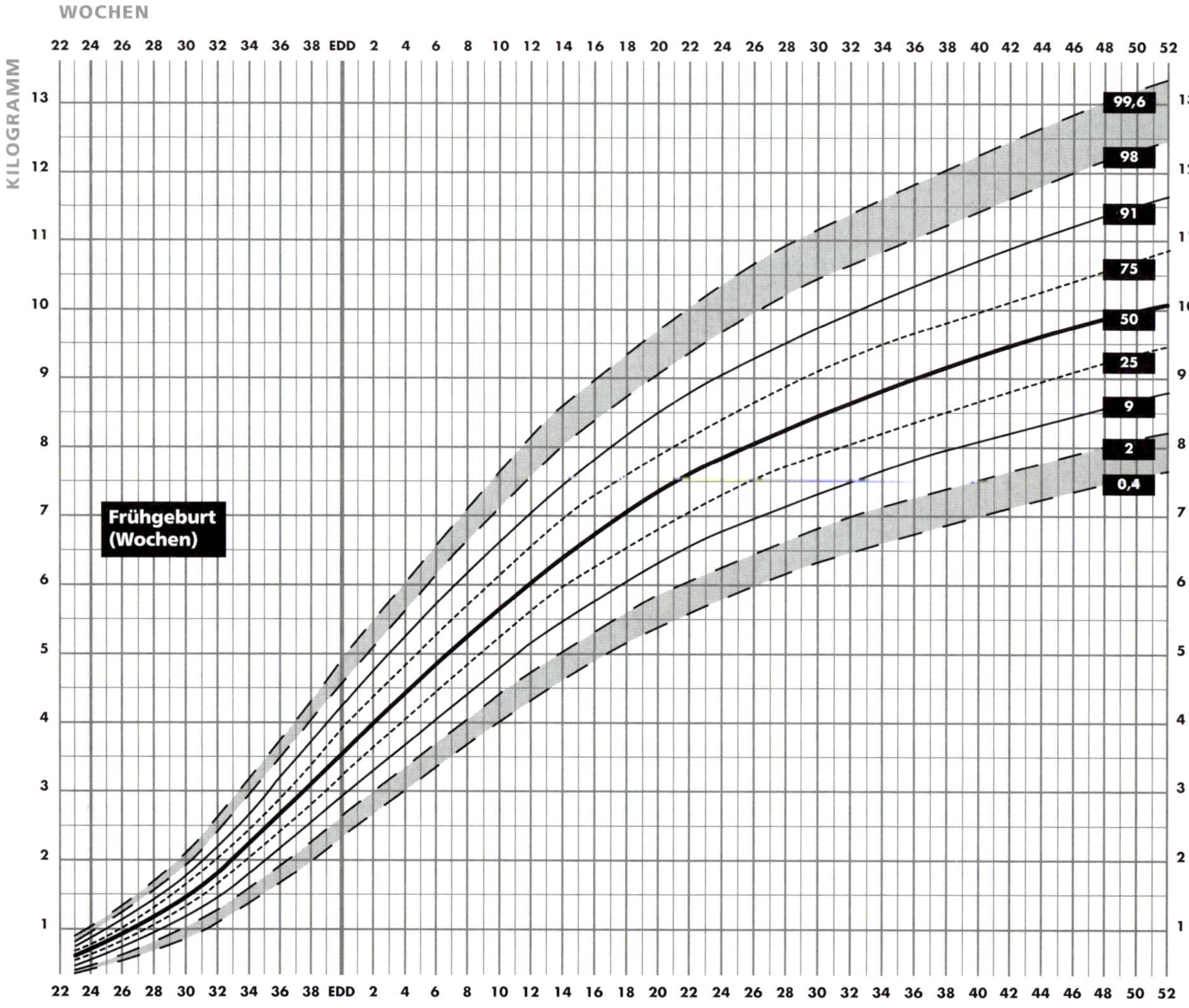

WOCHEN

KILOGRAMM

Frühgeburt (Wochen)

99,6
98
91
75
50
25
9
2
0,4

jeder der folgenden Tabellen sind neun Linien eingetragen. Die 50-Prozent-Linie repräsentiert den Durchschnittswert für eine bestimmte Altersgruppe. Im Alter von 24 Wochen beispielsweise wiegt die Hälfte aller männlichen Säuglinge knapp unter acht Kilogramm und ist 67 Zentimeter lang (siehe S. 218). Ihr Kind wird regelmäßig gemessen, und Ihr Gesundheitspfleger oder Arzt wird Ihnen die Ergebnisse erläutern.

GEWICHT JUNGEN (KG) 1 – 5 JAHRE

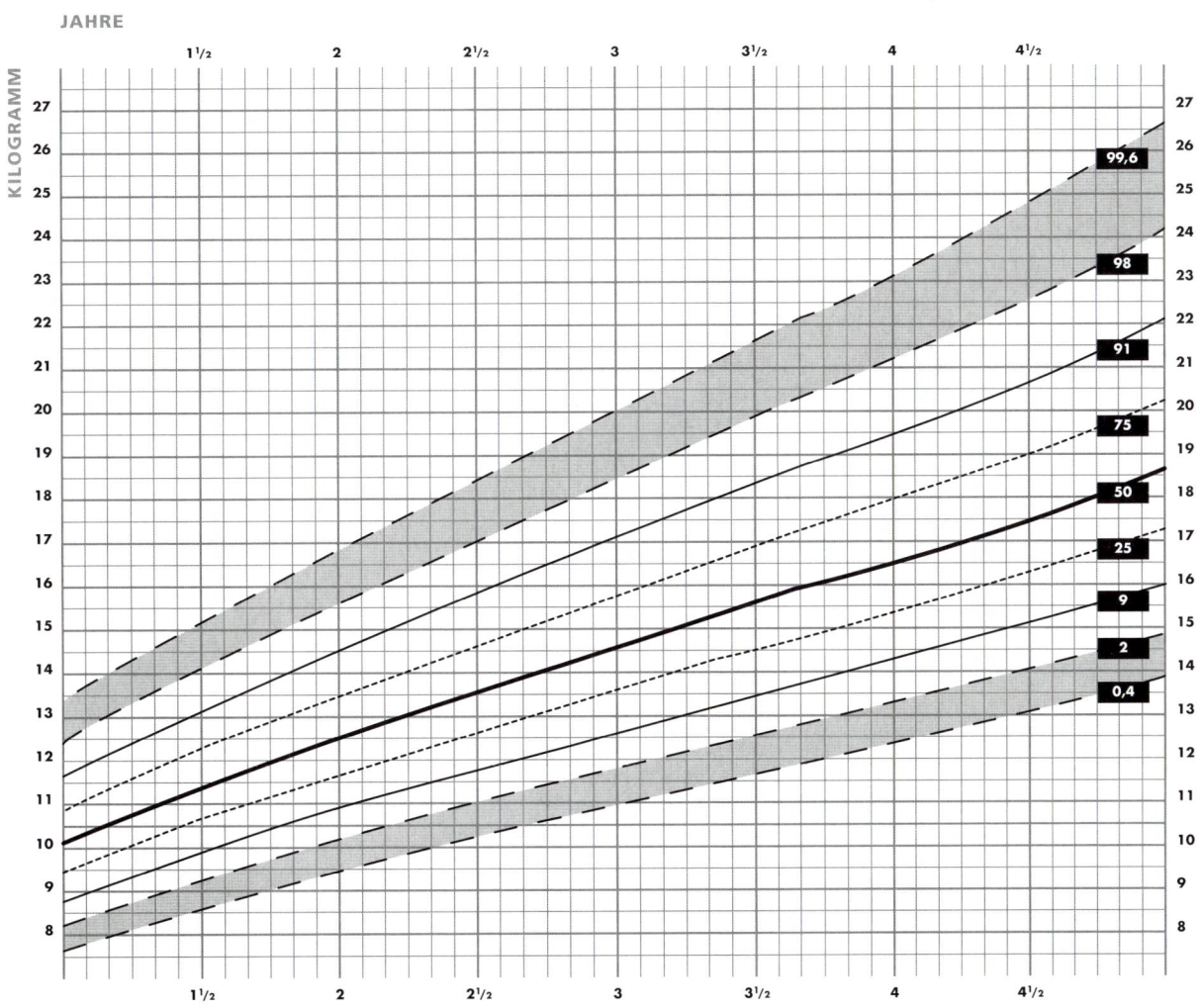

KÖRPERGRÖSSE JUNGEN (CM) GEBURT – 1 JAHR

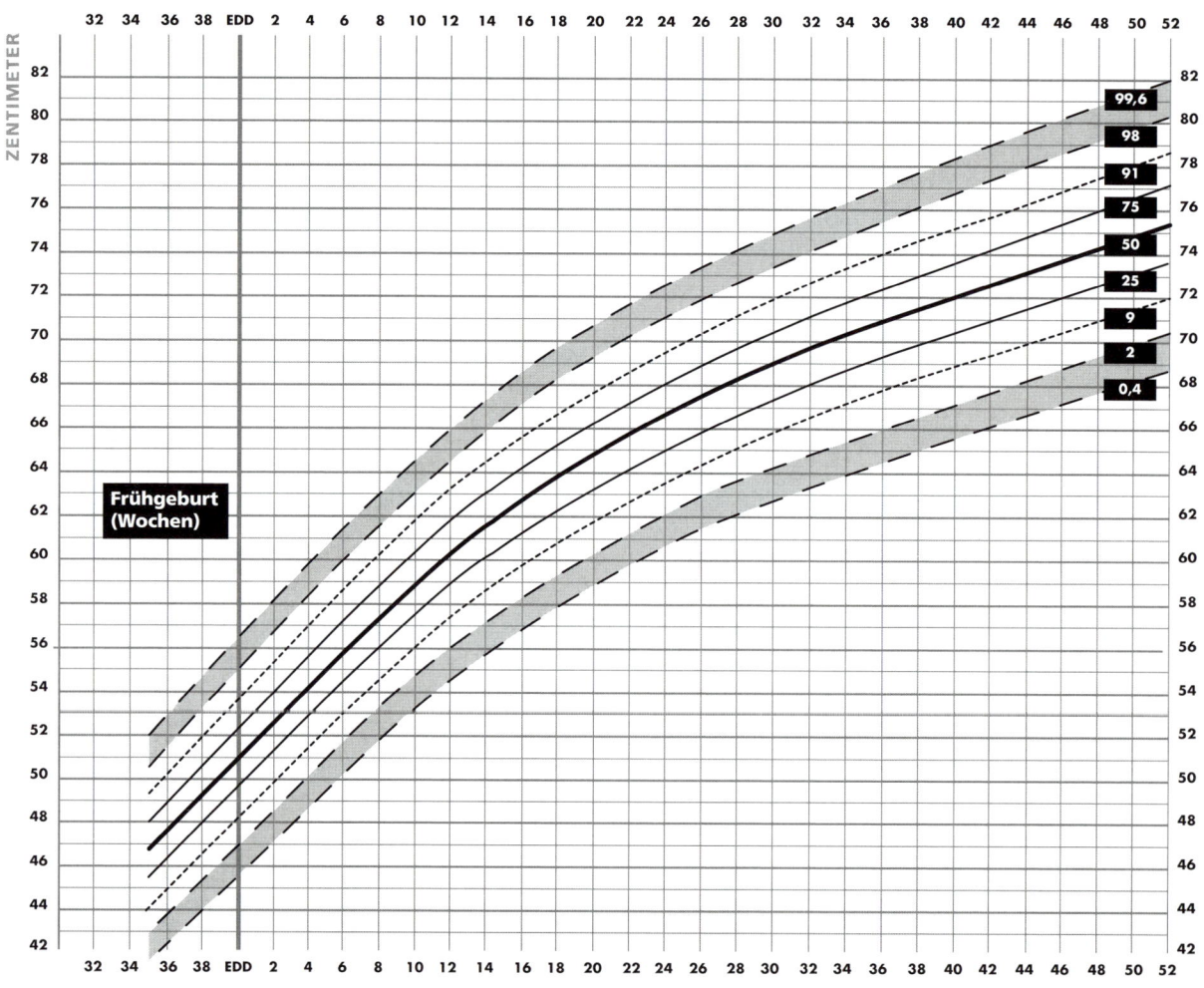

NÜTZLICHE INFORMATIONEN

KÖRPERGRÖSSE JUNGEN (CM) 1 – 5 JAHRE

JAHRE

WACHSTUMSTABELLE MÄDCHEN

Ärzte und Gesundheitspfleger verwenden Wachstumstabellen, um die Maße eines Kindes mit denen anderer Kinder derselben Altersgruppe zu vergleichen. Durch das Eintragen der Werte auf einer Millimeterpapier-Tabelle entsteht mit der Zeit eine Kurve, die dem Arzt oder Gesundheitspfleger zeigt, ob die Fortschritte normal sind. Für Jungen und Mädchen gibt es unterschiedliche Tabellen, da ihre Wachstumsgeschwindigkeiten und -muster unterschiedlich sind. In

GEWICHT MÄDCHEN (KG) GEBURT – 1 JAHR

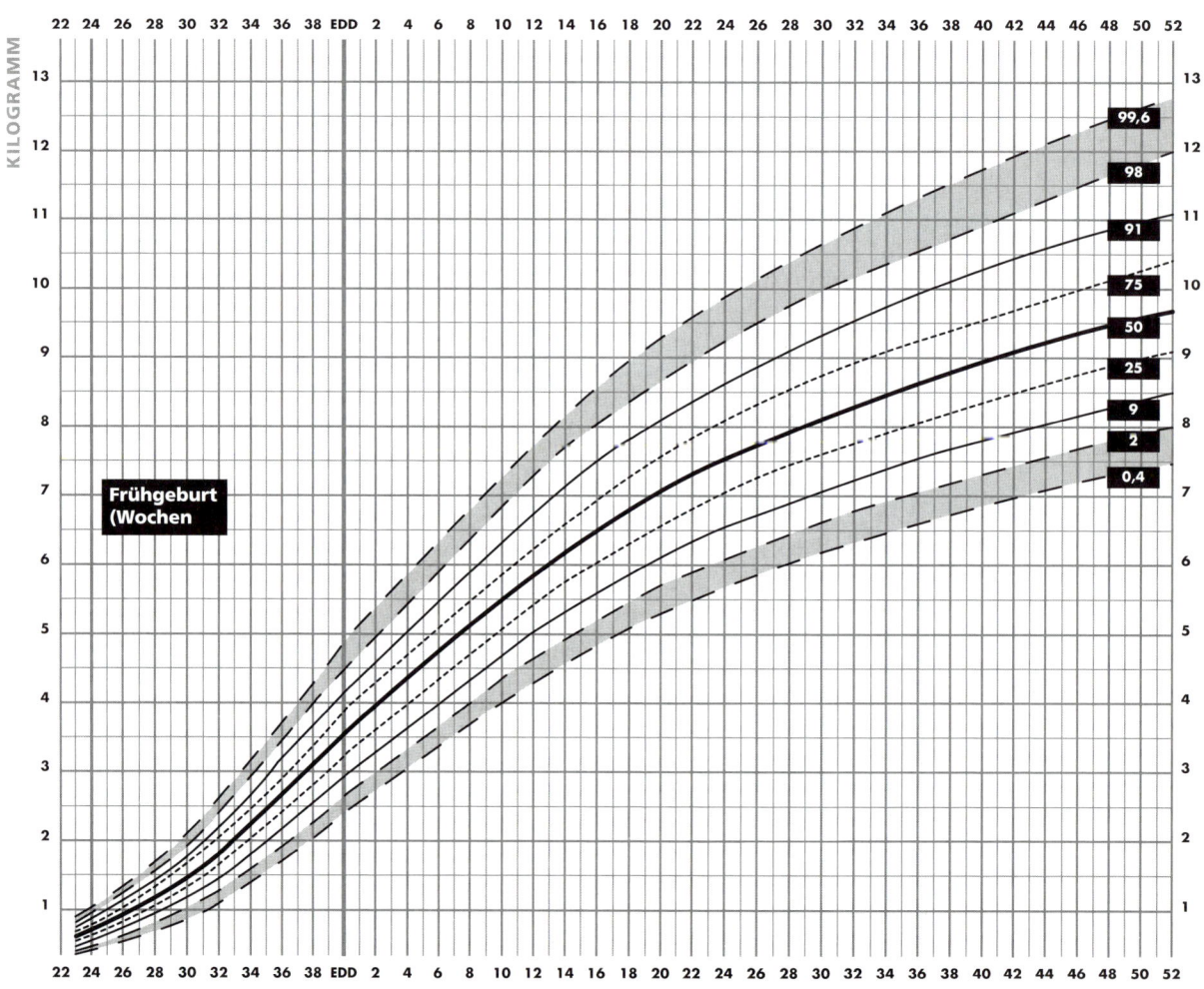

jeder der folgenden Tabellen sind neun Linien eingetragen. Die 50-Prozent-Linie repräsentiert den Durchschnittswert für eine bestimmte Altersgruppe. Im Alter von 24 Wochen beispielsweise wiegt die Hälfte aller weiblichen Säuglinge siebeneinhalb Kilogramm und ist 65,5 Zentimeter lang (siehe S. 222). Ihr Kind wird regelmäßig gemessen, und Ihr Gesundheitspfleger oder Arzt wird Ihnen die Ergebnisse erläutern.

GEWICHT MÄDCHEN (KG) 1 – 5 JAHRE

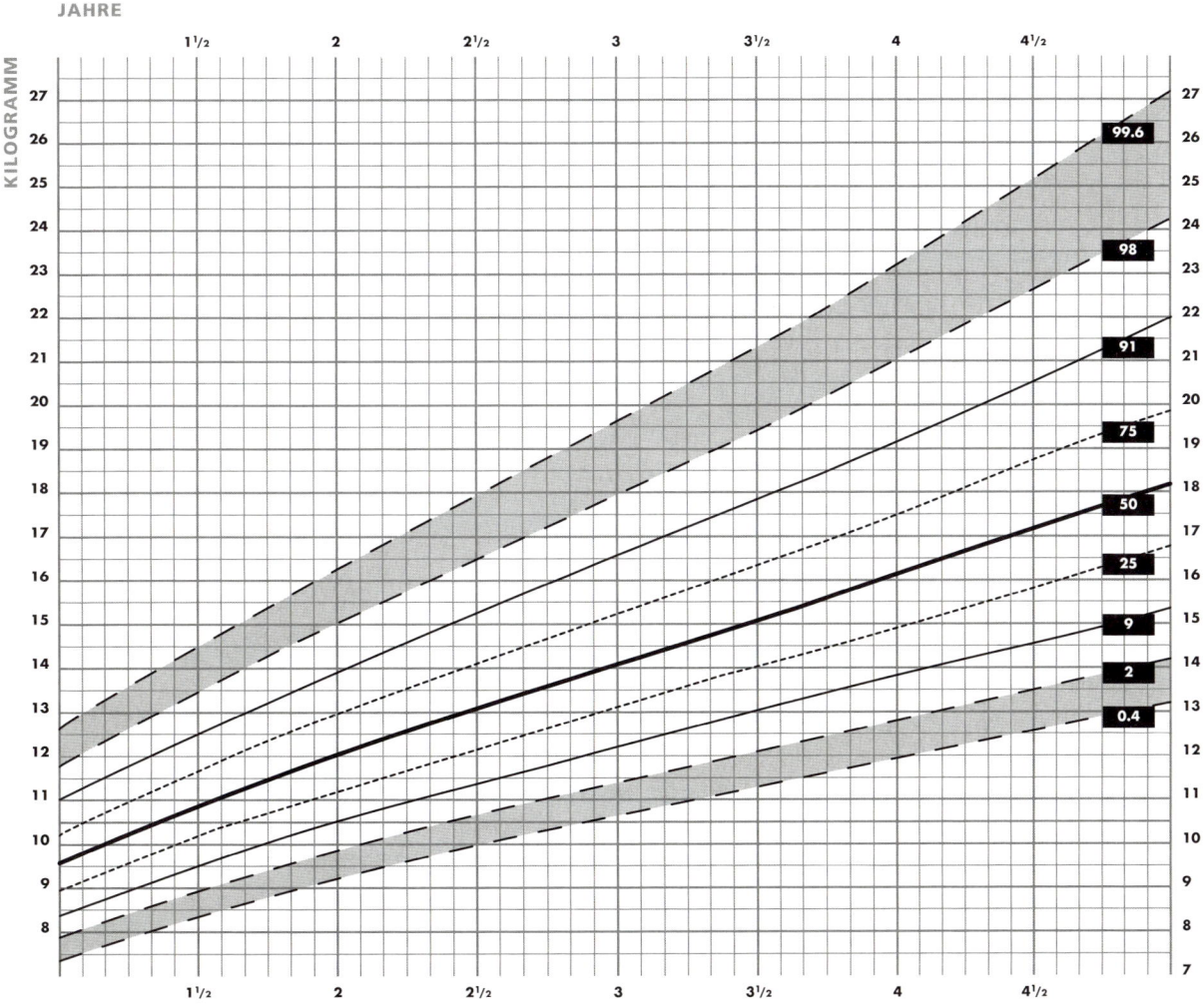

KÖRPERGRÖSSE MÄDCHEN (CM) GEBURT – 1 JAHR

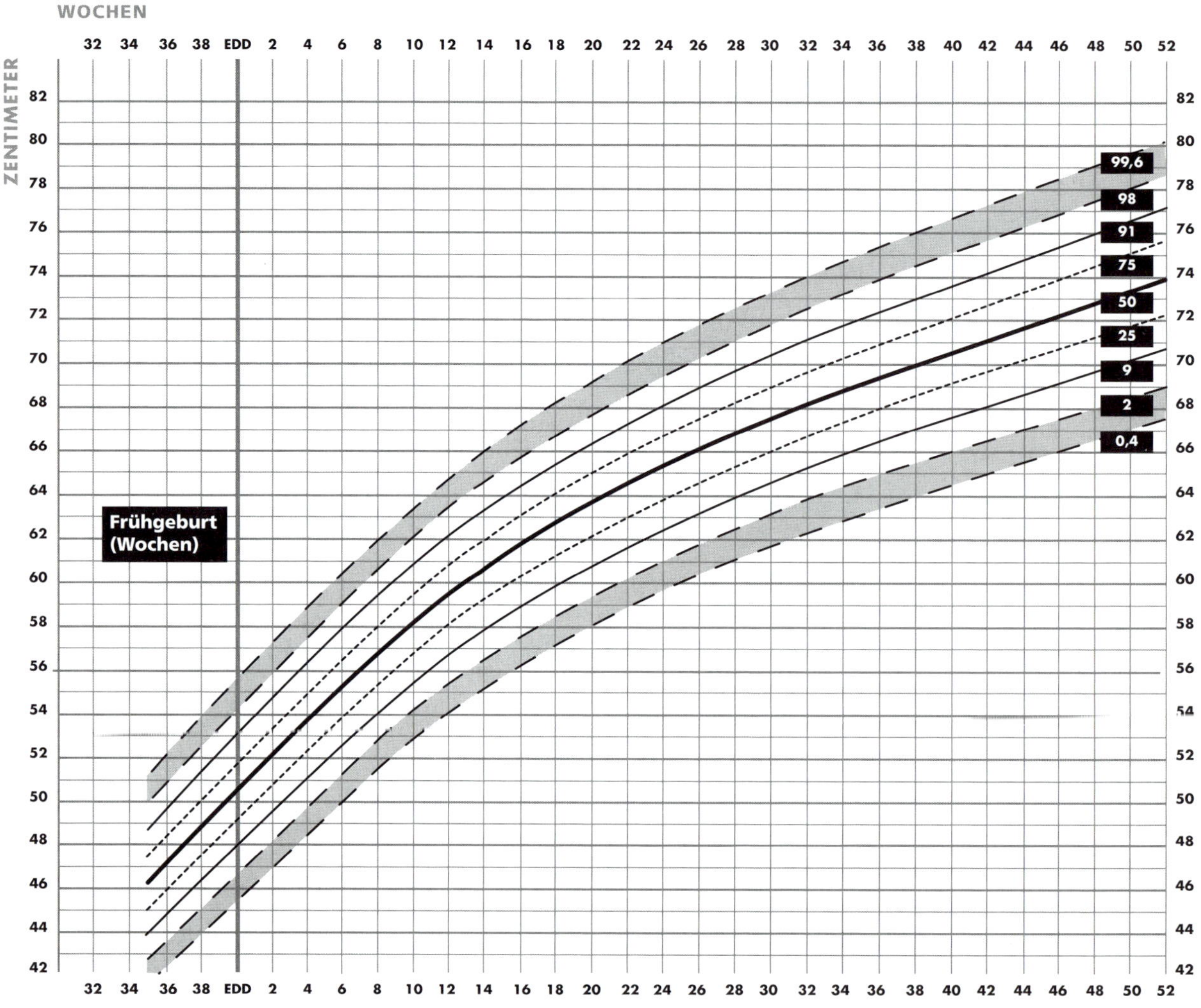

WOCHEN

ZENTIMETER

Frühgeburt (Wochen)

99,6
98
91
75
50
25
9
2
0,4

KÖRPERGRÖSSE MÄDCHEN (CM) 1–5 JAHRE

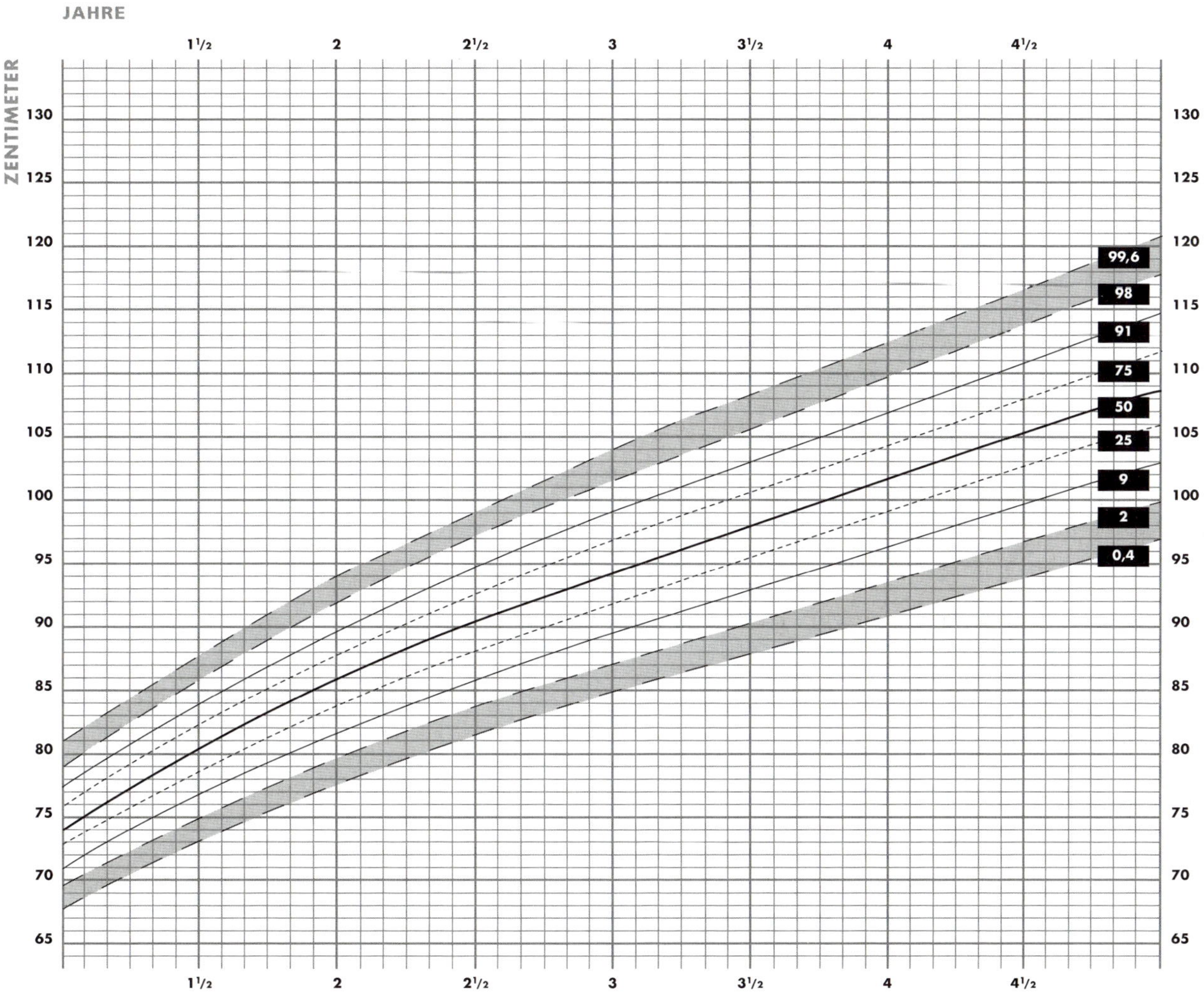

JAHRE

IMPFPLAN

EMPFOHLENER ZEITPLAN			
Alter	Schutz gegen	Impfstoff	Darreichungsform
2 Monate	Diphterie, Tetanus, Keuchhusten (Pertussis), Polio und Hib*	DtaP/IPV/Hib	eine Injektion
	Meningitis	MenC	eine Injektion
3 Monate	Diphterie, Tetanus, Keuchhusten (Pertussis), Polio und Hib*	DtaP/IPV/Hib de	eine Injektion
	Meningitis	MenC	eine Injektion
4 Monate	Diphterie, Tetanus, Keuchhusten (Pertussis), Polio und Hib*	DtaP/IPV/Hib	eine Injektion
	Meningitis	MenC	eine Injektion
13 Monate	Masern, Mumps, Röteln	MMR	eine Injektion
Zwischen 3 Jahren und 4 Monaten und 5 Jahren	Diphterie, Tetanus, Keuchhusten (Pertussis) und Polio	dTaP/PV oder DtaP/IPV**	eine Injektion
	Masern, Mumps, Röteln	MMR	eine Injektion

* Hib (Hämophilus influenzae Typ B) ist eine Infektion, die eine Reihe schwerer Erkrankungen nach sich ziehen kann, wie Blutvergiftung, Pneumonie (Lungenentzündung) und Meningitis (Hirnhautentzündung).

** Dies sind Auffrischimpfungen.

ZEITPLAN FÜR DIE ZÄHNE

Während Sich Ihr Kind im Uterus entwickelt hat, wurden in seinem Gaumen zwei Zahnreihen angelegt. Manchmal wird ein Kind mit einem Zahn geboren, normalerweise mit dem unteren mittleren Schneidezahn, der entfernt werden muss, da sonst beim Stillen Verletzungen auftreten. Im Allgemeinen bekommen die Kinder ihren ersten Zahn jedoch im Alter von sechs Monaten. Es gibt jedoch ein breites Zeitfenster für das Erscheinen der Zähne, und der erste Zahn kann zwischen dem dritten und dem 14. Monat durchtreten. Etwa mit zweieinhalb Jahren sind alle zwanzig Milchzähne da. Die Milchzähne sind sehr weiß, dies einer der Gründe für ihren Namen. Es kommt sehr selten vor, dass ein Kind keine Zähne bekommt.

Die Zähne treten normalerweise paarig hervor, beginnend am vorderen Mund nach hinten, wobei die Zähne im Unterkiefer einige Monate vor denen im Oberkiefer erscheinen. Auch wenn das Alter, in dem Kinder zu zahnen beginnen, und das Tempo stark variieren, sind die ersten Zähne zumeist die unteren mittleren Schneidezähne (1), gefolgt von den oberen mittleren Schneidezähnen (2). Danach kommen die unteren seitlichen Schneidezähne (3), die beidseits neben den mittleren Zähnen stehen, gefolgt von den unteren seitlichen Schneidezähnen (4).

Die ersten Backenzähne zum Kauen erscheinen zwischen 10 und 14 Monaten, gefolgt von den Eckzähnen, den spitzen Zähnen beidseits der oberen Schneidezähne mit circa 18 Monaten, und schließlich den zweiten Backenzähnen mit circa zweieinhalb Jahren.

Die bleibenden Zähne
Mit etwa sechs Jahren wird Ihr Kind seine

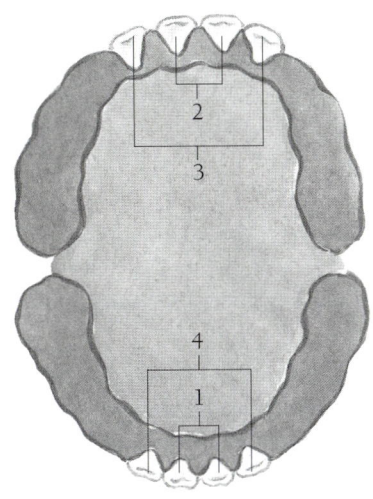

Milchzähne verlieren, normalerweise in der gleichen Reihenfolge, wie sie gekommen sind: Schneidezähne, Backenzähne und Eckzähne. Diese werden durch ein bleibendes Gebiss von 32 Zähnen ersetzt, das normalerweise zwischen 12 und 14 Jahren vollständig ist.

DURCHSCHNITTSALTER FÜR DAS ERSCHEINEN DER ZÄHNE

Zahn	Zeitpunkt des Durchtretens
unterer mittlerer Schneidezahn	6 Monate
oberer mittlerer Schneidezahn	8 Monate
oberer seitlicher Schneidezahn	9 Monate
unterer seitlicher Schneidezahn	11 Monate
unterer erster Backenzahn	12 Monate
oberer erster Backenzahn	14 Monate
unterer Eckzahn	16 Monate
oberer Eckzahn	18 Monate
unterer zweiter Backenzahn	20 Monate
oberer zweiter Backenzahn	24 Monate

SICHERHEITS-CHECKLISTE

VON DER GEBURT BIS ZUM ALTER VON 8 MONATEN

JA NEIN

SICHERHEIT IM HAUS

☐ ☐ Sind Rauchmelder installiert (zumindest einer in jedem Stockwerk)?

☐ ☐ Prüfen Sie deren Batterien alle sechs Monate?

☐ ☐ Haben Sie überall dort, wo Sie mit offenem Feuer arbeiten, Feuerlöscher, also in der Küche, im Keller, in der Garage und in der Nähe von Kaminen?

☐ ☐ Haben Sie in der Nähe der Kamine und Heizgeräte Feuerlöscher?

☐ ☐ Gibt es im Zimmer Ihres Babys ein Raumthermometer?

☐ ☐ Wird die Heizung regelmäßig gewartet, um eine Kohlenmonoxidvergiftung zu verhindern?

☐ ☐ Sorgen Sie dafür, dass eventuelle Haustiere nie mit Ihrem Baby alleine sind, werden sie regelmäßig entwurmt und jährlich geimpft?

☐ ☐ Bewahren Sie alle Notfallnummern neben dem Telefon auf?

SICHERHEIT BEIM SCHLAFEN

☐ ☐ Legen Sie Ihr Baby zum Schlafen auf den Rücken, sodass seine Füße am Bettende liegen?

☐ ☐ Haben Sie alle Kissen aus dem Bett oder Kinderwagen entfernt?

☐ ☐ Benützen Sie ein Babyfon, wenn Ihr Baby schläft?

ALLGEMEINE SICHERHEIT

☐ ☐ Haben Sie mit dem Rauchen aufgehört?

☐ ☐ Wissen Sie, wie Sie bei Ihrem Baby Fieber messen?

☐ ☐ Sorgen Sie dafür, dass Ihr Baby nie unbeaufsichtigt ist, wenn es wach ist?

☐ ☐ Sorgen Sie dafür, dass Ihr Baby nie alleine auf einem Bett oder der Wickelkommode liegt?

☐ ☐ Stellen Sie die Wippe immer auf den Boden und nie auf einen Tisch oder eine Arbeitsplatte?

☐ ☐ Sind Sie sicher, dass Ihre Babysitter verantwortungsbewusst sind und notfalls wissen, was zu tun ist?

☐ ☐ Haben Sie einmal daran gedacht, einen Erste-Hilfe-Kurs zu besuchen?

SICHERHEIT BEIM ESSEN

☐ ☐ Prüfen Sie die Milch, bevor Sie Ihr Baby füttern, um sicher zu sein, dass sie nicht zu heiß ist?

SICHERHEIT BEIM BADEN

☐ ☐ Lassen Sie erst kaltes und dann heißes Wasser einlaufen und prüfen Sie die Temperatur, bevor Sie Ihr Baby baden?

☐ ☐ Haben Sie den Wasserthermostat an der Therme (Sollwert) auf 54° Celsius heruntergedreht, um Verbrennungen zu vermeiden?

☐ ☐ Sorgen Sie dafür, dass Ihr Baby niemals alleine in der Badewanne oder in der Nähe von Wasser ist?

SICHERHEIT IM AUTO

☐ ☐ Sitzt Ihr Kind in einem richtigen Kindersitz?

☐ ☐ Sorgen Sie dafür, dass Ihr Kind immer auf der Rückbank sitzt?

SICHERHEIT VON SPIELZEUG

☐ ☐ Haben Sie alle Spielsachen auf ihre Sicherheit geprüft? Keine entfernbaren Kleinteile, keine Schnüre, nicht aus Plüsch?

☐ ☐ Achten Sie auf die Prüfsiegel für Spielzeug (LGA/GS, TÜV, Öko-Test, spiel gut), und kaufen Sie nur in Fachgeschäften?

☐ ☐ Achten Sie immer darauf, Plastiktüten oder anderes Plastikverpackungsmaterial sicher zu entsorgen?

8 MONATE – 2 JAHRE
SICHERHEIT IM HAUS

☐ ☐ Haben Sie Fenstersicherungen angebracht oder Fenster mit Sicherheitsschlössern?

☐ ☐ Sind die Glasflächen im unteren Bereich von Türen und Fenstern aus Sicherheitsglas oder laminiert?

☐ ☐ Haben Sie an Geländern und Balkonen Absperrungen oder Sicherheitsgeländer?

☐ ☐ Haben Sie Verschlussriegel an den Kassettenschlitzen von Video- und DVD-Geräten?

☐ ☐ Haben Sie Kindersicherungen in den Steckdosen?

☐ ☐ Achten Sie darauf, nicht zu viele Stecker in eine Steckdosenleiste zu stecken?

☐ ☐ Ist das heiße Bügeleisen immer außer Reichweite Ihres Kindes?

☐ ☐ Werden alle chemischen Haushaltsreiniger sicher verschlossen aufbewahrt?

☐ ☐ Sind alle Tabletten, sonstige Arzneimittel und alkoholischen Getränke sicher aufbewahrt?

☐ ☐ Sind die Medikamente in kindersicheren Verpackungen?

☐ ☐ Verschließen Sie Arzneimittelflaschen nach Gebrauch sofort, und stellen Sie diese wieder in den Schrank?

☐ ☐ Sind Zündhölzer und Feuerzeuge außer Reichweite Ihres Kindes?

☐ ☐ Ist der Herd mit einer Kindersicherung ausgerüstet, oder verwenden Sie die hinteren Kochplatten und drehen Sie Topf- und Pfannengriffe immer nach hinten?

☐ ☐ Hat der Wasserkocher ein kurzes Kabel, oder ist das Kabel gut aufgerollt?

☐ ☐ Achten Sie darauf, über dem Kinderbett keine Bilder, Spielsachen oder Dekorationsgegenstände aufzuhängen, deren Bänder oder Schnüre ins oder über das Bett hängen?

☐ ☐ Haben Sie überprüft, dass Rollladen- und Fensterrolloschnüre nicht lose am Fenster hängen und keine Schlaufe bilden?

☐ ☐ Sind alle Möbelstücke wie Wickelkommode, Kinderbett und Laufstall weit genug vom Fenster entfernt, um Fensterstürze zu verhindern?

☐ ☐ Bewahren Sie Kleinteile, wie Knöpfe, Sicherheitsnadeln, Münzen, kleine Batterien und Schmuckstücke, außer Reichweite Ihres Kindes auf?

☐ ☐ Werden brennbare Materialien, wie Petroleum, Benzin und Düngemittel, in der Originalverpackung, gut verschlossen und außerhalb der Wohnung aufbewahrt?

☐ ☐ Hat der Mülleimer einen Deckel?

☐ ☐ Haben Sie ein Erste-Hilfe-Set im Haus?

JA	NEIN	
☐	☐	**SICHERHEIT IM GARTEN UND IM FREIEN**

☐ ☐ Ist Ihr Kind immer unter Aufsicht, wenn es sich außerhalb der Wohnung aufhält?

☐ ☐ Falls Sie einen Teich/Swimmingpool im Garten haben: Ist er abgedeckt/eingezäunt?

☐ ☐ Falls Sie ein Plantschbecken haben: Entleeren Sie es und drehen Sie es um, wenn es nicht gebraucht wird?

☐ ☐ Sind alle chemischen Gartenprodukte sicher verschlossen aufbewahrt?

☐ ☐ Ist Ihr Garten so gesichert, dass Ihr Kind nicht auf die Straße laufen kann?

☐ ☐ Haben Sie überprüft, dass Sie keine giftigen Pflanzen im Garten haben?

☐ ☐ Erklären Sie Ihrem Kind immer wieder, dass es keine Pflanzenteile, Pilze, Beeren und Samen essen darf?

☐ ☐ Achten Sie immer darauf, dass der in Betrieb genommene Grill nie unbeaufsichtigt bleibt und weit genug vom Spielbereich entfernt steht?

☐ ☐ Sind Elektrowerkzeuge und elektrische Gartengeräte abgezogen und außer der Reichweite Ihres Kindes?

☐ ☐ Trägt Ihr Kind draußen einen Sonnenhut und ist mit Sonnenschutzmittel eingecremt?

☐ ☐ Ist die Garagentür immer geschlossen und abgesperrt?

☐ ☐ Prüfen Sie regelmäßig Türen und Öffnungsmechanismen?

SICHERHEIT BEIM ESSEN

☐ ☐ Sorgen Sie dafür, dass heiße Speisen und Getränke außer Reichweite Ihres Kindes stehen?

☐ ☐ Achten Sie darauf, dass niemand Ihrem Kind Erdnüsse, Popcorn, Nüsse oder harte Süßigkeiten gibt?

☐ ☐ Benutzen Sie immer den Sicherheitsgurt, wenn Ihr Kind im Hochstühlchen sitzt?

☐ ☐ Falls das Hochstühlchen am Esstisch steht: Denken Sie daran, keine Tischdecke aufzulegen?

☐ ☐ Ist Ihr Kind während Sie kochen im Laufstall, im Kinderbett oder Hochstühlchen (mit Sicherheitsgurt)?

SICHERHEIT IM AUTO UND UNTERWEGS

☐ ☐ Haben Sie einen altersgemäßen Kindersitz im Auto?

☐ ☐ Benützen Sie immer den Sicherheitsgurt, wenn Ihr Kind im Buggy sitzt?

☐ ☐ Halten Sie Ihr Kind an einem Laufgurt, wenn es selbst läuft?

ALLGEMEINE SICHERHEIT

☐ ☐ Haben Sie die Matratze des Kinderbetts tiefer montiert, damit Ihr Kind nicht aus dem Bett klettern kann?

☐ ☐ Achten Sie darauf, dass niemand Ihr Kind an den Armen durch die Luft schwingt?

☐ ☐ Wissen Sie, dass Gehhilfen gefährlich sein können? Kinder können damit eine Treppe hinunterstürzen oder durch Umkippen in eine gefährliche Situation geraten, zum Beispiel Feuer.

☐ ☐ Achten Sie darauf, dass Ihr Kind keine scharfen Messer, Scheren und sonstigen scharfen Gegenstände in die Finger bekommt?

☐ ☐ Bewahren Sie alle Verpackungsmaterialien aus Plastik, wie Trockentücherpackungen, Einkaufs- und Mülltüten, außer Reichweite Ihres Kindes auf?

2 – 3½ JAHRE

SICHERHEIT IM HAUS

☐ ☐ Haben Sie überprüft, dass die Haustür und eventuell die Hintertür gesichert sind und von Ihrem Kind nicht geöffnet werden können?

☐ ☐ Haben Sie überprüft, dass die vorhandenen Kindersicherungen im Haus noch gut funktionieren?

☐ ☐ Sind alle Fernbedienungen außer Reichweite Ihres Kindes?

SICHERHEIT IM GARTEN UND IM FREIEN

☐ ☐ Beaufsichtigen Sie Ihr Kinder, wenn es im Freien spielt, insbesondere wenn es Kletter- oder Spielgeräte benützt?

☐ ☐ Stehen alle Spielgeräte im Freien auf weichen Schutzflächen, wie Holzschnitzeln oder Rinden-mulch?

☐ ☐ Bringen Sie Ihrem Kind allmählich einige Sicherheitsregeln im Straßenverkehr bei, zum Beispiel dass der Gehsteig für die Menschen und die Straße für die Autos sind?

☐ ☐ Sind alle Werkzeuge und Do-it-yourself-Ausrüstungen außerhalb der Reichweite Ihres Kindes?

☐ ☐ Haben Sie Ihr Kind immer an der Hand oder an einem Laufgurt, wenn Sie auf öffentlichen Plätzen, Straßen oder am Wasser mit ihm unterwegs sind?

☐ ☐ Trägt Ihr Kind einen Helm beim Dreirad- oder Zweiradfahren?

ALLGEMEIN

☐ ☐ Ist Ihnen klar, dass Ihr Kind nun in der Lage ist, kindersichere Flaschen und Verpackungen zu öffnen?

3½ JAHRE UND ALTER

SICHERHEIT IM AUTO UND AUF REISEN

☐ ☐ Haben Sie einen passenden Kindersitz im Auto?

☐ ☐ Bringen Sie Ihrem Kind bei, an der Bordsteinkante stehen zu bleiben und auf Sie zu warten?

☐ ☐ Haben Sie dafür gesorgt, dass Ihr Kind weiß, was es tun kann, falls Sie sich einmal verlieren sollten? (An belebten Plätzen stehen bleiben und warten, bis Sie es gefunden haben; jemanden ansprechen, der ein Kind bei sich hat oder einen Polizisten ansprechen.)

ALLGEMEIN

☐ ☐ Haben Sie Ihrem Kind beigebracht, zu Fremden immer „Nein" zu sagen? (Es soll nie Süßigkeiten oder Spielzeug von Fremden annehmen, nie mit jemandem mitgehen, auch nicht mit jemandem, den es kennt, ohne es dem Erwachsenen zu sagen, bei dem es ist). Sagen Sie Ihrem Kind, dass es Ihnen immer berichten soll, wenn jemand Fremdes versucht hat, es anzusprechen.

☐ ☐ Haben Sie Ihrem Kind gesagt, dass es Ihnen nichts verheimlichen soll?

CHECKLISTE DER MEILENSTEINE DER KINDLICHEN ENTWICKLUNG

JA NEIN

3 MONATE

☐ ☐ Bewegt Ihr Baby, wenn es auf dem Rücken liegt, beide Arme gleich gut? (Falls Ihr Baby immer nur einen Arm bewegt, kreuzen Sie „Nein" an).

☐ ☐ Gibt Ihr Baby außer Weinen andere Geräusche von sich wie Glucksen, Gurren, Brabbeln oder Sonstiges?

☐ ☐ Schaut Ihr Baby Sie an, wenn es gefüttert wird?

☐ ☐ Zeigt es Anzeichen, dass es ein bevorstehendes Ereignis wie Füttern oder Baden vorhersieht?

☐ ☐ Reagiert es auf Ihre Stimme?

☐ ☐ Freut sich Ihr Baby, wenn es seine Lieblingsmusik hört?

☐ ☐ Sind die Hände Ihres Babys häufig offen?

☐ ☐ Kann Ihr Baby eine Rassel kurz festhalten, die man ihm in die Hand gibt?

☐ ☐ Kann Ihr Baby seinen Kopf ein paar Sekunden halten, wenn Sie es aufrecht halten?

6 MONATE

☐ ☐ Spielt Ihr Baby mit seinen Händen, indem es sie zusammenführt?

☐ ☐ Nimmt Ihr Baby einen Gegenstand von einer Hand in die andere?

☐ ☐ Dreht Ihr Baby den Kopf in Richtung eines Geräusches, das aus einem anderen Zimmer kommt?

☐ ☐ Schaut Ihr Baby längere Zeit auf Gegenstände, die seine Aufmerksamkeit fesseln?

☐ ☐ Kann Ihr Baby sich vom Bauch auf den Rücken oder vom Rücken auf den Bauch drehen?

☐ ☐ Versucht Ihr Baby zu stehen, wenn Sie es unter den Armen hochhalten?

☐ ☐ Versucht Ihr Baby in Bauchlage, sich mit den Händen aufzustützen?

☐ ☐ Sieht Ihr Baby kleine Gegenstände wie Krümel?

☐ ☐ Produziert es eine Reihe von Geräuschen?

☐ ☐ Schaut Ihr Baby sich gerne im Spiegel an?

☐ ☐ Greift Ihr Baby nach Ihnen?

☐ ☐ Greift Ihr Baby nach einer Rassel und schüttelt sie?

☐ ☐ Entspannt sich Ihr Baby, wenn Sie ihm etwas vorlesen?

☐ ☐ Reagiert es auf die Gefühle anderer?

9 MONATE

☐ ☐ Kann Ihr Baby ohne Hilfe und ohne sich mit den Händen abzustützen sitzen?

☐ ☐ Krabbelt oder robbt Ihr Baby auf Händen und Knien?

☐ ☐ Hält Ihr Baby seine Flasche oder seine Tasse?

☐ ☐ Hält Ihr Baby eine Schnur zwischen Finger und Daumen und zieht ein Spielzeug?

☐ ☐ Schlägt Ihr Baby Spielsachen gegeneinander und schüttelt sie?

JA	NEIN	
☐	☐	Wirft Ihr Baby Spielsachen absichtlich oder lässt sie absichtlich fallen?
☐	☐	Spielt Ihr Baby gerne Guck-guck?
☐	☐	Wenn Sie ohne viel Lärm hinter Ihr Baby treten, dreht es dann manchmal den Kopf, als würde es Sie sehen?
☐	☐	Deutet Ihr Baby auf Gegenstände, klatscht und macht winke-winke?
☐	☐	Reagiert Ihr Baby auf seinen Namen?
☐	☐	Freut sich Ihr Baby und möchte nach einem Buch greifen, das Sie ihm zeigen?
☐	☐	Gibt Ihr Baby Geräusche von sich, bei denen Vokale und Konsonanten vorkommen?
☐	☐	Ist Ihr Baby Unbekannten gegenüber zurückhaltend?
☐	☐	Äußert Ihr Baby deutlich seine Vorlieben und Abneigungen?

1 JAHR

JA	NEIN	
☐	☐	Deutet Ihr Baby auf bekannte Gegenstände, wenn man sie benennt?
☐	☐	Zieht es sich in den Stand hoch?
☐	☐	Läuft es mit Hilfe?
☐	☐	Sagt es mindestens ein anderes Wort außer „Ma-ma" oder „Pa-pa"?
☐	☐	Dreht Ihr Baby seinen Kopf in die Richtung eines Geräusches?
☐	☐	Imitiert es vertraute Verhaltensweisen wie das Halten einer Tasse oder eines Telefons?
☐	☐	Blättert Ihr Baby in einem Buch, wobei es aber mehrere Seiten auf einmal umblättert?
☐	☐	Sucht es nach Spielzeug und findet es?
☐	☐	Erkundet Ihr Baby gerne Gegenstände und Räume?
☐	☐	Reagiert es auf einfache Aufforderungen?
☐	☐	Kann es ein paar Worte sagen?
☐	☐	Trinke es aus einer Tasse und isst selbst?

15 MONATE

JA	NEIN	
☐	☐	Fängt Ihr Kleinkind an, Treppen hinaufzukrabbeln?
☐	☐	Kann es mit jeder Hand kleine Gegenstände aufnehmen?
☐	☐	Gelingt es ihm, einen Löffel zum Mund zu führen?
☐	☐	Kann es einige Tierstimmen nachahmen?
☐	☐	Erkennt es auf der Straße einen Hund oder eine Katze?
☐	☐	Wird Ihr Kleinkind allmählich eine „Hilfe"? Hilft es beim Anziehen?

18 MONATE

JA	NEIN	
☐	☐	Kann Ihr Kleinkind aus einer Tasse trinken, ohne den Inhalt zu verschütten?
☐	☐	Kann es durch ein größeres Zimmer gehen, ohne zu fallen oder hin und her zu schwanken?
☐	☐	Kann es auf einen Stuhl klettern und sich hinsetzen?
☐	☐	Kann es seine Schuhe ausziehen?
☐	☐	Kann es selbst essen?
☐	☐	Kann es einen Turm aus drei Klötzen bauen?

JA	NEIN	
☐	☐	Schaut es Sie in stressigen Situationen direkt an?
☐	☐	Spricht es wenigstens vier bis zehn Wörter?
☐	☐	Kann es auf Bilder deuten, von denen Sie in einem Buch sprechen?
☐	☐	Tut es so, als könnte es sprechen?
☐	☐	Versucht es, Sie bei einigen Hausarbeiten zu imitieren?
☐	☐	Kann es kurze Zeit alleine spielen?

2 JAHRE

JA	NEIN	
☐	☐	Kann Ihr Kleinkind Zweiwortsätze sprechen wie „Mama essen" oder „gehen, winke-winke".
☐	☐	Spricht es ungefähr 50 Wörter?
☐	☐	Kann Ihr Kind sein T-Shirt, seinen Rock, sein Kleid oder seine Hose ausziehen?
☐	☐	Erkennt sich Ihr Kind auf einem Foto?
☐	☐	Kann es normalerweise rennen, ohne hinzufallen?
☐	☐	Kann es alleine eine Treppe hinauf- und hinuntergehen, wobei es jeweils mit einem Fuß auf die nächste Stufe tritt und den zweiten Fuß nachholt?
☐	☐	Schaut es sich Bilder in einem Buch an?
☐	☐	Tut es so, als würde es Ihnen vorlesen?
☐	☐	Kann Ihr Kleinkind Ihnen mitteilen, was es möchte?
☐	☐	Wiederholt es Worte, die andere sagen?
☐	☐	Kann es auf zumindest ein Körperteil zeigen, das man benennt?
☐	☐	Spielt es gerne mit anderen Kindern?
☐	☐	Wird Ihr Kind zunehmend selbstständig und möchte Verschiedenes nach seinen Vorstellungen tun?
☐	☐	Spielt es neben anderen Kindern?
☐	☐	Sammelt oder hortet Ihr Kind Dinge?
☐	☐	Kann es kompliziertere Aufforderungen befolgen?

3 JAHRE

JA	NEIN	
☐	☐	Kann Ihr Kind wenigstens ein Tier benennen, wenn Sie zusammen ein Tierbuch anschauen?
☐	☐	Sitzt Ihr Kind wenigstens fünf Minuten still, um sich eine Geschichte vorlesen oder erzählen zu lassen?
☐	☐	Kann es „Was"-Fragen über eine Geschichte beantworten, die Sie gerade vorgelesen haben?
☐	☐	Kann es einen Ball über eine Entfernung von eineinhalb Metern überhand werfen?
☐	☐	Kann es mit einer Gabel umgehen?
☐	☐	Kann es große Perlen auffädeln?
☐	☐	Wird Ihr Kind von den meisten Erwachsenen gut verstanden?
☐	☐	Hilft es beim Aufräumen?
☐	☐	Kann Ihr Kind auf die Frage „Bist du ein Junge oder Mädchen" richtig antworten?
☐	☐	Kann es wenigstens eine Farbe benennen und Teile gleicher Farbe zusammensuchen?
☐	☐	Kann es Gegenstände nach der Form sortieren?
☐	☐	Spricht es meist in Dreiwortsätzen?
☐	☐	Kann es sich an zurückliegende Ereignisse erinnern?

JA	NEIN	**4 JAHRE**
☐	☐	Kann Ihr Kind auf einem Dreirad wenigstens drei Meter weit fahren?
☐	☐	Kann es alleine Treppen hinauf- und hinuntergehen und dabei die Füße abwechselnd setzen?
☐	☐	Spielt Ihr Kind „Reise nach Jerusalem" oder andere Spiele, bei denen es warten muss, bis es an der Reihe ist und Regeln einhalten muss?
☐	☐	Blättert es in einem Buch jeweils nur eine Seite um?
☐	☐	Kann es ihm bekannte Geschichten wiedererzählen?
☐	☐	Kann es erzählen, was auf einem Bild zu sehen ist?
☐	☐	Benutzt es Verben?
☐	☐	Spielt es Rollenspiele mit Teddys, Puppen oder Stofftieren?
☐	☐	Kann es einen Kreis und/oder ein Kreuz abmalen?
☐	☐	Tut Ihr Kind so, als könne es schreiben, indem es Zeichen auf ein Papier malt, die es nur selbst lesen kann?
☐	☐	Spricht es in Vier- bis Fünfwortsätzen?
☐	☐	Kann es von fünf bis zehn zählen?
☐	☐	Konzentriert es sich und ist ruhig, wenn es ein kleines Puzzle macht?
☐	☐	Kann es mit Nähkarten umgehen?
☐	☐	Hält Ihr Kind einen Stift wie ein Erwachsener?
☐	☐	Hat es Sinn für Humor?
☐	☐	Ist es inzwischen geduldiger und kann besser auf etwas warten?

JA	NEIN	**5 JAHRE**
☐	☐	Kann Ihr Kind seine Kleidung oder Puppenkleider zuknöpfen?
☐	☐	Kann es gut zeichnen und malen?
☐	☐	Kann es Milch eingießen, ohne etwas zu verschütten?
☐	☐	Reagiert Ihr Kind gut, wenn Sie es bei Freunden oder einem Babysitter lassen?
☐	☐	Kann es wenigstens drei Farben benennen?
☐	☐	Kann Ihr Kind beidbeinig springen?
☐	☐	Kann es hüpfen?
☐	☐	Kann es deuten und dabei wenigstens drei verschiedene Gegenstände benennen?
☐	☐	Kann es eine Münze korrekt benennen?
☐	☐	Kann es still sitzen und zehn bis 20 Minuten einer Geschichte zuhören?
☐	☐	Kann es ein Quadrat abmalen?
☐	☐	Kann Ihr Kind wenigstens einige Buchstaben des Alphabets benennen, wenn es diese sieht?
☐	☐	Kann Ihr Kind den ersten Buchstaben seines Namens erkennen und schreiben?
☐	☐	Kann es mehrere einzelne Zahlen erkennen und benennen?
☐	☐	Kann es die Finger einer Hand abzählen?
☐	☐	Erkennt es bekannte Straßen- und Geschäftsschilder (z. B. „Stop", „offen")?
☐	☐	Zeigt es Mitgefühl mit anderen?

JA	NEIN	**6 JAHRE**
☐	☐	Kann Ihr Kind sich die Schuhe zubinden?
☐	☐	Kann Ihr Kind sich ohne Hilfe anziehen?
☐	☐	Kann es einen kleinen Hüpfball fangen?
☐	☐	Kann es hüpfen?
☐	☐	Kann Ihr Kind sagen, wie alt es ist?
☐	☐	Kann es wenigstens vier Zahlen in der richtigen Reihenfolge nennen?
☐	☐	Kann es wenigstens zehn Buchstaben des Alphabets erkennen und benennen?
☐	☐	Kennt es den Klang der meisten Buchstaben des Alphabets?
☐	☐	Kann Ihr Kind 15 oder mehr bekannte Wörter erkennen und lesen?
☐	☐	Kann es aus einem Buch ein paar einfache Wörter abschreiben?

IST IHR KIND SCHULREIF?

JA	NEIN	KÖRPERLICHE FERTIGKEITEN
☐	☐	Kann Ihr Kind sich an- und ausziehen, kommt es mit Knöpfen, Reißverschlüssen und Schuhbändern zurecht?
☐	☐	Kann Ihr Kind sich um persönliche Bedürfnisse wie Händewaschen und Abtrocknen selbst kümmern?
☐	☐	Kann Ihr Kind alleine auf die Toilette gehen?
☐	☐	Kann Ihr Kind mit einer Schere schneiden, Perlen auffädeln und mit einer großen stumpfen Nadel umgehen?
☐	☐	Kann Ihr Kind die üblichen Grundformen zeichnen?
☐	☐	Kann Ihr Kind einen großen Ball fangen und werfen?
☐	☐	Kann Ihr Kind auf einem niedrigen Balken balancieren ohne herunterzufallen?
☐	☐	Kann Ihr Kind auf jedem Fuß ein paar Schritte hüpfen?

		GEISTIGE FÄHIGKEITEN
☐	☐	Kennt Ihr Kind seinen Namen und seine Adresse?
☐	☐	Kann Ihr Kind Spielregeln befolgen?
☐	☐	Kennt Ihr Kind die Namen der Farben und kann diese unterscheiden?
☐	☐	Kennt Ihr Kind die wichtigsten Formen wie Kreis, Quadrat und Dreieck?
☐	☐	Kann Ihr Kind ähnliche und unterschiedliche Klänge auseinanderhalten?
☐	☐	Kann Ihr Kind Reime erkennen?
☐	☐	Kennt Ihr Kind einige Kinderreime und Kinderlieder?
☐	☐	Hört Ihr Kind gerne Geschichten, und kann es ihnen mit einer gewissen Konzentration zuhören?

☐ ☐ Kann Ihr Kind ein kürzlich stattgefundenes Ereignis oder Erlebnis angemessen und einigermaßen flüssig erzählen?

☐ ☐ Interessiert sich Ihr Kind für Bücher, und hat es den Wunsch gezeigt, lesen zu lernen?

☐ ☐ Kennt Ihr Kind einige Buchstaben des Alphabets?

☐ ☐ Weiß Ihr Kind, dass Handlungen eine Ursache und eine Wirkung haben?

☐ ☐ Zeigt Ihr Kind ein allgemeines Verständnis für verschiedene Tageszeiten?

☐ ☐ Kann Ihr Kind bis zehn zählen?

☐ ☐ Kann Ihr Kind eine kurze Zeit einer von Erwachsenen geleiteten Aufgabe folgen?

SOZIALE FÄHIGKEITEN

☐ ☐ Kann Ihr Kind teilen?

☐ ☐ Fühlt Ihr Kind sich wohl, wenn es in einer kleinen Gruppe mit Freunden spielt?

☐ ☐ Kann Ihr Kind einige einfache Hausarbeiten erledigen, und ist es zu Hause allgemein hilfsbereit?

☐ ☐ Ist Ihr Kind bei anderen Kindern beliebt, und kann es damit umgehen, wenn etwas nicht nach seinem Willen geht?

☐ ☐ Kann Ihr Kind Gedanken und Bedürfnisse anderen gegenüber ausdrücken?

☐ ☐ Kann Ihr Kind sich von seinen Eltern trennen, ohne traurig zu sein?

FAKTOREN, DIE DIE GESUNDHEIT BETREFFEN

☐ ☐ Hat Ihr Kind alle Impfungen bekommen?

☐ ☐ Falls Sie eine der folgenden Fragen mit „Ja" beantworten, informieren Sie die Schule darüber.

☐ ☐ Liegen bei Ihrem Kind irgendwelche Störungen vor, die den regelmäßigen Schulbesuch beeinträchtigen könnten?

☐ ☐ Liegen bei Ihrem Kind irgendwelche Störungen vor, die körperliche Aktivitäten in der Schule beeinträchtigen könnten?

☐ ☐ Benötigt Ihr Kind irgendwelche Medikamente, die es während der Schulzeit einnehmen/anwenden muss, wie Cremes, Salben, Mixturen, Tabletten oder Inhalationen?

☐ ☐ Hat Ihr Kind schwere Krankheiten oder Unfälle gehabt?

Register

Anhang

Autoren
Dr. Martin Ward Platt, Facharzt für Pädiatrie und Dozent für Säuglings- und Kindermedizin, Royal Victoria Infirmary, Newcastle-upon-Tyne
Dr. Penny Preston, medizinische Fachautorin für Themen rund um Kinder und Gesundheit und Fachjournalistin für Kinder
Dr. T. L. Waterston, Facharzt für Pädiatrie, Department of Community Paediatrics, Newcastle General Hospital
Dr. Richard Woolfson, Kinderpsychologe
Dr. Helen Ball, Dozentin für Anthropologie, University of Durham

Dank
Carroll & Brown dankt Peter Fleming, Professor für Kindergesundheit und Entwicklungsphysiologie am Institute of Child Health, University of Bristol, für seine Unterstützung bei der Entstehung dieses Buchs.